UN LLAMADO A LA MISERICORDIA

MADRE TERESA

UN LLAMADO A LA MISERICORDIA

Corazones para amar,
manos para servir

Edición e introducción de
BRIAN KOLODIEJCHUK M.C.

ORIGEN

Para los más pobres de los pobres,

todos los indeseados, no amados,

rechazados y olvidados; que

a través del amor tierno y

misericordioso que la Madre

Teresa les mostró y para todos

aquellos que ella inspiró, estén

seguros de cuán preciosos son

ante los ojos de Dios.

Título original: *A Call to Mercy: Hearts to Love, Hands to Serve*
Primera edición: abril de 2019

Mother Teresa
Center

© 2016 por The Mother Teresa Center [Centro Madre Teresa], licenciados
exclusivamente en todo el mundo por las Misioneras de la Caridad para las obras
de la Madre Teresa. Este libro es publicado por acuerdo con
Folio Literary Management and International Editors' Co.
© 2019, Penguin Random House Grupo Editorial USA, LLC.
8950 SW 74th Court, Suite 2010
Miami, FL 33156

Diseño de cubierta: Ramón Navarro
Foto de cubierta: Tim Graham / Getty Images

www.librosorigen.com

ISBN: 978-1-947783-28-7

Impreso en Estados Unidos / *Printed in USA*

Penguin
Random House
Grupo Editorial

Índice

Prefacio

La inspiración del Santo Padre de proclamar el Jubileo Extraordinario de la Misericordia fue una sorpresa inesperada, pero bien recibida. En *Misericordiae Vultus* (M.V.) [Bula de Convocación del Jubileo Extraordinario de la Misericordia], así como en las muchas ocasiones en las que ha hablado de este tema, el papa Francisco no solamente nos invita a adentrarnos más profundamente en el «misterio de la misericordia» (M.V. 2), un regalo que Dios siempre anhela darnos, sino que también busca hacernos conscientes de nuestra responsabilidad de extender este regalo a otros. Él presenta a Jesús como «el rostro de la misericordia del Padre», siendo, en efecto, la expresión de la misericordia del Padre por excelencia.

La gozosa ocasión de la canonización de la Madre Teresa, la cual el Santo Padre quiso que tuviera lugar durante el Jubileo, es una oportunidad providencial para, una vez más, exponer su ejemplo y su mensaje del amor tierno y misericordioso de Dios ante los cristianos y ante todos aquellos que la ven como un modelo de lo que es ser un "portador" de ese amor. *Un llamado a la misericordia* intenta hacer precisamente eso.

Aun cuando a cada santo se le pudiera llamar, de alguna manera, «santo de la misericordia», cabe la pregunta de por qué la Divina Providencia habría querido que la Madre Teresa fuera canonizada durante este tiempo especial. ¿Qué mensaje ofrece esta particular «santa del amor tierno y misericordioso» a la Iglesia universal (y aún más allá) sobre el tema de la misericordia que, como sabemos, es el tema central de la enseñanza y ejemplo del Santo Padre? Existe una resonancia particular entre la atención y el amor especial del papa Francisco por aquellos que están «en las periferias de la existencia humana» y la elección preferencial de la Madre Teresa de servir a los más pobres de los pobres. La ternura y la compasión son las cualidades sobresalientes de la caridad que ella entendió, que Jesús quería que le «llevara» —que las diera a conocer y las hiciera sentir— a los más pobres de los pobres. Por ejemplo, ella instó a sus seguidores a «ir a los pobres con ternura y a servirlos con amor tierno y compasivo». Esto es «llevar» el amor de Jesús, quien —ella estaba absolutamente convencida— «nos ama a cada uno tiernamente, con misericordia y compasión».

Conforme a la invitación del Santo Padre en *Misericordiae Vultus* para que «Redescubramos las obras de *misericordia corporales*» y «no olvidemos las obras de *misericordia espirituales*» (M.V. 15), la canonización de la Madre Teresa resulta una ocasión muy oportuna para presentar tanto sus enseñanzas relacionadas con el amor misericordioso, así como su manera de poner en práctica tales enseñanzas en la acción cotidiana. Con frecuencia se dice que «los hechos hablan más que las palabras», por lo que este libro trata, principalmente, sobre las acciones de la Madre Teresa. Por medio de sus propias palabras, y a través de la lente de testigos directos, ella surge como un icono del amor tierno y misericordioso, un reflejo de la misericordia de Dios para hoy, especialmente para los más pobres de los pobres.

Es mi esperanza que el ejemplo de esta «Santa de la misericordia», como se presenta en este libro, nos aliente a profundizar nuestra propia relación con el Dios del amor tierno y misericordioso, y a extender este amor a nuestros hermanos y hermanas, especialmente a aquellos que más lo necesitan, a los más pobres de los pobres, ya sea en lo material o espiritual.

P. Brian Kolodiejchuk, MC
Postulador

Nota del editor

La edición original en inglés de la presente traducción
se escribió antes de la canonización de la
Madre Teresa de Calcuta, el 4 de septiembre de 2016.

Introducción

En la vida de la Madre Teresa (1910-1997), como en la vida de muchos otros santos, se nos ofrece una teología de vida. No encontramos en sus escritos o discursos una explicación elaborada sobre el significado de la misericordia. Sin embargo, sí hallamos el rico legado de una espiritualidad de misericordia y compasión, tal y como ella los experimentó personalmente y los vivió en su servicio a los demás. Las numerosas y específicas maneras de vivir misericordiosamente de la Madre Teresa y de sus seguidores atraparon, incluso, la atención del mundo secular.

Curiosamente, *misericordia* no es una palabra que la Madre Teresa haya empleado frecuentemente en su vocabulario hablado o escrito. No obstante, ella se concibió como alguien en constante necesidad de la misericordia de Dios, no solamente de forma general, como una pecadora necesitada de redención, sino también específicamente, como un ser humano débil y con pecados que día a día dependía por completo del amor, la fortaleza y la compasión de Dios. De hecho, Jesús mismo le había dicho al invitarla a fundar las Misioneras de la Caridad: «¡Yo sé que tú eres la persona más incapaz, débil y pecadora, pero precisamente porque eres eso es que yo quiero usarte para mi gloria!». Esta fue la experiencia existencial de la Madre Teresa, tan profundamente enraizada en su corazón que se reflejaba en su rostro y en su actitud hacia los demás. Ella consideraba que los pobres, tal como ella misma, estaban necesitados del amor y la compasión de Dios, de su cuidado y su ternura. Se identificaba con facilidad con cualquier otro ser humano al llamarlo: «mi hermana, mi hermano». Su experiencia de estar «necesitada» frente a Dios la llevó a tener una visión de sí misma como una más entre los pobres.

El papa Francisco nos dice que el significado etimológico de la palabra latina para misericordia «es *miseris cor dare*, "dar el corazón a los míseros", a los que tienen necesidad, a los que sufren. Es lo que ha hecho Jesús: ha abierto de par en par su corazón a la miseria del hombre».[1]

De este modo, la misericordia implica tanto lo interno como lo externo: el movimiento interior del corazón (el sentimiento de la compasión) y, después, como a la Madre Teresa le gustaba decir, «poner el amor en acción viva».

En *Misericordiae Vultus* (el documento oficial que establece el Jubileo Extraordinario de la Misericordia) el papa Francisco dice que la misericordia es «la ley fundamental que habita en el corazón de cada persona cuando mira con ojos sinceros al hermano que encuentra en el camino de la vida».[2] Él dice que su deseo para los años venideros es que «estén impregnados de misericordia para poder ir al encuentro de cada persona llevando la bondad y la ternura de Dios».[3]

Esta idea implica que nuestra actitud no es de «arriba hacia abajo», por decirlo de alguna manera, donde nos consideramos superiores a aquellos a quienes servimos, sino que más bien reconozcamos quiénes somos: *uno* de los pobres, *identificados* con ellos de algún modo, estando, de cierta forma, en la misma condición. Y esto debe venir desde el corazón, desde el entendimiento que nos involucra a nosotros mismos.

La Madre Teresa es un maravilloso ejemplo de este principio

El papa emérito Benedicto XVI señaló la fuente de esta actitud en *Deus Caritas Est*: «La actuación práctica resulta insuficiente si en ella no se puede percibir el amor por el hombre, un amor que se alimenta en el encuentro con Cristo».[4] Fue, de hecho, un encuentro con Cristo lo que hizo que la Madre Teresa se embarcara en una nueva misión, fuera de su seguridad de la rutina del convento. Jesús mismo la llamaba a ser su amor y compasión hacia los más pobres de los pobres, a ser su «imagen de la misericordia». Ella relató: «Escuché el llamado a dejarlo todo y a seguirlo a los barrios más miserables, a servirlo a Él entre los más pobres de los pobres... Sabía que este era su deseo y debía seguirlo. No había duda de que iba a ser Su obra». El papa Benedicto XVI continúa: «La íntima participación personal en las necesidades y sufrimientos del otro se convierte así en un darme a mí mismo: para que el don no humille al otro, no solamente debo darle algo mío, sino a mí mismo, he de ser parte del don como persona».[5]

La Madre Teresa personificó este acto de dar

«Su corazón» —expresó la hermana Nirmala, sucesora inmediata de la Madre Teresa— «fue tan grande como el corazón de Dios mismo, lleno de amor, afecto, compasión y misericordia. Ricos y pobres, jóvenes y viejos, fuertes y débiles, instruidos e ignorantes, santos y pecadores de todas las naciones, culturas y religiones encontraron una amorosa bienvenida en su corazón, porque en cada uno de ellos, ella vio el reflejo de su Amado Jesús».

La canonización de la Madre Teresa es aún más apropiada durante el Jubileo de la Misericordia, porque ella fue el vivo ejemplo de lo que significa aceptar la invitación del papa Francisco a la Iglesia: a «entrar todavía más en el corazón del Evangelio, donde los pobres son los privilegiados de la misericordia divina».[6] Al conocerla, los pobres, sin duda, tuvieron la oportunidad de encontrar al Dios de la misericordia. Conocieron a una persona que amó, cuidó y que tuvo la compasión y la habilidad para entender su dolor y sufrimientos. En su cara arrugada, los pobres —y todos aquellos que la conocieron— tuvieron la oportunidad de «ver» el rostro tierno y compasivo del amor del Padre por nosotros. Ellos supieron que ella los entendía, que era uno con ellos. En los apuntes de su diario del 21 de diciembre de 1948 (el primer día que ella estuvo en uno de los barrios marginados de Calcuta[7] para comenzar su misión con los más pobres) se lee:

> En la calle Agamuddin, tuve a varios niños con llagas. Allí una anciana se me acercó y me dijo: "Madre, gran Madre, usted se ha convertido en uno de nosotros, por nosotros, qué maravilloso, qué sacrificio". Le dije que yo estaba feliz de ser uno de ellos —y realmente lo soy—. Ver las caras sufrientes de algunos de ellos iluminarse con alegría —porque la Madre ha venido—, realmente vale la pena después de todo.[8]

Las expresiones concretas de la misericordia, como se revelan en los evangelios, se conocen como las obras corporales y espirituales de misericordia. Como el papa Francisco dice en M.V.:

> La predicación de Jesús nos presenta estas obras de misericordia para que podamos darnos cuenta si vivimos o no como discípulos suyos. Redescubramos las obras de misericordia corporales: dar de comer al hambriento, dar de beber al sediento, vestir al desnudo, acoger al forastero, asistir a los enfermos, visitar a los presos, enterrar a los muertos. Y no olvidemos las obras de misericordia espirituales: dar consejo al que lo necesita, enseñar al que no sabe, corregir al que yerra, consolar al triste, perdonar las ofensas, soportar con paciencia los defectos de los demás, rogar a Dios por los vivos y por los difuntos.[9]

En respuesta al ardiente deseo del Santo Padre de «que el pueblo cristiano reflexione durante el Jubileo sobre las obras de misericordia corporales y espirituales»,[10] *Un llamado a la misericordia* presenta las enseñanzas de la Madre Teresa acerca de las obras de misericordia y su práctica. Mi esperanza es que su ejemplo pueda, de acuerdo con los deseos del Santo Padre, «despertar nuestra conciencia, muchas veces aletargada ante el drama de la pobreza».[11] Ella vivió casi cincuenta años de su vida completamente dedicada al cuidado de los pobres y los marginados. Asombrosamente, durante esos casi cincuenta años se identificó por completo con los pobres a los que atendía a través de su propia experiencia de ser, aparentemente, no deseada y no amada por Dios. De una forma mística (mediante esta dolorosa «oscuridad» interior), ella sintió su mayor pobreza de ser «no deseada, no amada y descuidada». Por esta experiencia, no vio ninguna diferencia significativa entre ella y los pobres a los que cuidaba, pues: «La situación física de mis pobres dejados en las calles despreciados, no amados, desamparados, es la verdadera imagen de mi vida espiritual, de mi amor por Jesús y, sin embargo, nunca he deseado que este terrible dolor sea diferente».

Las siguientes páginas presentan algunos de los pensamientos y escritos de la Madre Teresa sobre cómo ella entendía la misericordia y las obras de misericordia. Con la misma importancia, presentan una selección de testimonios que ilustran cómo practicaba las obras corporales y espirituales de misericordia. Estas anécdotas revelan a la Madre Teresa vista a través de los ojos de aquellos más cercanos a ella, revelan el rostro de la misericordia.

Cómo surgió este libro y su estructura

Cuando surgió la idea de presentar a la Madre Teresa como un «icono de amor tierno y misericordioso», el enfoque más adecuado parecía ser mostrarla «en acción». Por lo tanto, la necesidad de representarla más como un ejemplo que como una simple maestra fue evidente desde el principio. Sus palabras, caracterizadas por su distintiva simplicidad y profundidad, reciben su debida importancia, pero, al mismo tiempo, revelar la coherencia de su ejemplo con esa enseñanza fue considerado crucial para el proyecto. La autenticidad de su vida pone de manifiesto la autenticidad de su enseñanza; así, sus enseñanzas son palabras de sabiduría que pueden servir como materia para la oración y la contemplación, y también como un impulso a la acción, un llamado a seguir su ejemplo.

Un llamado a la misericordia muestra la vida diaria de la Madre Teresa, quien hizo «cosas ordinarias con amor extraordinario», desde la perspectiva única de los más cercanos a ella. Testimonios dados por los testigos en el proceso de canonización de la Madre Teresa fueron elegidos para proporcionar ejemplos poderosos que darían un efecto aún mayor a su enseñanza. Con el fin de mantener la autenticidad, se ha tratado de hacer una traducción lo más literal posible de las anécdotas e historias narradas que refleje la particularidad del idioma de los testigos, a fin de preservar la notable influencia que la Madre Teresa tuvo en ellos.

El libro trata, por separado, cada una de las siete obras de misericordia corporales y las siete espirituales. Para cada una de estas obras, una breve introducción ofrece la perspectiva que tiene la Madre Teresa de estos actos corporales y espirituales, seguida de una selección de citas de sus escritos (cartas a las hermanas, a otros miembros de su familia religiosa, a colaboradores y amigos, exhortaciones y enseñanzas a sus hermanas, charlas públicas y discursos, así como entrevistas). También hay una rica selección de testimonios de los más cercanos a ella, aquellos que colaboraron con ella durante muchos años, ya sea en convivencia diaria «bajo el mismo techo» como sus hermanas u otros miembros de su familia religiosa, o también de ayudantes cercanos, colaboradores, voluntarios o amigos. Estos testigos estuvieron en una posición privilegiada para ver su trato con los pobres y con muchos otros que estuvieron en contacto con ella. Algunos testimonios son relatos de primera mano de cómo la Madre trató a la persona que está relatando la historia, mientras que otros relatos son de testigos que vieron cómo ella interactuó con otra persona.

Finalmente, también se incluye una breve sección de preguntas para reflexionar y una oración que están destinadas a impulsarnos a ser más abiertos a la misericordia de Dios en nuestra propia vida y también, siguiendo el ejemplo de la Madre Teresa, para estar más abiertos y dispuestos a extender esa misericordia a nuestros hermanos y hermanas. Las preguntas cumplen el propósito de «despertar nuestra conciencia, muchas veces aletargada ante el drama de la pobreza»,[12] como el papa Francisco pidió hacer. Mi esperanza es que cada uno de nosotros pueda responder a este llamado con humildad, docilidad y generosidad.

Con el fin de respetar la privacidad de los interesados, se proporciona una breve descripción general del testigo, en lugar del nombre de la persona. Estas descripciones se encuentran en las notas al final del libro. De esta manera, se mantiene la confidencialidad requerida y, al mismo tiempo, podemos presentar el texto con claridad y compartir el gran legado de las palabras y el ejemplo de la Madre Teresa con un público más amplio.

P. Brian Kolodiejchuk, MC
Postulador

Alimentar al hambriento
Capítulo I

«**V**i a los niños —sus ojos brillando de hambre—; no sé si alguna vez han visto ustedes el hambre, pero yo la he visto a menudo». Como dejan claro estas palabras, la sensibilidad de la Madre Teresa hacia los que tenían hambre es evidente en la forma en que la conmovía su contacto directo con ellos. Su corazón se estremecía en lo más profundo frente a aquellos que sufrían verdadera hambre física, como es claro, especialmente, en la manera en que relataba las historias de sus experiencias con los hambrientos. Estas experiencias comenzaron cuando era niña. Su madre la había acostumbrado a ella y a sus hermanos a servir y a cuidar a la gente de la calle. Cuando presenciaba el hambre (o cualquier otra necesidad de los pobres), su reacción era: «Tenemos que hacer algo al respecto». Y entonces hacía todo lo posible (y a veces también casi lo imposible) para llevar alimento a los hambrientos. En ocasiones intentó, literalmente, «mover el mundo» para proveer comida a aquellos que morían de hambre.

El hambre puede ser algo lejano a nuestra experiencia o a nuestro entorno inmediato. Tal vez «conocemos» a los pobres que la sufren a través de las noticias perturbadoras de algún desastre lejano. Sin embargo, si «abrimos nuestros ojos para ver», como la Madre Teresa nos desafía, podríamos encontrar a mucha gente que sufre por no tener satisfechas sus necesidades básicas de sustento.

La Madre Teresa es conocida no por establecer grandes programas para resolver el hambre mundial (tan nobles y necesarios como son), sino por «alimentar a los hambrientos», uno por uno, a la vez. Sin embargo al hacerlo así, hizo una gran diferencia, primero en la vida de esos individuos y, por último, en el mundo.

Hay otra clase de hambre de la que la Madre Teresa comenzó a hablar, especialmente después de abrir sus casas en Occidente. A menudo repetía que la gente estaba «no solamente hambrienta de pan sino de amor». Aunque sufrir esta necesidad no se denomina comúnmente pobreza, ella se dio cuenta de que esta clase de pobreza era «mucho más difícil de eliminar». Así que también quiso aliviar esta «hambre de amor». Desafió a sus hermanas: «Ustedes están destinadas a ser ese amor y compasión para la gente de aquí [en Occidente]».

Cuando recojo a una persona de la calle, que tiene hambre, le doy un plato de arroz, una pieza de pan, he satisfecho... he eliminado esa hambre. Pero una persona excluida, que se siente indeseada, no amada, aterrorizada, la persona que ha sido desechada por la sociedad: esa pobreza es tanta y tan dolorosa, y esto me resulta muy difícil. Nuestras hermanas trabajan entre ese tipo de personas en Occidente.

Finalmente, la Madre Teresa halló otro tipo de hambre, tanto en países pobres como ricos, entre la gente de toda clase y contexto religioso. «La gente tiene hambre de Dios», acostumbraba decir. Esta realidad de «hambre espiritual» que ella experimentó profundamente y encontró a donde quiera que fue, la abordó de una manera simple y oportuna. Quería ser el «amor de Dios, su compasión, su presencia» a donde quiera que fuera, para que la gente al mirarla pudiera llegar a conocer al Dios que ella deseaba reflejar.

SUS PALABRAS

Es porque Él amó
[Jesús] antes de enseñar a la gente, tuvo compasión de la multitud y los alimentó. Hizo un milagro. Bendijo el pan y alimentó a cinco mil personas. Es porque Él amó a la gente. Tuvo compasión de ellos. Vio el hambre en sus rostros y los alimentó. Y solo entonces les enseñó.[1]

Más que nunca la gente quiere ver el amor en acción a través de nuestras humildes obras. Cuán necesario nos es estar enamoradas de Jesús para poder alimentarlo a Él en el hambriento y en el que vive en soledad. Cuán puros deben ser nuestros ojos y corazones para verlo a Él en el pobre. Cuán limpias deben estar nuestras manos para tocarle en el pobre con amor y compasión. Cuán puras deben ser nuestras palabras para ser capaces de proclamar las Buenas Nuevas a los pobres.[2]

El dolor del hambre
Hace algún tiempo una mujer vino a mí con su hijo y dijo: «Madre, fui a dos o tres lugares para mendigar algo de comer, porque no hemos comido en tres días, pero me dijeron que estoy joven y que debo trabajar para comer. Nadie me dio nada». Fui a buscar algo de comida y cuando regresé el bebé en sus brazos había muerto de hambre. Espero que no hayan sido nuestros conventos los que le negaron la comida.[3]

Todos hablamos del hambre terrible. Lo que he visto en Etiopía, lo que he visto en otros lugares, especialmente en estos días en lugares como Etiopía, cientos y miles de gentes enfrentan la muerte simplemente por [carecer de] un pedazo de pan, por [falta de] un vaso de agua. La gente ha muerto en mis propias manos. Y aun así nos olvidamos, ¿por qué ellos y nosotros no? Amemos otra vez, compartamos, recemos para que este terrible sufrimiento sea eliminado de nuestra gente.[4]

●●●

El dolor del hambre es terrible y es ahí donde ustedes y yo debemos ir y dar hasta que nos duela. *Quiero que ustedes den hasta que les duela.* Y este dar es el amor de Dios en acción. El hambre no es solamente de pan, el hambre es también de amor.[5]

●●●

El otro día recogí a una niña en Calcuta. Por sus ojos oscuros pude ver que tenía hambre. Le di pan y estaba comiéndoselo migaja por migaja. Le dije: «Cómete el pan, tienes hambre».[6] Le pregunté por qué comía tan despacio. Ella replicó: «Tengo miedo de comer más rápido. Cuando termine este pedazo, pronto tendré hambre otra vez». Le dije: «Come más rápido y te daré más». Esa *pequeña niña* ya conoce el dolor del hambre. «Tengo miedo». ¿Ven? *Nosotros* no lo conocemos. Como pueden ver, nosotros no sabemos lo que es el hambre. No sabemos lo que es sentir dolor a causa del hambre. Yo he visto niños pequeños muriendo por [falta de] una taza de leche. He visto madres con un terrible dolor porque sus hijos morían en sus propias manos por causa del hambre. ¡No lo olviden! No les estoy pidiendo dinero. Quiero que ofrezcan de su sacrificio. Quiero que sacrifiquen algo que les guste, algo que les gustaría tener para ustedes mismos... Un día, vino una mujer muy pobre a nuestra casa. Dijo: «Madre, quiero ayudar, pero soy muy pobre. Cada día voy de casa en casa para lavar la ropa de otras personas. Necesito alimentar a mis hijos, pero quiero hacer algo. Por favor, déjeme venir cada sábado a lavar la ropa de sus niños por media hora». Esta mujer me dio más de mil rupias porque me ha dado su corazón completamente.[7]

———◆◆◆———

Esta mañana fui a ver al cardenal de Marsella, quien está a cargo de *Cor Unum*, para pedirle[s] que manden comida para nuestra gente en África. Hay gran pobreza en África. El otro día nuestras hermanas escribieron que la gente llega frente a nuestra puerta buscando comida y muchos de ellos mueren de hambre. Si la situación continúa como ahora, muchos están en peligro de muerte; los niños están muriendo en los brazos de sus madres, ¡qué terrible sufrimiento! Así que fui con este cardenal para pedirle si podía enviar algo de comida para nuestras hermanas. Fue muy amable, me dijo que no se habían percatado de la presencia de los pobres, hasta que nuestras hermanas fueron para allá.[8]

———◆◆◆———

El amor, para que sea verdadero, debe doler
Tuve la más extraordinaria experiencia de amor al prójimo con una familia hindú. Un caballero vino a nuestra casa y dijo: «Madre Teresa, aquí hay una familia que no ha comido por mucho tiempo. Haga algo». Así que tomé algo de arroz y fui para allá inmediatamente. Y vi a los niños, sus ojos brillando de hambre. Yo no sé si ustedes han visto el hambre alguna vez, pero yo la he visto muy a menudo. Y la madre de la familia tomó el arroz que le di y se fue. Cuando regresó le pregunté: «¿A dónde fue, qué hizo?». Ella me dio una respuesta muy sencilla: «Ellos [una familia musulmana] también tienen hambre». Lo que más me impactó fue que ella lo sabía. Y ellos ¿quiénes eran? Una familia musulmana. Y ella lo sabía. No llevé más arroz esa tarde porque yo quería que ellos —hindúes y musulmanes— disfrutaran el gozo de compartir. Pero ahí estaban

esos niños irradiando gozo, compartiendo su alegría y su paz con su madre porque ella tenía amor para dar hasta que doliera, y pueden ver que ahí es donde comienza el amor, en el hogar, con la familia.[9]

El amor, para ser verdadero, debe doler, y esta mujer que tenía hambre sabía que su vecino también tenía hambre, y esa familia resultó ser mahometana. Fue tan conmovedor, tan real. Allí es donde la mayoría somos injustos con nuestros pobres: no los conocemos. No los conocemos, cuán grandiosos son, cuán amables, cuánta hambre tienen de ese amor comprensivo.[10]

———— ••• ————

Tenemos otra palabra, *gratis*. No puedo cobrarle a nadie por el trabajo que hago. La gente nos critica, dice cosas feas debido a esta palabra, *gratis*. El otro día leí en un artículo, escrito [por un sacerdote], que la caridad es como una droga para el pobre, que cuando le damos a la gente cosas gratis, es como darles drogas. Decidí que voy a escribirle y le preguntaré: «¿Por qué Jesús tuvo compasión de la gente?». Debió de haberlos drogado también cuando los alimentó con la multiplicación de los panes y los peces. Él vino a dar las Buenas Nuevas a la gente, pero cuando vio que tenían hambre y estaban cansados, primero los alimentó. Le haré una pregunta más: «¿Alguna vez ha sentido el hambre de los pobres?».[11]

———— ••• ————

Ustedes saben que cocinamos para miles de personas en Calcuta. Sucedió un día que una hermana se acercó a mí y me dijo: «Madre, no tenemos nada para cocinar». Eso nunca había ocurrido antes. Entonces, a las nueve en punto, llegó un camión lleno de pan. El gobierno había cerrado las escuelas ese día y nos envió el pan. Vean de nuevo, la preocupación de Dios. Incluso cerró las escuelas, pero no iba a dejar morir a los que tienen hambre. La ternura y preocupación de Dios.[12]

Queremos servir

El otro día, una familia guyarati vino a Dum Dum,[13] donde tenemos gente discapacitada, niños desnutridos y pacientes con tuberculosis. La familia completa vino con comida preparada. Hubo un tiempo en que las personas nunca hubieran pensado en acercarse a esta gente. Cuando vinieron, les dije a las hermanas que les ayudaran a servir. Para mi sorpresa, ellos dijeron: «Madre, queremos servirles nosotros». Para ellos este es un acto excepcional, porque los vuelve impuros. Algunos de ellos incluso eran ancianos. Nada les impidió hacerlo: increíble que una familia hindú dijera e hiciera tales cosas.[14]

Juntos podemos hacer algo hermoso para Dios

El amor es para hoy, los programas son para el futuro. Estamos aquí hoy, cuando venga el mañana, ya veremos lo que podemos hacer. Alguien está sediento de agua hoy, hambriento de comida hoy. Mañana no los tendremos si no los alimentamos hoy. Así que preocúpense por lo que deben hacer hoy.[15]

———— ●●● ————

Nunca me confundo con lo que los gobiernos deben o no deben hacer. En vez de desperdiciar mi tiempo [en] esas preguntas, digo: «Déjenme hacer [algo] ahora». El mañana puede nunca llegar, nuestra gente puede estar muerta mañana. Así que si hoy necesitan una rebanada de pan y una taza de té, se los doy hoy. Alguien andaba buscando errores en nuestro trabajo y dijo: «¿Por qué siempre les dan el pescado? ¿Por qué no les dan la caña para pescar?». Así que le dije: «Nuestra gente ni siquiera puede estar de pie debido al hambre y la enfermedad, mucho menos podrían ser capaces de sostener una caña para pescar. Pero seguiré dándoles pescado de comer y cuando estén lo suficientemente fuertes y puedan ponerse en pie, se los entregaré a usted para que les dé la caña de pescar». Y creo que eso es compartir. Allí es donde nos necesitamos unos a otros. Donde, tal vez, ustedes no sean capaces de hacer lo que nosotros sí podemos; sin embargo, lo que ustedes pueden hacer, nosotros no podemos. Pero si ponemos esas dos obras juntas, entonces podremos hacer algo hermoso para Dios.[16]

●●●

El otro día, un grupo de niños hindúes de un colegio vino de muy lejos. Todos los ganadores del primero y segundo lugares fueron y le pidieron a la directora que les dieran el dinero en vez de los premios. Así que ella puso todo el dinero en un sobre y se los dio. Entonces todos pidieron: «Ahora, llévenos con la Madre Teresa: queremos darle el dinero para sus pobres». Vean qué maravilloso es que no usaran el dinero para ellos mismos. Porque hemos creado esta conciencia, todo el mundo quiere compartir con los pobres. Cuando acepto dinero o un premio o cualquier cosa, siempre lo tomo en nombre de los pobres, a quienes ellos reconocen en mí. Creo que tengo razón, porque después de todo ¿quién soy yo? Yo no soy nadie. Son a los pobres a quien ellos reconocen en mí y a quienes ellos les quieren dar, porque ellos también ven lo que hacemos. Hoy la gente en el mundo quiere ver.[17]

Tremenda hambre de amor

En Etiopía y en la India cientos de personas mueren solo por [falta de] un pedazo de pan. En Roma y en Londres y lugares como esos, la gente muere de soledad y amargura.[18]

———••• •———

Como pueden ver, tenemos la idea errónea de que solo el hambre de pan es hambre. Hay un hambre mucho mayor, mucho más dolorosa: el hambre de amor, de sentirse querido, de significar algo para alguien. El sentirse indeseado, no amado, rechazado, creo que son un hambre y una pobreza mucho mayores.[19]

———••• •———

Tenemos casas en toda Europa y los Estados Unidos y otros lugares donde no hay hambre de pan. Pero hay una tremenda hambre de amor, un sentimiento de ser indeseado, no amado, relegado, rechazado, olvidado. Hay personas que han olvidado lo que es una sonrisa, lo que es el toque humano. Creo que esa es una gran, gran pobreza... Y es muy difícil eliminar esa pobreza a la vez que se [satisface esa] hambre de pan, o desnudez, o una casa hecha de ladrillos. Creo que esa es la mayor pobreza, la peor enfermedad, la situación más dolorosa de hoy en día.[20]

———••• •———

En otra ocasión caminaba por las calles de Londres, por un área pobre donde trabajan nuestras hermanas. Había un hombre en una terrible condición sentado allí, se veía muy triste y solo. Así que caminé hacia él, lo tomé de la mano y le pregunté cómo estaba. Cuando lo hice, me miró y me dijo: «Oh, después de tanto tiempo siento el calor de una mano humana. Después de tanto tiempo, alguien me toca». Entonces sus ojos se iluminaron, y comenzó a enderezarse. Tan pequeño detalle trajo a Jesús a su vida. Había estado esperando por mucho tiempo una muestra de amor humano, pero, en realidad, fue una muestra del amor de Dios. Estos son hermosos ejemplos del hambre que yo veo en esas personas, los más pobres de los pobres, los ignorantes e indeseados, los no amados, los rechazados y los olvidados. Ellos tienen hambre de Dios. Esto es algo que ustedes, los sacerdotes, deben encontrar continuamente, porque no solo es el hambre de la gente que sufre físicamente, sino también una gran hambre de las personas que sufren espiritual y emocionalmente, que sufren en su corazón y en su alma, especialmente los jóvenes.[21]

Terrible hambre de la Palabra de Dios

«¿Dónde está esa hambre en nuestro país?». Sí, hay hambre. Tal vez no la de un pedazo de pan, pero hay una terrible hambre de amor. Hay una terrible hambre de la Palabra de Dios. Nunca olvidaré cuando fuimos a México y visitamos a familias muy pobres. Toda esa gente que vimos apenas si tenían algo en sus hogares y, sin embargo, nadie pidió nada. Todos nos pidieron: «Enséñenos la Palabra de Dios. Denos la Palabra de Dios». Estaban hambrientos de la Palabra de Dios. Aquí también en todo el mundo hay hambre de Dios, especialmente entre la juventud. Y es allí donde debemos encontrar a Jesús y satisfacer esa hambre.[22]

SU EJEMPLO: Los testimonios*

Cargamos la comida sobre la cabeza y caminamos por el agua

En 1968 hubo una gran inundación en Calcuta, fuimos en nuestro camión por la noche para llevar alimentos a la gente afectada en Tilyala. Cargamos la comida sobre la cabeza y caminamos por el agua. En un momento la corriente casi se llevó a la hermana Agnes, así que la enviamos de regreso al camión. Estábamos empapadas hasta los huesos y congelándonos. Cuando regresamos a casa a las tres de la mañana, la Madre estaba esperándonos en la puerta. Había calentado agua para que todas nos bañáramos y nos

---

* Como se indica en la Introducción, para mantener la privacidad, así como la calidad meditativa del texto que sigue a continuación, se provee en las notas una corta descripción de los testigos que contribuyeron con sus pensamientos y memorias en cada sección titulada «SU EJEMPLO: Los testimonios».

preparó una taza de café caliente para calentarnos. Nos conmovió mucho el cuidado tierno y cariñoso de la Madre por nosotras, sus hijas.[23]

Llenar la taza de medir rebosante y apretada

La Madre se nos unió para hacer canastas de Navidad para los pobres. ¡Cómo levanté mi mente a Dios al ver a la Madre llenando las tazas medidoras rebosantes y apretadas! Se podían escuchar las voces: «Madre, aún tenemos muchas canastas por hacer». «Dios enviará», era su respuesta. Montones de canastas, no sobró ni una. La fe y confianza en Dios de la Madre eran algo viviente, se habían convertido en parte de ella, uno podía sentirlo, sí, uno podía ver que la Madre tenía un Amigo cercano, poderoso y fiel, trabajando con ella todo el tiempo. Uno de los principios de la Madre: "Dar lo que Dios tome y tomar lo que Él da, con una gran sonrisa". Sin duda fue difícil para mí, sin embargo, cuando se hace generosamente, se convierte en un toque del amor de Dios.[24]

Otros dudaron, pero no la Madre

Me conmovió profundamente cuando millones [de refugiados de Bangladesh] se volcaron hacia la India y a ella los números no le importaban [esto es, no la desanimaban]. De una manera u otra lo hacía. Ella solo decía: «Hagamos lo que podamos», mientras hacía todo lo posible para que cada sacerdote y hermana la ayudaran. «¿Por qué? Porque es la obra de Dios. Estos niños están sufriendo, muriendo. Debemos hacer algo al respecto». Salía y se preocupaba por conseguir suficiente pan, por obtener comida. Llamaba a las hermanas aparte, averiguaba, trataba de obtener ayuda médica, especialmente cuando la epidemia de varicela estalló en el campamento de Salt Lake. Ahí había doscientos mil en aquel momento. Inmediatamente tenía que encontrar a alguien que les ayudara. Estaba sedienta, impaciente por descubrir otras formas de conseguir más personas que vinieran y les ayudaran. Para mí, esto era otro ejemplo de su profundo amor, que podía abrazar al mundo entero como la buena «Madre» que era. Cuando todo el mundo estaba aterrado por el flujo de millones de refugiados que llegaban a la India, esta pequeña mujer, tan débil, se adelantó a incitarnos a ayudarles. Su actitud total era: si es para Dios, no puedo fallar. Otros dudaron, pero no la Madre.[25]

Un mensaje de paz en Beirut

En agosto de 1982, la violencia en Beirut estaba en su culmen. La Madre llegó el 15 de agosto, en el tiempo en el que los bombardeos y el fuego de artillería estaban en su peor momento. A menudo había dicho a otros: «No usemos bombas y pistolas para vencer al mundo, sino irradiemos la paz de Dios y extingamos todo el odio y el amor por el poder en el mundo y en el corazón de los hombres». La Madre halló a las hermanas a salvo en Mar Takla, al este de Beirut. A través de la Cruz Roja, se enteró de que había niños enfermos física y mentalmente en un hospital psiquiátrico al oeste de Beirut. Las bombas habían dañado el hogar y los niños sufrían mucho descuido. Al escuchar estas noticias, y a pesar de los repetidos recordatorios de los líderes de la Iglesia respecto a lo insegura que era la situación, la Madre estaba resuelta a sacarlos del peligro. No obstante, debido a que habían abierto fuego, no pudo cruzar la Línea Verde hacia el oeste de Beirut para hacerlo. En su gran fe, oró por un cese al fuego. ¡Y sucedió! Con un inesperado cese al fuego, la Madre viajó (cargando el Santísimo Sacramento con ella) con cuatro vehículos de la Cruz Roja y rescató a treinta y ocho niños con serias discapacidades intelectuales y físicas. Ella ayudó a los trabajadores de la Cruz Roja y del hospital a cargarlos hasta los vehículos, uno a uno, para luego llevarlos al convento de Mar Takla. Dos días después, la Madre cruzaba otra vez la Línea Verde para rescatar a otros veintisiete niños... Ropa, comida y otros suministros llegaron de gente vecina... Los niños de doce años estaban tan desnutridos que parecían de cinco años. Eran como pequeños animalitos, comiendo lo que encontraban (*v.g.*, pañales y sábanas). Incluso intentaban comerse unos a otros. Para curar su diarrea y, al mismo tiempo, evitar que se comieran el forro de hule de la cama, colgué piezas de pan tostado alrededor de sus camas. No había agua o electricidad, pero lentamente la ayuda comenzó a llegar. Para noviembre los niños habían mejorado muchísimo.

Un triste final para todas nosotras fue el día en que los niños tuvieron que ser devueltos al mismo hospital del que la Madre los había rescatado. El amor de Dios una vez más había sido bloqueado por la ambición humana de dinero, el dinero gubernamental provisto para estos niños. Fue una gran decepción para la Madre. Sus manos estaban atadas y tuvo que abandonarlos a la misericordia de Dios. Como dijo la Madre: «No se dejen desalentar por ningún fracaso mientras hayan hecho su mejor esfuerzo».

De esta situación en Beirut experimenté un ejemplo de cómo la Madre a menudo fue la primera en llegar a los lugares más devastados por causas naturales o conflictos humanos. La necesidad que surgía la motivaba a actuar de inmediato, incluso arriesgando su propia seguridad. Primero que nada, esto me revela su caridad heroica en misiones tan peligrosas e imposibles. Su confianza en Dios era tan grande que no parecía que hubiera nada humano que pudiera convertirse en un obstáculo entre el llamado de Dios y el cumplimento de este. La creencia de que Dios la quería ahí pareció permitir que un tremendo poder se apoderara de ella y así llegó a Beirut y cumplió su misión contra todo «consejo prudente» que se le dio.[26]

No pedía para sus necesidades personales

Cuando vino a Delhi, estábamos conduciendo hacia el aeropuerto y el comandante de la Fuerza Aérea India había preguntado si era posible que la Madre lo visitara en su oficina y lo bendijera, y ella accedió a hacerlo. Y en el auto ella [dijo]: «¿Qué puede hacer la Fuerza Aérea por nosotros?». Uno de nosotros contestó: «Madre, no hay nada que la Fuerza Aérea pueda hacer. Tal vez puede pedirle que, cuando haya una necesidad, provea un helicóptero para que usted vaya a un rescate o a alguna causa humanitaria». Así que dijo: «¿Helicóptero?». Entramos, nos reunimos con el jefe. Ella dijo: «A propósito, ¿pueden sus soldados» —y era la Fuerza Aérea, pero ella no vio la diferencia— «plantar árboles?». Y él dijo: «Sí, Madre. Bueno, ¿puede explicarme mejor?». «Alguien nos ha dado una propiedad para establecer un hogar para los necesitados. Sería maravilloso si pudiéramos tener árboles frutales para que estas personas puedan tener fruta, porque será buena para ellos». Él dijo: «Lo vamos a considerar». ¡Más tarde le preguntamos qué había pedido! Bueno, fue la Divina Providencia, porque al día siguiente la Fuerza Aérea envió algunos hombres. Pero no había agua en ese lugar y no había forma de obtenerla. La Fuerza Aérea terminó perforando tres pozos entubados que irrigaran el suelo para plantar los árboles, y hoy en día hay un huerto allí. Sí, ella pidió, pero no para sus necesidades personales. ¡Nadie hubiera pensado en pedirle al comandante de la Fuerza Aérea que plantara árboles! Pero ella se mantenía abierta a la inspiración del Espíritu Santo.[27]

Recolectar sobrantes de comida

La Madre pedía [excedentes de] comida no solo en los aviones sino también en los hoteles. Esa solicitud no era para ningún tipo de espectáculo personal. En verdad, con la comida extra se formó una reserva de alimentos para las niñas de la Madre. Parte de la comida de la cena y de la mañana en Dum Dum es proporcionada por el aeropuerto de Calcuta y además comida extra. Los excedentes de la Panadería Flurys son entregados a Shanti Dan, como almuerzo ligero, uno o dos días a la semana. Aparte de eso, he visto que en Delhi la comida extra de los aviones se usa para los pacientes en sus casas. Las hermanas recolectan todas estas cosas regularmente. Algunas veces, la gente del aeropuerto también [distribuye] la comida en esos centros.[28]

El costo de la cena, un regalo para los pobres

La hermana Agnes y yo fuimos con la Madre a Oslo y presenciamos su discurso del Premio Nobel... A lo largo de toda la ceremonia y los aplausos, la Madre se sentó silenciosamente como si todo fuera para alguien más. No aceptó nada más que agua en la recepción tras la ceremonia. El banquete que usualmente seguía había sido cancelado a petición de la Madre, y el costo de la cena le fue dado como regalo para los pobres. «Soy indigna del premio. Personalmente, no lo quiero. Pero con este premio los noruegos han reconocido la existencia de los pobres. Es en nombre de ellos que he venido».[29]

El amor, para ser verdadero, debe costar

La Madre amaba contar los sacrificios que los pobres hacían por su obra «para compartir el gozo de amar» a través de las obras de caridad de las hermanas. Nos contó acerca de los monjes budistas que la visitaron en la Casa Madre y después imitaron el ayuno del Primer Viernes de las Misioneras de la Caridad (M. C.) que la Madre y las hermanas hacen por los pobres cada primer viernes del mes. Los monjes imitaron la costumbre de las M. C. de sacrificar una comida y emplear el dinero para adquirir alimentos para los pobres. Esos monjes decidieron, por su cuenta, no comer su almuerzo un día y guardaron el costo de la comida y lo trajeron a la

Madre, pidiéndole que lo usara para comprar alimentos para los pobres. La Madre amaba compartir estas historias, que reflejaban bondad y generosidad inesperadas, porque creía en esa bondad dentro de cada individuo. Invitaba a la gente a encontrar la bondad en su interior y a compartirla con otros. A los benefactores que habían hecho un verdadero sacrificio para dar, la Madre solía exaltarlos como hermosos ejemplos de amor, porque «el amor, para ser verdadero, debe costar». Seguramente muchas buenas personas dieron grandes donativos para los pobres, pero la Madre solo hablaba de la gente pequeña que hace un gran sacrificio con el fin de compartir, tal como Jesús alabó el donativo de unos pocos centavos de una viuda para mantener el templo. Uno de los ejemplos favoritos de la Madre era el de un mendigo de las calles frente a la Casa Madre que se le acercó, sacó tres rupias de sus andrajos y los ofreció como contribución al trabajo de la Madre. Ella sabía que, probablemente, era todo lo que él tenía, pero dijo que debía aceptarlo para respetar su sacrificio por otros.[30]

———•••———

Cuando la Madre vino a visitarnos a Nairobi, algunos ricos trajeron muchos pasteles caros. La Madre dijo: «Envíenlo todo a los pacientes y a los niños». Se los mandamos todo. Muchas veces he visto en ella ese valor para renunciar, para sacrificarse. La Madre era feliz de renunciar, de sacrificarse por amor a Jesús.[31]

Hazlo alegremente

Acostumbraba a salir al apostolado con la Madre. Caminábamos una gran distancia para cuidar a un niño discapacitado con tuberculosis llamado Nicolás... Tenía dos llagas grandes; la Madre solía limpiar y curar sus heridas. La familia era muy pobre, así que la Madre llevaba comida diariamente para ellos. Normalmente yo estaba muy cansada y todos los días sentía ganas de llorar, pero la Madre decía: «Debemos salvar almas y debemos hacerlo alegremente». Sabía que la Madre también estaba cansada, pero no lo demostraba en modo alguno. Esto lo hicimos por varios años.[32]

Con la debida dignidad, amor y tierno cuidado

La manera en que alimentaba a la gente en el hogar para los moribundos era tan edificante y ejemplar que, claramente, no los trataba como receptores de su misericordia, sino más bien se acercaba a ellos con la debida dignidad, amor y cuidado tierno... Aunque había tanta gente, trataba con cada uno individualmente. Solía decir que así como el sacerdote toca el Cuerpo de Cristo en el altar, así quienes lo reciben tan respetuosamente deben tratar los cuerpos quebrantados de los pobres, con el mismo respeto y reverencia.[33]

Tener fe en Dios

Recuerdo que durante la guerra de Indochina, en Darjeeling todos los caminos a las llanuras estaban cortados. Yo no sabía dónde podría conseguir comida para sesenta niños, cincuenta ancianos, los pobres que venían por comida y las hermanas. Llamé por teléfono a la Madre y le pregunté: «¿Qué hacemos?». La Madre me preguntó: «¿Rezaron el Padrenuestro?». Dije: «Sí»; entonces ella me dijo: «Tenga fe en Dios». Esa fue la última llamada que pude hacer o tuve que hacer. Repentinamente, gente de las colinas cercanas supo que teníamos mucha gente que alimentar, nos trajeron comida, leche y tantas otras cosas, que hasta que la guerra terminó tuvimos suficiente.[34]

Como Dios los ama

Para la Madre, la caridad significaba amar a todas las personas tal como Dios las ama. Con la Madre esto era sobresaliente, ese amor por el prójimo.

Si estaban necesitados de cuidado corporal, eso era lo primero que hacía, limpiarlos y alimentarlos. Y luego cuidaba de sus almas. Como decía la Madre: «Con el estómago vacío, uno difícilmente puede pensar en Dios. Jesús alimentó a las personas». En Nirmal Hriday (el Hogar para los moribundos de la Madre Teresa), ella hizo justamente eso. Y al ver estas obras de caridad, los enfermos sentían que la Madre, en su amor por ellos, era [como] Dios.[35]

No hables, haz algo al respecto

Hubo un congreso sobre el hambre mundial en India en 1987 y la Madre fue invitada a hablar. Cuando llegamos a la entrada lateral del edificio había un hombre en el suelo. Estaba hambriento y quería algo de comer. Ella me dijo: «Voy a llevarlo a casa». Teníamos una camilla en la camioneta, y le dije que yo podía llevarlo, pero ella dijo que no, que ella iba a hacerlo. Lo hizo, y eso significó que llegáramos al congreso una hora y media tarde. Ella no dijo nada al respecto en ese momento, no lo usó como ejemplo, pero ahí estábamos, era una conferencia para erradicar el hambre y el hambre estaba en la puerta de entrada.

Su actitud siempre fue: haz una cosa, una cosa, una cosa. En este congreso yo le aseguré: «Vaya y yo lo cuidaré», porque había un millón de personas en el camino en India, pero así era ella, tenía que cuidar de esta persona ella misma. Ella diría: «No hables, haz algo al respecto». Había mucha crítica porque ella no hablaba con los políticos. Decía: «Soy una religiosa. Estoy aquí para dar a Cristo a esa persona».[36]

La Madre misma iba

En una ocasión, mientras estaba en Calcuta durante mi primer año de noviciado, hubo una gran inundación y no podíamos ir a ver a las familias pobres porque la tierra estaba inundada por arriba de la rodilla. Fuimos con la Madre a distribuir pan a los que tenían hambre y a los pobres. La gente no podía pasar la calle debido al agua, pero la Madre en su inmenso y tierno amor por Dios y sus pobres bajó al agua y comenzó a darles pan, porque para ella era Jesús el que tenía hambre. La Madre no nos permitió a las novicias bajar al agua, pero ella hizo ese acto heroico de amor a Dios hasta que dolió.[37]

———— ●●● ————

A veces una persona pobre venía y le decía a la Madre: «Madre, no he comido hoy». Ella se sentaba con ellos en la recepción y me llamaba para que trajera comida. Si yo no estaba ahí, la Madre misma iba a la despensa y la buscaba. Siempre se preocupaba por la gente pobre.[38]

Nunca despidas a una persona que tiene hambre
Ella nos enseñó a nunca despedir a una persona que tuviera hambre, incluso si no teníamos nada. La Madre decía: «Denles su sonrisa y una palabra de aliento». En cualquier lugar en el que la Madre abría una casa, las personas, ricas y pobres, de cualquier credo acudían en montones y preguntaban si podían ayudar a los pobres. La Madre nunca les ordenaba ni les exigía que le ayudaran. Todo lo que decía era: «Den lo que puedan, y si no tienen nada, no se preocupen, den sus manos para servir y sus corazones para amar. Al ayudar a otros serán recompensados con paz y gozo».[39]

La gente estaba más hambrienta de Dios
La primera fundación de Albania se hizo en Tirana, el 2 de marzo de 1991. La Madre inmediatamente se enteró de que el país carecía de

todo. La gente no solo estaba hambrienta de cosas materiales, sino más hambrienta aún de Dios. Era un estado de emergencia, el trabajo debía comenzar de inmediato. La Madre recuperó del gobierno muchas iglesias que habían sido usadas como salas de cine, estadios, almacenes, etc. Fue a la mezquita central en donde se albergaba a los enfermos e indigentes, abrió la puerta y se los llevó a nuestra segunda casa en Tirana, y entregó la mezquita al imam musulmán.[40]

REFLEXIÓN

«... tuve hambre y ustedes me dieron de comer» (Mt 25:35).

«Hoy tienen hambre, mañana puede ser demasiado tarde».[41]

«Hoy, los pobres tienen hambre de pan y arroz, de amor, y de la Palabra viva de Dios».[42]

¿Soy capaz de reconocer a una persona «hambrienta» en mi familia, comunidad, parroquia, vecindario, ciudad (o incluso más lejos) y de encontrar una manera de ofrecer algo de alivio para esa hambre (ayuda material, un simple gesto de mi amor y bondad, la Palabra de Dios)? ¿Puedo ayunar en solidaridad con aquellos que sufren hambre o unirme a un programa en alguna organización local de beneficencia?

Expresaré mi gratitud a Dios por el alimento que recibo a través de su providencia al rezar antes y después de las comidas. Además, no desperdiciaré el alimento, recordando a aquellos que no lo tienen.

ORACIÓN

Haznos dignos, Señor, de servir a nuestros hermanos,
en todo el mundo, que viven y mueren
en pobreza y hambre.
Dales hoy, a través de nuestras manos,
su pan de cada día, y por nuestro amor comprensivo,
dales paz y alegría.

—San Pablo VI

Dar de beber al sediento
Capítulo II

Dar de beber al sediento». Este acto de misericordia tiene una resonancia especial en la vida de la Madre Teresa. Las palabras de Jesús desde la cruz: «Tengo sed» (Jn
19:28), resumieron de manera concisa su llamado a saciar
la sed infinita de Jesús en la cruz, de amor y de almas. Los encuentros
con el sediento fueron, entonces, un recordatorio de aquel llamado y
una invitación siempre fresca a responder primero a las necesidades
inmediatas del pobre que se hallaba frente a ella, pero también una
manera mística de saciar la sed de Jesús, quien estaba, a través de esa
persona —en el «angustiante disfraz del pobre»—, pidiéndole: «Dame
de beber» (Jn 4:7).

Siempre atenta a las necesidades de los pobres, especialmente de sus
necesidades básicas, la Madre Teresa dio los pasos prácticos y necesarios
para ayudarlos. Suministrar agua de beber con la ayuda de las autoridades civiles o de asociaciones de beneficencia en cualquier lugar en el que
había carencia de ella fue uno de sus muchos esfuerzos entre los pobres.
Sin embargo, no se enfocó solo en eso. Llevó la experiencia de la sed
un paso más allá, al darse cuenta de que mucha gente estaba sedienta
«de bondad, de compasión, de delicado amor». Se esforzó por ofrecer
alguna expresión tangible de bondad, compasión y amor para satisfacer
esta necesidad humana básica y animó a sus seguidores a hacer lo mismo.

Cualquiera que sea la razón concreta por la cual alguien experimenta, ya sea la sed física real (carencia de agua, carencia de los recursos para obtenerla, la incapacidad para tomarla o la miseria de aquellos que mueren en las calles) o la sed humana de amor, el dar de beber al sediento, como una obra de caridad, definitivamente exige nuestra atención. Al seguir el ejemplo de la Madre Teresa nos enfrentamos al desafío de reconocer al sediento entre nosotros y a hacer todo lo que esté a nuestro alcance para saciar su sed, esforzándonos como ella por dar de beber a aquellos que tienen sed de agua, pero «no solo de agua, sino de conocimiento, paz, verdad, justicia y amor».

SUS PALABRAS

Jesús está sediento de nuestro amor
Cuando Jesús estaba muriendo en la cruz, clamó: «Tengo sed». [Estamos aquí para] saciar su sed de almas, de amor, de bondad, de compasión y de delicado amor. Con cada acción por el enfermo y el moribundo, sacio la sed de amor de Jesús por esa persona, al dar el amor de Dios en mí a esa persona en particular, al cuidar de los indeseados, los no amados, [los] que están solos y... de todos los pobres, así es como sacio la sed de Jesús por los demás al darles Su amor en acción.[1]

———◆◆◆———

Cuando moría en la cruz, Jesús dijo: «Tengo sed». Jesús está sediento de nuestro amor, y esta es la prueba para todos, pobres y ricos por igual. Todos estamos sedientos del amor de los demás (que hagan hasta lo imposible para evitar lastimarnos y que nos hagan el bien). Este es el significado del verdadero amor, dar hasta que duela.[2]

—•••—

Cuando dijo: «Tengo sed», pensaron que tenía sed de agua. Así que le dieron vinagre y Él no lo tomó. Pero ahí estaba su sed... su sed de amor, de almas. Y hoy nos está diciendo lo mismo a ustedes y a mí: «Tengo sed» de amor, de almas. ¿Y cómo saciaremos esa sed de Jesús? Ahora, justo aquí, al trabajar, cada uno de nosotros, por la salvación y la santificación de las almas. Esa es su sed, esa terrible sed de Jesús, que fue tan dolorosa para Él en la cruz, de saber que soportaba tanto sufrimiento y aun así muchos no le aceptarían.[3]

—•••—

Debemos ser capaces de elegir ser pobres incluso en las pequeñas cosas. Miles de personas no tienen luz. En la prisión la gente está muriendo. Tienen una cubeta de agua para lavarse y para beber de él. Elijo usar solo una cubeta de agua, no porque tenga que hacerlo, sino porque amo hacerlo. Usted será una verdadera M. C. cuando conozca la pobreza y cómo compartirla. Esa es la manera sencilla que la Virgen María y Nuestro Señor usaron en la tierra.[4]

¿De qué tiene sed Él?

Él nos envía a los pobres en particular. La taza de agua que le dan al pobre, al enfermo, la forma en que levantan a un moribundo, el modo en que alimentan a un bebé, la manera en que enseñan a un niño ignorante, en la que dan medicina a un leproso, su actitud y modales hacia ellos, todo esto es el amor de Dios en el mundo actual. «¡Dios aún ama al mundo!». Quiero eso grabado en sus mentes: Dios aún ama a través de ti y de mí hoy. Déjenme ver este amor de Dios en sus ojos, en sus acciones y en la forma que trabajan.[5]

—•••—

He visto terribles sufrimientos corporales, terribles. Y ver a esas personas en Etiopía, justo al abrir la puerta en la mañana, están allí frente a nuestra puerta, suplicando por un vaso con agua. No han probado alimento, vienen de tan lejos solo para obtener un poco de ternura, amor, cuidado y algo de comida.[6]

¿Dónde estamos?

Mucha gente en las calles... indeseadas, no amadas, descuidadas, gente hambrienta de amor. Tenían tres o cuatro botellas cerca de ellos, pero las bebían porque no hay nadie que les dé algo más. ¿Dónde está usted? ¿Dónde estoy yo? [...] Tenemos tanta gente como esa justo en Nueva York, justo en Londres, en esas grandes ciudades europeas. Solo con un pedazo de periódico, ahí tirados en el suelo. Nuestras hermanas van por la noche, de 10:00 p.m. a 1:00 a.m., por las calles de Roma y llevan sándwiches, llevan algo caliente de beber. En Londres he visto gente de pie contra las paredes de una fábrica para calentarse. ¿Cómo? ¿Por qué? ¿Dónde estamos nosotros?[7]

Sed de comprensión

No solo hambrientos de pan y arroz, sino hambrientos de amor, de ser queridos, de saber que soy alguien para ti, de ser llamado por mi nombre, de tener esa profunda compasión, hambrientos. Hoy en el mundo hay una tremenda hambre de ese amor. Sed de comprensión.[8]

————◆◆◆————

Él está diciendo: «Tengo hambre, tengo sed. No tengo un lugar. No tengo a nadie. A Mí me lo hicieron». Siempre he dicho que no somos trabajadoras sociales, sino monjas contemplativas en el corazón del mundo. En el corazón del mundo alimentamos a Jesús, que está hambriento. Damos el agua de misericordia y de gozo a nuestra gente, a Jesús.[9]

SU EJEMPLO: Los testimonios

Etiopía, un completo Calvario

Después de la visita de una hermana a Alamata, Etiopía, llamó a la Madre y le informó lo que había visto. La Madre dijo con angustia: «Hermana, haga algo antes de que mueran». La hermana respondió: «Madre, necesitamos alimento, medicinas, ropa y, sobre todo, agua». Ella le respondió: «La llamaré luego». [...] La Madre [llamó] al presidente [Reagan]: «Acabo de recibir una llamada de Etiopía diciendo que miles están muriendo de hambre y sed. Por favor haga algo. Necesitan comida, agua, ropa y medicinas». El presidente se conmovió y le dijo a la Madre que la llamaría de vuelta.

Ese mismo día los Estados Unidos se involucraron y, a través de CRS (Catholic Relief Services), se organizaron [grandes] cantidades de comida para las M. C. en Etiopía. Después de enviar aviones de carga y barcos llenos de comida, ropa y medicinas, la Madre llegó a Etiopía con cuatro hermanas. Llevaba cobijas, galletas y ropa. Todos estaban esperando conocer a la Madre. Ella encontró a una estrella de pop en el aeropuerto. Él [saludó] a la Madre y exclamó: «¡Etiopía es un completo infierno!». La Madre lo miró a los ojos y dijo: «Etiopía es un completo Calvario, no un infierno. Usted y yo podemos hacer nuestra pequeña parte y entonces la vida se salvará».

Al siguiente día, con una fiebre ardiente, estaba lista para volar a los lugares de socorro. El presidente de Etiopía le dio su avión para los viajes. Vio a cientos de pacientes esqueléticos moribundos, con los ojos sumidos, el estómago pegado a la columna vertebral, con una mirada temerosa en el rostro, miles sentados esperando pacientemente la comida preparada, que se servía desde las siete de la mañana hasta las siete de la noche. Las hermanas también se las arreglaban para darle a cada persona un vaso con agua. La Madre daba vueltas y bendecía a cada uno, sintiendo su dolor. Tomó una cubeta de agua e iba por todos lados dándoles para que la bebieran. Con una gran sonrisa dijo a las hermanas: «Las envidio a todas ustedes porque Jesús dijo que si das un vaso de agua fría, recibirás recompensa en los cielos. Ustedes son privilegiadas porque están saciando la sed de Jesús en los pobres. Jesús dijo: "A Mí me lo hicieron". Jesús es la Verdad y no puede engañarnos». Viendo el gozo de las hermanas, la Madre dijo a la [superiora] regional: «Mírelas. Tienen tan poco y aún así son tan felices y saludables. Sí, podemos vivir sin muchas cosas. El secreto de nuestro gozo es nuestra pobreza y nuestro servicio gratuito y de todo corazón a los más pobres de los pobres». Y la Madre nos bendijo y se fue a Makale...

Fuimos directo del aeropuerto a los campamentos donde estaban las víctimas de la hambruna. Los más enfermos yacían en las tiendas. Repentinamente, la Madre notó una pequeña choza hecha con madera de la selva, y ahí había muchos cadáveres esperando turno para ser sepultados. La gente dijo: «La falta de agua está matando a miles, Madre. Denos agua». Aunque la Madre se fue a la cama temprano, no durmió mucho. Estaba esperando el amanecer para regresar a Adís Abeba. De rato en rato, las hermanas la escuchaban decir: «¡Qué terrible es vivir sin agua, la terrible sed!». Y daba vueltas en la cama.[10]

———◆◆◆———

Durante la gran hambruna no había agua [en toda Alamata, Etiopía]. La Madre vino de visita. No había nada de agua, incluso para beber. A la hora del almuerzo todas bebimos un vaso de agua. Pero la Madre no bebió la suya. Hacía mucho calor ese día y todas estábamos sedientas. Ella tomó su agua y se la dio a una mujer moribunda.[11]

Práctica y concreta
Hacia los enfermos, los que sufrían, la Madre mostraba un extraordinario amor. Fue una evangelización verla en Kalighat (un hospicio que la Madre Teresa fundó en 1952, también conocido como Nirmal Hriday), verla ir de cama en cama, verla tocar a la gente, ver su preocupación práctica, porque la Madre manifestaba el amor. Era una mujer práctica y lo expresaba de una manera concreta, ya fuera con agua para los sedientos o con chocolates para los Sacerdotes, y eso siempre era una revelación de amor más grande que si nos diera una exhortación... Y siempre nos invitaba al sacrificio, y luego a seguir adelante debido a las necesidades de la gente. Siempre era, directa o indirectamente, dar ese servicio de todo corazón, y si hallaba que alguien necesitaba algo, casi podía partir a una hermana en dos, para tratar de atender las necesidades de esas personas. El amor que les mostraba era extraordinario.[12]

Jesús está sediento en el disfraz más angustiante
Una de las principales características de la espiritualidad de la Madre era ver a Cristo en los más pobres de los pobres, en el disfraz. Esta expresión, «disfraz angustiante» es algo muy especial. No eran únicamente los más pobres de los pobres, sino ver a Jesús en ese disfraz angustiante, en una forma que era muy difícil, muy dura de descubrirlo, pero creyendo que Jesús está ahí, que Jesús tiene sed, tratando de estar con él. No pueden penetrar esa fe en el disfraz angustiante a menos que tengan contacto a través de la meditación, de la oración y, especialmente, a través de la Eucaristía. Y luego ella decía: «El Jesús que recibo en

la Eucaristía es el mismo Jesús a quien sirvo. No es un Jesús diferente».
[...] Creo que toda la espiritualidad de las Misioneras de la Caridad está
centrada en esa Presencia. «Quiero servir y amar a Jesús en los pobres.
Quiero vivir como san Francisco de Asís, una vida pobre, y servirle».[13]

REFLEXIÓN

«Tuve sed y ustedes me dieron de beber» (Mt 25:35).

«¿Estuviste ahí para darle en su sed, el agua de la compasión, del
perdón, a través de tu hermana [o hermano]?».[14]

«Sediento de bondad, Dios les suplica. ¿Están dispuestas a servirlo?».[15]

¿Habrá actos pequeños de caridad que podamos practicar sin llamar
la atención al hacerlos y que satisfagan no solo la sed de agua, sino la
sed de amor y de atención de aquellos que tenemos más cerca? ¿Puedo
hacer algún servicio pequeño a mi familia o a un miembro de la comunidad, en un esfuerzo por ser el primero en servir, en lugar de esperar a ser
servido? ¿Puedo ayudar en un proyecto que provea agua para aquellos
que no la tienen? ¿Cómo puedo evitar desperdiciar el agua en solidaridad con aquellos que sufren la carencia de ella?

ORACIÓN

María, Madre de Jesús,

tú fuiste la primera en escuchar a Jesús clamar: «Tengo sed».

Tú sabes cuán real y cuán profundo es su anhelo por mí y por los pobres.

Yo soy tuya, enséñame, llévame cara a cara con el amor en el corazón de Jesús
crucificado.

Con tu ayuda, Madre María, escucharé la sed de Jesús

y esto será para mí una Palabra de Vida.

Permaneciendo junto a ti, le daré a Jesús mi amor,

y le daré la oportunidad de amarme

y así, seré la causa de tu alegría.

Y así saciaré la sed de Jesús.

Amén.

—Madre Teresa

Vestir al desnudo

Capítulo III

La Madre Teresa nunca se acostumbró a la pobreza, después de sus visitas a las diferentes comunidades de sus hermanas, a menudo comentaba: «Nuestra gente pobre está sufriendo mucho». «La pobreza en Nueva York, Londres, Roma...; si van de noche por las calles de Roma verán a la gente durmiendo sobre papel periódico», mencionaba tristemente. A veces parecía que los pobres estaban volviéndose más y más pobres. Ella tenía ojos para ver que la mayoría de las personas no tenía suficiente ropa. Algunos no tenían cambio de ropa ni oportunidad de ducharse y, al vivir en las calles, tenían que soportar las miradas de desprecio que su pobre apariencia y su mal olor provocaban. A ellos también les hubiera gustado usar ropa decente y bonita, como a todo el mundo.

Sea que los pobres estuvieran harapientos o no, la reacción de la Madre Teresa a sus necesidades no era solo darles la ropa apropiada, sino también de mostrarles todo el respeto que podía. Cubría los cuerpos de aquellos que yacían desnudos en las calles, ponía una cálida frazada sobre los que temblaban de frío, o protegía de la vergüenza a quienes yacían con gusanos y heridas humillantes para que otros no se alejaran con repugnancia por su pobreza. Cuando hablaba de «vestir al desnudo no solo con ropa, sino también con dignidad humana», enfatizaba la necesidad de tratar a la gente que sufría privaciones con gran respeto y de restaurar su dignidad como hijos e hijas de Dios.

El profundo conocimiento de sí misma permitía a la Madre Teresa ir más allá de las apariencias y verse a sí misma ni diferente ni mejor que los demás. Fue capaz de hacerlo porque conocía en lo profundo de su corazón que ella era una de las más pobres de los pobres. Esto también le ayudó a tener una compasión profunda y tierna por la persona que estuviera frente a ella, al mismo tiempo que reconocía su dignidad humana. Además, sabía que «los pobres son personas muy maravillosas. Pueden enseñarnos muchas cosas hermosas... Estas son personas que quizá no tengan nada que comer, puede ser que no tengan ni un hogar dónde vivir, pero son personas maravillosas».

Sin embargo, ¿nos percatamos de cuán poco valor se le otorga a la dignidad humana en nuestro mundo moderno? ¿No se considera a menudo a los individuos como meros objetos de explotación? En tantas circunstancias en las que la dignidad humana es tan poco respetada, y cuando se considera a los individuos simples objetos para ser explotados, el amor y el respeto con los que la Madre Teresa trataba a cada ser humano son, incluso, un recordatorio más que oportuno. Tratar a alguien con bondad, respeto y reverencia puede, ciertamente, restaurar la dignidad innata de esa persona.

SUS PALABRAS

Él escogió ser como nosotros
Los pobres son personas maravillosas y nosotros les debemos una profunda gratitud, porque si ellos no nos aceptaran, no existiríamos como M. C. Para ser capaces de comprender esto, miramos a Jesús. Para ser capaz de convertirse en hombre, Él «siendo rico, se hizo pobre» (2 Cor 8:9). Él pudo haber elegido el palacio de un rey, pero para poder ser igual a nosotros eligió ser

como nosotros en todo, excepto en el pecado. Nosotros, para ser iguales a los pobres, elegimos ser pobres como ellos en todo, excepto en su indigencia.[1]

———●●●———

Estoy completamente segura de que todas esas personas que han muerto con nosotros [están] en el cielo, son realmente santos, están en la presencia de Dios. Puede ser que no hayan sido deseados en esta tierra, pero son hijos muy amados de Dios.[2]

Jesús murió por esa persona desnuda
Jesús murió en la cruz para mostrar el más grande amor, y murió por ti y por mí, y por el leproso, y por ese hombre que muere de hambre, y por el desnudo que yace en la calle, no únicamente de Calcuta, sino de África, y de Nueva York, y Londres, y Oslo, e insistió en que nos amáramos los unos a los otros como Él nos ama a cada uno de nosotros. Leemos muy claramente en el Evangelio: «Amen, como yo los he amado, como yo los amo; así como el Padre me ha amado, yo los amo».[3]

———●●●———

Y él dice: «Tuve hambre y me dieron de comer, estuve desnudo y me vistieron, enfermo y me cuidaron, sin hogar y me recibieron, en soledad y me sonrieron... Cualquier cosa que hicieron por mis hermanos más pequeños, lo han hecho por Mí». Y esto es lo que Jesús nos dice una y otra vez: que nos amemos los unos a los otros como Él nos ha amado.[4]

———●●●———

Así que eso es lo que todos debemos esforzarnos por [descubrir], dónde están esos lugares [en los que los más pobres de los pobres viven], y guiar a los otros colaboradores a esos lugares. Por ejemplo, pueden ir dos, nunca vayan solos. Nunca deben ir solos, lleven a otra persona y vayan a ese lugar. Ahí está Cristo en «el angustiante disfraz», y para nosotros este es el Cristo hambriento, el Cristo desnudo y el Cristo indigente... Simplemente hagan ese servicio humilde... Hemos decidido permanecer haciendo el trabajo humilde y no es pérdida de tiempo alimentar y lavar, tallar y amar, cuidar y hacer todas esas pequeñas cosas. Porque se hacen directamente al Cristo hambriento, al Cristo desnudo. Él no puede engañarnos, esto es tocarlo las veinticuatro horas. Así es que por eso es tan hermoso que podamos rezar las veinticuatro horas cuando estamos en su presencia, cuando los estamos tocando.[5]

¿Realmente aman a Jesús? ¿Sienten a menudo esa sed de Jesús? ¿Lo escuchan diciéndoles: «¿Me amas en los más pobres de los pobres?». Hermanas, escuchen a la Madre, ¿son capaces de escuchar el clamor de Jesús en el hambriento? ¿En el desnudo? ¿En el no amado e indeseado? ¿En el paciente leproso con esa gran herida llena de gusanos? ¿En esos pacientes de sida? ¿Con qué dignidad los tratan? ¿Encuentran al Cristo sufriente en cada una? Si están muy cerca de Jesús, con la ayuda de la Virgen María pueden decir: «Saciaré la sed de Jesús al compartir el sufrimiento de ellos». Es lo mismo en nuestra comunidad, con nuestras propias hermanas, nuestras superioras. Entonces, no lo olviden: «A Mí me lo hicieron».[6]

Cuán limpias deben estar sus manos
Cuán limpias deben estar sus manos para unirse en oración, para cubrir al Cristo desnudo.[7]

———◆◆◆———

Hoy un grupo de niños de un colegio vino a verme. Habían seleccionado a un niño y una niña de cada clase para traer el dinero y el alimento después de las ofrendas de la *puja,* para nuestro Sishu Bhavan (Hogar para niños), y entonces vinieron a verme. Ahora, ¿cómo es que saben de nosotros?, no lo sé. Vean, hermanas, esto es lo maravilloso de nuestra vocación, que como M. C. hemos creado conciencia de los pobres en todo el mundo. Hace veinte años si ustedes decían: «Hay un hombre hambriento o un hombre desnudo alrededor, nadie les hubiera creído. Hoy todo el mundo conoce a nuestros pobres debido a nuestro trabajo. Porque lo saben, quieren compartir.[8]

---◆◆◆---

El señor Kennedy vino a visitar el lugar. La hermana Agnes estaba lavando la ropa sucia y él insistió en estrecharle la mano. La hermana ocultaba sus manos, pero él insistió. «Quiero... Estas manos están haciendo obras humildes por amor a Cristo».[9]

---◆◆◆---

Recuerdo la última vez que estuve en Beirut y traje a esos niños en condiciones terribles, el hospital bombardeado, los trabajadores habían huido, esos treinta y siete niños completamente desnudos, uno encima del otro, sin nadie que los alimentara o los cuidara, estaban chupándose unos a otros. Trajimos a esos niños y los pusimos en camas limpias y bonitas. Vean la diferencia que estas hermanas han hecho en ellos. «Gracias, Madre». Llegaron los doctores y todos dijeron: «Cada uno de los niños morirá en el transcurso de la semana». Lo más maravilloso es que ningún niño murió, y las sonrisas en sus rostros eran hermosas.[10]

---◆◆◆---

No cometamos ese error de creer que aquí en Europa y otros lugares no tenemos gente con hambre, ni gente desnuda. No solo hay hambrientos de pan, hay hambrientos de amor. [Tal vez aquí] no hay desnudez por [falta de] una prenda de ropa, pero hay desnudez [por falta] de dignidad humana; no hay personas sin un cuarto hecho de ladrillos, pero existe ese rechazo de ser indeseable, no amado, desamparado. Por eso necesitamos rezar. La oración nos dará un corazón limpio, y con un corazón limpio podemos ver a Dios. Y si vemos a Dios, nos amaremos los unos a los otros como Dios nos ama a cada uno de nosotros.[11]

La desnudez es la pérdida de la dignidad humana

Por eso decimos el indeseado, el no amado, el desamparado, el olvidado, el que vive en soledad: esta es una pobreza mucho mayor. Porque la pobreza material la pueden satisfacer con cosas materiales: si recogemos a un hombre hambriento de pan, le damos el pan y ya hemos satisfecho su hambre. Pero si hallamos a un hombre terriblemente solo, rechazado, un desechado de la sociedad, el apoyo material no lo ayudará. Porque para quitar esa soledad, eliminar esa terrible herida, requiere oración, requiere sacrificios, necesita ternura y amor. Y eso es a menudo más difícil de dar que las cosas materiales. Por eso hay hambre no solo de pan, sino también de amor.[12]

●●●

Cada ser humano es creado a la imagen y semejanza de Dios. Y Cristo, por su encarnación, está unido a cada persona humana. Al principio, cuando comencé la obra, algunas personas hicieron comentarios acerca de que la Iglesia no está hecha de desechos. Eso significaba el pobre, el enfermo, el moribundo, el discapacitado, el indigente, etc. Ahora parece que todos se han vuelto hacia lo que se consideraba un desecho. Sí, los pobres son dignos de respeto y de dignidad humana. Los seres humanos no pueden ser conscientes de su propia dignidad a menos que hayan experimentado amor. Esto me recuerda al hombre que murió en

60

Nirmal Hriday. «He vivido como un animal en la calle, pero moriré como un ángel, amado y cuidado».[13]

—●●—

Hay mucha gente que ha muerto en países muy fríos, se congelan hasta morir. Pero la desnudez es también la terrible pérdida de la dignidad humana, la pérdida de esa hermosa virtud: la pureza, un cuerpo virgen, un corazón virgen, un corazón puro, esa pureza que es pura, esa castidad que es casta, esa virginidad que es virgen, la pérdida de ese don hermoso de Dios.[14]

—●●—

La desnudez es la pérdida de esa dignidad humana, la pérdida de ese respeto, de esa pureza que era tan hermosa, tan grandiosa, la pérdida de esa virginidad que era lo más hermoso que un joven o una joven pueden darse mutuamente porque se aman, la pérdida de esa presencia, de lo que es bello, de lo que es grandioso: eso es desnudez.[15]

—●●—

Hay desnudez de la dignidad humana, del respeto a lo divino que está en cada uno de nosotros. Porque Dios nos ha creado para cosas más grandes, para amar y ser amados. Así que cuando le quitamos la dignidad a ese ser humano, estamos destruyendo la divinidad que está en él.[16]

SU EJEMPLO: Los testimonios

Estaba claramente desnudo y con muchas heridas
Una vez, cuando un joven inglés corría salvajemente por la calle para

evitar ser apedreado por una turba enfurecida, la Madre detuvo la ambulancia en la que estábamos viajando y lo recogió. Estaba claramente desnudo y con muchas heridas. La Madre lo llevó a la Casa Madre, le dio agua para bañarse, curó sus heridas, le dio ropa para que se vistiera y le ofreció una comida caliente.[17]

Nos llevaremos a todos los niños de aquí

Cuando fuimos por primera vez... a este orfanato [en Rumania], hallamos sesenta y tres niños en un estado terrible. La Madre obtuvo permiso para llevarse a cuarenta de los niños. Fuimos y los hallamos desnudos, de dos o tres por cama, muchos sentados o yaciendo sobre la orina. La Madre me dijo: «Nos vamos a llevar a todos los niños de aquí». Yo le dije: «Madre, solo tenemos documentos para cuarenta». Ella me interrumpió y dijo: «No voy a irme sin llevarme a todos los niños». Más tarde encontré a la Madre afuera y seguía repitiendo: «No quiero juzgar» (estaba visiblemente conmovida). «No quiero juzgarlos, pero estas personas (los encargados de los niños) están de pie ahí, no les da pena, no se sienten avergonzados, ¿cómo es posible?». Luego, nuevamente: «No quiero juzgarlos». La Madre no perdió la compostura con los encargados, pero se aseguró de que nos lleváramos a los niños, a los sesenta y tres.[18]

La Madre no despidió a la mujer

Me conmovió mucho la confianza que la Madre tenía en la Divina Providencia. Un día, una mujer con sus vestidos rotos vino, así que la Madre pidió a la hermana encargada que trajera un sari. Sin embargo, no había sari que darle. Con todo, la Madre no despidió a la mujer y, a los pocos minutos, un hombre llegó y trajo varios saris nuevos. Aquella mujer estaba tan feliz.[19]

Ella tenía el poder del amor de Dios

En Albania, en 1991, había carencia de todo: no había alimentos en las tiendas, ni ropa, ni medicinas. La Madre suplicaba, especialmente a Italia, que enviaran ropa, comida y medicinas. Las cosas comenzaron a llegar en abundancia, pero era difícil distribuirlas. La gente era indisciplinada y hostil. Le dijimos a la Madre al respecto, pero nos dijo que distribuyéramos la ropa y el alimento cuando ella estuviera con nosotros. Fuimos y entregamos boletos a la gente, pero incluso eso era imposible. Llegó el día de la distribución y la Madre estaba ahí, lista, con su delantal puesto. La policía también estaba afuera. La multitud en el exterior era demasiado numerosa, fuera del control de la policía. La Madre salió hacia la multitud y les habló. Temíamos por ella, ya que sufría una enfermedad coronaria. Fue valerosa y decidida. Calmó a la multitud y ese día entregamos la ropa a la gente. La Madre pudo hacer eso porque tenía el poder del amor de Dios. Después de terminar, la Madre exclamó: «Los albaneses no eran así». La Madre recordaba su pasado. Sí, la nación entera fue destruida en cincuenta años. Si Dios había sido expulsado legalmente del país, qué podía uno esperar que fuera un hombre, sino un hombre sin dignidad. Un albanés nos dijo: «El comunismo se tardó cincuenta años en destruir la conciencia de la gente, pero para reconstruir la conciencia de los albaneses se necesitarán cien años».[20]

La mejor medicina para la tos

La Madre mantenía cerca de su cama a quien estuviera enferma para poder cuidarla. Si alguna hermana tosía en la capilla, la Madre la sacaba y la envolvía con su propia ropa tibia. Y si alguna hermana tosía en la noche en el dormitorio, la Madre iba hasta la hermana y decía suave y cariñosamente: «Hermana, ¿la Madre va a escucharla toser toda la noche?». Y ahí terminaba todo. ¡La mejor medicina para la tos eran el gran amor y la preocupación de la Madre por nosotras! En nuestro dormitorio, cada noche antes de que la Madre se fuera a dormir, iba de cama en cama, viendo que todas estuvieran bien y cubiertas con una frazada. Si teníamos una pierna fuera, la metía dentro de la mosquitera y acomodaba bien nuestras frazadas, incluso aunque tuviera muchas cartas por escribir y estuviera muy ocupada. ¡Cuánto extrañé a la Madre, era como mi propia madre![21]

Cuánto deben de sufrir los pobres

Estaba en el dormitorio. Era invierno, y con todas las puertas y ventanas abiertas, estaba tiritando en mi cama. Dos frazadas no eran suficientes, pero era casi media noche, así que intenté calentarme con lo que tenía. Entonces, sentí que alguien me cubría con una frazada. Pensé que lo estaba imaginando, pero abrí los ojos y ¿quién estaba ahí? Por supuesto, la Madre. Una vez más, me tapó muy cariñosamente, metiendo las frazadas bajo el colchón, me bendijo, presionó mi rostro con sus cálidas manos y dijo: «Duerma». Solo en la mañana me di cuenta de que ella había sacrificado su propia frazada y me la había dado. ¿Había podido dormir en el frío sin frazada? Solo el cielo lo sabe. En la mañana, la Madre me dijo: «Cuánto deben de sufrir los pobres durmiendo en un piso frío sin ninguna frazada. Nuestros sufrimientos no son nada comparados con los sufrimientos de los pobres».[22]

Toda mi ropa está mojada

Un día estaba lloviendo y toda mi ropa estaba mojada, y fui a decirle: «Madre, no tengo nada que ponerme, toda mi ropa está mojada». Y la Madre me dijo que fuera y tomara su camisón de debajo de su almohada y que vistiera eso. Y eso fue lo que hice.[23]

REFLEXIÓN

«Estuve desnudo y me vistieron» (Mt 25:36).

«Desnudo de lealtad, Él espera de ti... ¿Serás ese (consuelo) para él?».[24]

«Los pobres están desnudos, de ropa, de dignidad humana
y de compasión».[25]

¿Menosprecio a las personas cuya ropa está vieja o sucia? ¿Me doy cuenta de que pueden estar vestidos así porque no tienen un cambio de ropa? ¿Me percato de que debido a su vestimenta pobre pueden buscar aislarse? ¿Contribuyo a su desgracia con mi mirada desdeñosa o al fingir que no los veo? ¿Me doy cuenta de que pueden estar sufriendo por la necesidad y de que son despreciados a causa de ello? ¿Qué puedo hacer para que no sean rechazados por otros a causa de los harapos que visten?

¿Tengo ojos para ver que la gente que encuentro en la calle necesita ropa? ¿Tengo un corazón listo para compartir algo de mi ropa con ellos? ¿Le podría ayudar a alguien una prenda de ropa que no necesito? Acercarme a una persona necesitada puede ser difícil y desafiante, pero también puede ser gratificante. Trata de encontrar a una persona necesitada y ofrécele algo con tus propias manos, en una forma que restaure la dignidad de esa persona, que lo haga sentirse honrado y respetado. ¿Le puedo ofrecer a alguien un saludo cálido y amistoso, reconociendo la dignidad innata de esa persona por la forma en que trato con ella?

ORACIÓN

Querido Jesús,
ayúdame a esparcir tu fragancia
por dondequiera que vaya.
Inunda mi alma con tu Espíritu y vida.
Penetra y posee todo mi ser tan completamente
que mi vida sea solo una irradiación de la tuya.
Brilla en mí y permanece tanto en mí,
que cada alma con la que tenga contacto
pueda sentir Tu presencia en mi alma.
¡Que al verme no me vean a mí, sino solamente a ti, Jesús!
Quédate conmigo, y así comenzaré
a brillar como Tú brillas,
a brillar tanto que sea una luz para los demás.
La luz, oh Jesús, será toda de Ti, nada de ella será mía.
Serás Tú, quien brille sobre los demás a través de mí.
Que así te alabe como más te agrada,
brillando sobre aquellos que me rodean.
Que te predique, sin predicar,
no con palabras sino con mi ejemplo,
con la fuerza atrayente,
con la influencia compasiva de lo que hago,
con la evidente plenitud del amor
que mi corazón siente por Ti.
Amén.

—Adaptada de Meditaciones y Oraciones, del Cardenal John Henry
Newman, que la Madre Teresa solía rezar diariamente después de la Comunión.

Albergar al indigente
Capítulo IV

La falta de casa, desafortunadamente, se está haciendo cada vez más común, incluso en los países desarrollados. Cuando la Madre Teresa habló acerca de los sin techo estaba legítimamente preocupada por los pobres que tienen una vivienda inadecuada, pero incluso más por los pobres que viven en las calles, «bajo el cielo», día tras día, mes tras mes y, frecuentemente, año tras año. Su situación era aún más desesperada ya que, siendo realistas, no había un futuro diferente a la vista. Al darse cuenta de la gravedad del problema, buscó lugares apropiados en donde pudiera abrir refugios o residencia para los indigentes. El propósito de estos centros era ser verdaderos hogares en los que los pobres fueran bienvenidos, amados, cuidados y, especialmente, en los que se pudieran «sentir en casa», como ella insistía a menudo.

Sin embargo, a pesar de lo apremiante que es el no tener techo, la Madre Teresa vio un problema más profundo que la mera carencia de vivienda. Habló de «la situación física de mis pobres abandonados en las calles, indeseados, no amados y a quien nadie reclama».

Este sentimiento de ser rechazado, abandonado, decepcionado, de no pertenecer a ningún lado o no tener un punto de referencia o un refugio seguro al atravesar las luchas de la vida, era un sufrimiento real que ella quería remediar al mismo tiempo que les proveía un refugio físico. Esta profunda comprensión de la «indigencia» vino también de su profunda experiencia mística. En una carta a uno de sus directores espirituales, afirmó que la condición de los pobres en las calles, rechazados por todos y abandonados a su sufrimiento, era «la verdadera imagen de mi propia vida espiritual». Este dolor interior e insoportable de sentirse rechazada, no amada y repudiada por el Dios al que ella amaba con todo su corazón, le permitió comprender lo que los desamparados sienten en su vida diaria. Se identificó completamente con su miseria, soledad y rechazo. Y los pobres sintieron esa profunda compasión de ella, misericordiosa y sin prejuicios; se sentían bienvenidos, amados y comprendidos.[1]

Familiarizada con ese dolor, acostumbraba a animar a sus hermanas a dar «albergue al indigente, no solo un refugio hecho de ladrillos, sino un corazón que comprende, que cubre, que ama».[2] Ella se empeñaba en crear un verdadero hogar donde cada uno se sintiera bienvenido, amado y protegido. No quería simplemente una fría institución sin vida, carente de amor y afecto, sino lugares de paz y descanso, donde el sin techo pudiera experimentar el amor de Dios y los moribundos pudieran «morir en paz con Dios», sintiéndose amados y cuidados.

SUS PALABRAS

Jesús está reviviendo su Pasión en nuestros pobres
«Era forastero, y me recibieron». Estoy segura de que ustedes en Asís no conocen lo que es el hambre de pan, pero hay hambre de amor... Tal vez no encuentran personas tiradas en la calle, sin casa, pero son indigentes porque son rechazados, [carecen] de dignidad humana, de amor humano. ¿Conocen a los pobres de Asís? Tenemos casas para la gente sin techo que recogemos de las calles de Roma. En Carlo Cattaneo[3] tenemos un hogar

para la gente que no tienen a nadie, que no tienen nada, que tienen hambre. Estoy segura de que si oramos descubriremos que tal vez justo ahí, en su propia ciudad, en su propia casa, encontrarán a los pobres.[4]

Jesús está reviviendo su Pasión en nuestros pobres. La gente pobre realmente atraviesa la Pasión de Cristo. Debemos servirles con respeto.

No debemos enviarlos de puerta en puerta, de Sishu Bhavan a la Casa Madre. Ya han tenido demasiado sufrimiento.

Debemos tratarlos con dignidad. Esas personas pobres son Jesús sufriendo hoy. Debemos hallar la manera y los medios para ayudarles mejor; no añadan nada a sus sufrimientos. Los pobres son el Calvario de Jesús hoy.[5]

En Calcuta hemos recogido alrededor de 52,000 personas de las calles: desechados de la sociedad, indeseados, no amados, que no tienen a nadie que los quiera. Tal vez ustedes nunca han experimentado eso, es un dolor terrible, un dolor terrible.[6]

Puede ser que, si van a la estación, si visitan algunas de las zonas muy pobres, se encuentren a personas durmiendo en el parque o las vean durmiendo en la calle. He visto gente en Londres, he visto gente en Nueva York, he visto gente en Roma durmiendo en las calles, en el parque, y esta no es la única clase de indigencia, que es terrible, es terrible ver en la noche fría a un hombre, a una mujer, durmiendo sobre un pedazo de periódico en la calle. Pero hay una indigencia mucho mayor: ser rechazado, ser indeseado, no ser amado.[7]

—•••—

Pero Madre, ¿cómo lo vio?

Cuando estaba en Delhi, viajaba en auto, a lo largo de una de las grandes calles. Había un hombre tirado mitad en la calle y mitad en la acera. Los autos pasaban, pero ninguno se detuvo a ver si estaba bien. Cuando detuve el auto y lo levanté, las hermanas se sorprendieron. Me preguntaron: «Pero Madre, ¿cómo lo vio?». Nadie lo había visto, ni siquiera las hermanas.[8]

De repente se dio cuenta: Dios me ama

La indigencia no es solamente por [la falta de] una casa hecha de ladrillos, aunque tenemos muchos hogares para los enfermos y los moribundos, muchas casas para los sin techo por todo el mundo, pero no es solo por un hogar hecho de ladrillos, sino ese terrible sentimiento de no ser deseado, no ser amado, no recibir cuidado, de ser desechado por la sociedad. Como en este momento, que tenemos tanta gente enferma de sida, desechados de la sociedad y, sin embargo, son nuestros hermanos, nuestras hermanas. Marcó una gran diferencia en sus vidas y en la vida de muchos voluntarios cuando abrimos el hogar, el Don de Amor, en Nueva York, y el Don de Paz, en Washington, donde reunimos a todas estas personas que sufren de sida para que puedan morir siendo amados y cuidados, y así experimentar una muerte hermosa. Este es el fruto del amor que usted y yo podemos compartir con ellos. Esa es la protección de la vida, que esas personas han sido creadas para cosas mayores, para amar y ser amadas.[9]

—•••—

En Australia tenemos un hogar para alcohólicos, y las hermanas recogieron a un hombre de las calles que había sido alcohólico por muchos años. Había arruinado su propia vida y la de sus hijos y su familia, y todo lo demás. Y [gracias a] la forma en que las hermanas [lo trataron],

de repente un día se dio cuenta: «Dios me ama». ¿Cuándo, cómo? [...]
La forma en que las hermanas hablaron con él, la manera en que lo
tocaron, la forma en que lo amaron. No hicieron nada especial, pero
fue la forma en que trataron con él, con tanto amor, tanta compasión,
tanta comprensión y sin sorprenderse en lo más mínimo de que fuera
un borracho, que estuviera tan desamparado, que no tuviera esperanza.
Entonces, de repente, ese «Dios me ama», y desde aquel día nunca más
tomó. Regresó a su casa, con su familia y a su trabajo. Luego, cuando
obtuvo su primer salario, tomó el dinero y fue al lugar en el que estamos
construyendo un centro de rehabilitación para los indigentes alcohólicos, especialmente para los ancianos, que tienen en prisión solamente
porque si los dejan salir no tendrían lugar a dónde ir, de modo que se
[irían] a beber. Queremos sacar a estas personas de la cárcel, darles un
hogar y hacerles sentirse amados y cuidados. Él fue y trajo su salario y
dijo: «Dios ha sido tan maravilloso conmigo. En las hermanas y a través
de ellas he llegado a saber que Dios me ama. Esto me ha regresado a la
vida y ahora quiero compartir esa vida con otros». Estas son las pequeñas cosas que las hermanas hacen, hacen muy poquito. Podemos hacer
muy poco por estas personas, pero al menos saben que los amamos, que
cuidamos de ellos y que estamos a su disposición.[10]

———◆●●◆———

Nunca olvidaré el sufrimiento de ese niñito a tal hora de la noche. Dijo:
«Fui con mi padre». Fue con su padre y con su madre y ninguno de ellos
lo quiso. Y a esas horas de la noche ese pequeño niño tuvo el valor de
venir a nuestra casa. ¿No es hermoso? Lo traje a casa, porque lo acogí.
Era un lindo niño.[11]

———◆●●◆———

Un día una hermana recogió a un hombre de la calle, de la acera. Y mientras lo levantaba, toda su espalda —piel y carne— se iba quedando en el suelo, en el pavimento. Había bultos de gusanos que le habían comido la carne. Y ella lo llevó a nuestra casa. Estaban por todo su cuerpo. La hermana lo bañó, le mostró amor, y luego, tres horas después, murió con la más bella sonrisa. Cuando llegué al lugar y la hermana me contó lo que había sucedido, le dije: «¿Qué sintió? ¿Qué sintió en su corazón, qué sintió al tocar ese cuerpo?». Y esa joven hermana me dio una bella respuesta: «Nunca había sentido esa presencia, y supe que estaba tocando el Cuerpo de Cristo».[12]

No hay lugar para ellos en el corazón de nadie
Los sin techo no son únicamente aquellos que no tienen hogares hechos de ladrillo o madera, sino también aquellos que no han encontrado lugar en ningún corazón, los rechazados y los no amados.[13]

Ayer el arzobispo me llevó a ver [el] Taj Mahal. Me sentí tan mal al ver el gran edificio de mármol carente de vida cuando, junto a esas frías riquezas, los leprosos y los desposeídos moribundos viven en total sufrimiento y necesidad. El dolor me atravesó, pero también fortaleció mi resolución de hacer más por Cristo en su «angustiante disfraz».[14]

Para encontrar al Jesús perdido en la juventud y llevarlo a casa, como lo hizo María cuando encontró a Jesús, lo llevó a casa. Ustedes... y muchos otros deben ir con María, en busca de Jesús en el angustiante disfraz de la juventud, y llevarlo a casa, por medio de su amor y su santidad, y al partir el pan conocerán y verán a Jesús en su padre y su madre, [su] hermano y hermana, y en su prójimo.[15]

Encuentra una familia para el niño no deseado

Debemos volver a poner a los niños en el centro de nuestra preocupación y cuidado. Esa es la única manera de que nuestro mundo sobreviva, porque nuestros niños son la única esperanza del futuro. Cuando las personas son llamadas a la presencia de Dios, solo sus hijos pueden tomar su lugar. ¿Pero qué nos dice Dios? Dice [la Escritura]: «... ¿puede una mujer olvidarse del niño que cría, o dejar de querer al hijo de sus entrañas? Pues bien, aunque alguna lo olvidase, yo nunca me olvidaría de ti. Mira cómo te tengo grabado en la palma de mis manos» (Is 49:15-16). Estamos grabados en las palmas de la mano de Dios. Ese niño que aún no ha nacido fue grabado en la mano de Dios desde su concepción y es llamado por Dios para amar y para ser amado, no solo en esta vida, sino para siempre. Dios no puede olvidarnos nunca. Les diré algo hermoso. Luchamos contra el aborto con la adopción. Al cuidar de las madres y conseguir que se adopte a sus bebés, hemos salvado miles de vidas. Hemos mandado a decir a las clínicas, hospitales y estaciones de policía: «Por favor, no destruyan al niño, nosotros lo cuidaremos, [nosotros] nos llevaremos al niño», así que siempre tenemos a alguien que les diga a las madres en problemas: «Venga, nosotros lo cuidaremos por usted. Nosotros conseguiremos un hogar para su niño». Y tenemos una gran demanda de parejas que no pueden tener hijos, pero nunca damos un niño a parejas que han hecho algo para no tener a un niño. Jesús dijo: «Y el que recibe en mi nombre a un niño como este, a Mí me recibe» (Mt 18:5). Al adoptar a un niño, estas parejas reciben a Jesús, pero al abortar a un niño, la pareja rehúsa recibirlo. Por favor, no maten al niño. Yo lo quiero. Por favor, dénmelo. Estoy dispuesta a aceptar a cualquier niño que pudiera ser abortado y a dárselo a una pareja casada que lo amará y será amado por él. Solamente en nuestro hogar de niños en Calcuta hemos salvado del aborto a más de tres mil niños. Estos niños han traído tanto amor y tanto gozo a sus padres adoptivos, y han crecido llenos de amor.[16]

—•••—

Oren especialmente en estos días por los refugiados, que están sufriendo tanto. Están amontonados en todos lados, así que pidamos a la Virgen María que sea la madre de los refugiados, para que podamos ayudarles a aceptar su sufrimiento y a usarlo para la paz del mundo.[17]

—•••—

Que Dios bendiga todos sus esfuerzos por ayudar a los refugiados y desplazados. Que lleve el amor de Dios, la esperanza y la fuerza a los indigentes y desposeídos. Recuerde las palabras de Jesús: «Fui extranjero y me cuidaste».[18]

Obras humildes de amor
Debido a que la gente en el mundo ha sido tan profundamente conmovida por nuestras obras humildes de amor en acción que llevan el amor tierno de Dios y su cuidado por los no amados, los desamparados y los desposeídos, esto ha creado en el corazón de muchos el profundo deseo de compartir; algunos lo hacen desde su abundancia, pero muchos, y quizá la mayoría, lo hacen privándose de algo que les hubiera gustado tener, para poder compartir con sus hermanos y hermanas menos privilegiados. Es tan hermoso ver el espíritu de sacrificio penetrar en tantas vidas, porque esto no beneficia únicamente a los pobres que lo reciben, sino que quien da, es también enriquecido con el amor de Dios.[19]

El mayor desarrollo de la vida humana
Cuidamos de los enfermos y moribundos, recogemos gente de la calle. Tan solo en Calcuta, hemos recogido casi a 31,000 personas, de las cua-

les más de 14,000 han tenido una muerte hermosa. Para mí, el mayor desarrollo de la vida humana es morir en paz con Dios.[20]

Y ustedes y yo hemos sido creados con el mismo propósito, para amar y esparcir esa compasión como lo hizo la Virgen María a donde quiera que fue... Creo que esa es la compasión bella del corazón de una mujer, sentir el sufrimiento de los demás y hacer algo, tal como Ella lo hizo. Ustedes y yo tenemos esa compasión en nuestro corazón. ¿Realmente la utilizamos? ¿Tenemos los ojos de la Virgen María para ver las necesidades de los demás? Quizá sea en nuestro hogar, ¿conocemos las necesidades de nuestros padres, de nuestro esposo, de nuestros hijos? ¿Llegan los niños a casa con nosotros, así como Jesús llegaba con María? ¿Tenemos un hogar para nuestros niños?[21]

Tal vez Cristo está sin hogar en tu propio corazón
Ellos pueden ser vagabundos por [falta de] un refugio de ladrillo o están en soledad, no queridos, desamparados, sin amor y así sin hogar por carecer de un hogar hecho de amor en tu corazón; y dado que el amor comienza en casa, tal vez Cristo está hambriento, desnudo, enfermo, sin techo, en tu propio corazón, en tu familia, en tu vecino, en el país en donde vives, en el mundo.[22]

«Yo soy aquel», dice Jesús, «que llamó a tu puerta. Fui aquel que yacía en las calles. Fui el que murió, congelado, en ese hogar roto».[23]

Sin hogar, carente de refugio en tu corazón, Él te pide. ¿Serás «esa» persona [dispuesta a recibirlo]?[24]

Jesús debe amar mucho tu hogar. Siempre me lo imagino cuando no hallaba lugar en Jerusalén, caminando hasta Betania, a la casa de María, Marta y Lázaro. Ellos lo amaban, y lo querían. Pienso que tampoco ahora lo quieren en Jerusalén. Estoy segura de que tu hogar es Su Betania. Mantenlo siempre todo para Él.[25]

SU EJEMPLO: Los testimonios

No podemos dejarlo en la calle

La Madre había escuchado que había muchos hombres sin techo durmiendo en las calles de Londres, y pidió que la llevaran a verlos. Así que, una noche, Ann Blaikie y yo acompañamos a la Madre. Fijándose en un hombre en particular, la Madre salió del auto y fue hacia él. Al principio, él no se percató de su presencia, pero cuando ella tomó su mano, él miró hacia arriba y dijo: «Ha pasado mucho tiempo desde que sentí el calor de una mano humana». La Madre regresó al auto y nos dijo: «Este hombre está enfermo. No podemos dejarlo en la calle así». Ann Blaikie respondió: «Tiene razón, Madre, ¿pero a dónde podemos llevarlo a estas horas de la noche?». Eran casi las 11:00 p.m. La Madre dijo: «Llevémoslo a casa del cardenal». Así que, para consternación del conductor y de la señora Blaikie, nos fuimos a medianoche a casa del cardenal. Cuando llegamos, por supuesto que las puertas estaban cerradas. Casi habíamos perdido la esperanza de entrar, cuando un sacerdote que llegaba abrió una pequeña puerta para entrar. Inmediatamente, nuestro conductor corrió y le explicó que la Madre Teresa estaba en el auto y necesitaba albergue para un indigente. El sacerdote, muy amablemente, nos dijo que esperáramos, telefoneó al Ejército de Salvación y arregló todo. Entonces, regresamos a recoger al hombre y lo llevamos al Ejército de Salvación.[26]

La Madre notó el sufrimiento de los indigentes

Por un largo tiempo, la Madre había notado el sufrimiento de los indigentes en la estación de Sealdah y sus alrededores: los desempleados buscando los trabajos más humildes en la ciudad, los mendigos y todos aquellos que no tienen un lugar para pasar la noche. La Madre se reunió con el director general de los ferrocarriles y con el inspector de la policía, quien le dio todo su apoyo. Un contingente de policías de Barrakpore llegó para poner una lona y refugios de bambú en ambas aceras. En sus visitas a la estación, las hermanas recogían pacientes de la plataforma. Las dos hermanas que llegaban cada noche a las 9:30 p.m. les daban pan, leche y una frazada. Los voluntarios también ayudaban. Muchos [de los indigentes] se iban por la mañana a buscar algún trabajo. Los enfermos, los incapacitados y los niños se quedaban. Aquellos que estaban en agonía eran llevados a Nirmal Hriday. Los enfermos eran tratados o enviados al hospital, y a los niños se les daban clases hasta el mediodía.

Se colocó una estructura más permanente con techo de asbesto y hubo una ceremonia de inauguración. En esta ocasión, la señora Dias comentó que la Madre Teresa tenía el toque de Midas. El precio del oro era muy alto, pero lo que la Madre Teresa dio era mucho más valioso, era el oro del amor y el afecto. También se iniciaron una clínica ambulante, un centro de ayuda, una escuela secundaria en bengalí y en hindi, y una clase de costura para las mujeres. Por las tardes, los niños ayudaban a mantener las calles alrededor de la estación limpias y despejadas, recogiendo las cáscaras de coco. Estas eran apiladas en una esquina del refugio nocturno por falta de espacio, en espera de ser desechadas en los contenedores de basura. Un día, durante su visita, la Madre le preguntó a la hermana encargada: «¿Para qué están juntando esas cáscaras?». Y obtuvo una respuesta sencilla: «No tienen absolutamente ningún propósito». De repente la Madre dijo: «Envíenlas todas a Prem Dan (Hogar para los enfermos y moribundos). Comencemos a hacer algo con esos desechos». Así que de forma regular una vez por semana se enviaba un camión cargado con cáscaras de coco para dar pequeños trabajos a los pobres desempleados: haciendo cuerdas con la fibra de coco, tapetes y colchones, etcétera.[27]

¿Negarías albergue a la Virgen María o a san José?

Tuvimos a una familia entera de enfermos mentales en Sishu Bhavan: una madre con sus hijos. El hijo mayor era lisiado y mentalmente disca-pacitado. Esta mujer acostumbraba a maltratarnos tanto que un día me negué a ir a Sishu Bhavan y entregué las llaves diciendo que si esa mamá permanecía ahí, yo no regresaría al lugar. La Madre vino y le dijo a la mujer que recogiera a sus hijos y sus cosas y saliera de Sishu Bhavan. Ella se levantó y se fue. Era un día lluvioso, y ya había atardecido. Yo estaba feliz de haberme librado de ella, pero la Madre no. Como a las 5:00 p.m. (casi una hora después de que se habían ido), la Madre llegó a Sishu Bhavan y me dijo que iba a buscarlos. Tuve tal remordimiento que la seguí. La Madre estaba preocupada por ellos, pues no tenían hogar y estaba lloviznando. Mi corazón comenzó a derretirse. Los encontramos en la iglesia de Santa Teresa. Los trajimos de regreso a Sishu Bhavan. Fue una lección que nunca olvidé. La Madre me dijo: «Siempre recuerda cómo a la Virgen María y a san José les negaron albergue en Belén. ¿Les negaría usted albergue?».[28]

La Madre se levantó de inmediato

Una vez, en el onomástico de la Madre, las hermanas de la Casa Madre habían preparado una gran obra de teatro para el festejo. Ese día llovió tanto repentinamente que el agua en Kalighat comenzó a subir y a subir, había muchos enfermos afuera. No pude meterlos porque ya no había suficiente espacio para ellos. Así que le comuniqué este problema a la Madre y, de inmediato, en medio de la obra de teatro se levantó y fue conmigo a Kalighat y rápidamente solucionó el problema. La Madre metió a los enfermos sin mucha dificultad, porque arregló todo de tal forma que hubo espacio para todos. No podía imaginar cómo lo hizo tan hábilmente, y todos estaban muy contentos. Era cierto que la Madre nunca rechazaba a nadie que llegara a la puerta. Así que yo decidí también hacer lo mismo, hacer lugar para cualquier persona, pues la Madre dijo que era Jesús tocando a la puerta, en el disfraz del pobre. Así que nunca he de rehusarme a recibir a nadie, aunque no haya lugar. De alguna u otra forma lo logramos con la ayuda de Dios.[29]

Nunca me rehusé a atender a nadie

Ella recibía a todo el que venía, y nunca se rehusó a atender a nadie. En sus propias palabras: «Nunca me niego a atender a nadie», porque era muy abierta a todos, sin importar quiénes fueran. Y su servicio a los pobres era incansable, sin tener en cuenta casta o credo o nada semejante. Tenía esa virtud de poder ver a todos iguales delante de Dios.[30]

Repentinamente, la Madre abandonó la multitud

La Madre estaba rodeada por todas las «Hermanas Mayores», colaboradores y mucha gente. Yo estaba esperando cerca de los autos con otras postulantes. Se me acercó un anciano pobre. No podía ver bien y nos preguntaba cuándo llegaría la Madre. Le señalamos la multitud que estaba cerca de la reja. No podíamos ver a la Madre. Sentí dolor, porque ese hombre no tendría la oportunidad de ver a la Madre de cerca, también porque las hermanas hicieron señas de que no nos acercáramos mucho. Repentinamente, no sé cómo, no lo podía creer, la Madre se apartó de la «multitud» y vino hacia ese hombre. Él se quitó su sombrero y le pidió a la Madre que bendijera sus ojos, y ella le habló en inglés, bendijo sus ojos y le dio una bella sonrisa. El hombre lloró. Personalmente, me impactó muchísimo, porque para mí era prácticamente «imposible» que la madre pudiera llegar hasta donde estábamos de pie.[31]

La ayuda y el ánimo de la Madre

Boys Town (La ciudad de los muchachos) comenzó hace casi veinte años cuando los niños que teníamos en nuestras casas estaban creciendo y necesitaban estar separados. La Madre le pidió ayuda al arzobispo Henry y, en poco tiempo, abrieron este Boys Town para ellos en donde estudiaban. Después organizó un Proyecto Bata (un programa piloto administrado por una compañía de calzado de la India con el objetivo de ayudar a entrenar a los chicos para ganarse la vida) para que hicieran zapatos y pudieran sustentarse. Más tarde, ya que los muchachos se iban casando y querían establecerse, se organizó un proyecto con el fin de obtener ayuda para que construyeran una casa y tuvieran un terreno. Esto se materializó y hoy más de ochenta pequeñas familias están creciendo ahí. Al principio hubo muchos problemas causados por los chicos. Había grandes malentendidos con los sacerdotes, y los muchachos se comportaban mal. A un sacerdote que había estado ahí por unos cuantos años le pareció muy difícil y quiso abandonar su vocación. La Madre le ayudó y ella misma lo llevó de regreso a Boys Town para continuar su misión. Con la ayuda y el ánimo de la Madre, permaneció muchos años más ahí e hizo muy buena labor.[32]

Estaban en un nivel tan bajo

La casa en Roma se fundó para cuidar a prostitutas ya mayores, quienes, debido a enfermedades adquiridas durante su trabajo, no eran capaces de cuidarse a sí mismas. Y ellas eran específicamente las personas que la

Madre estaba cuidando aquí —sus monjas cuidaban de ellas—, quienes estaban a un nivel tan bajo que yo no había siquiera considerado que alguien quisiera hacerse cargo de ellas.[33]

La amiga de los pequeños

La Madre se encontró a niños abandonados, algunas veces recién nacidos, a punto de morir, acostados en donde los habían tirado en los basureros. La Madre abrió el hogar de niños llamado Sishu Bhavan en 1955. Sería el primero de muchos hogares. Muchos bebés y niños pequeños llegaron, traídos por la policía, trabajadores sociales y las mismas hermanas. Todos recibieron cuidado y amor, y muchos bebés malnutridos se recuperaron milagrosamente. La Madre tenía un toque maravilloso y tierno con los niños. En su presencia se sentían en casa y en poco tiempo los tenía sonriendo y jugando con ella. Los que estaban muy enfermos hallaron en ella una presencia reconfortante, compasiva y apacible. Al mirar a la Madre con los niños, cualquiera recordaría a Jesús, «el amigo de los pequeños».[34]

La Madre recogió al bebé a las 10:00 p.m.

Una vez, en mi distrito de Calcuta, un niño abandonado de siete días de nacido fue recogido por algunos oficiales de una estación de policía... No podían aceptarlo en ningún lado. Casi a las 9:30 p.m. los oficiales me llamaron para pedir consejo. Inmediatamente llamé a la Madre Teresa y, por fortuna, la hallé y le conté de nuestro dilema. Ella simplemente me preguntó qué estación de policía era y, al saberlo, solamente dijo que ella recogería al bebé en la próxima media hora. Eran cerca de las 10:00 p.m.[35]

Una persona nos cuidó: nuestra querida Madre

Soy una niña huérfana de Darjeeling Sishu Bhavan. Nuestros padres murieron cuando éramos muy pequeños. No recordamos a nuestros padres, y solo conocemos a una persona que nos cuidó, se ocupó de nosotros y nos encontró un hogar adoptivo, ella no es otra que nuestra querida Madre. Conozco a la Madre desde mi niñez. Aún recuerdo que, cuando éramos muy pequeños, algunas veces la Madre venía a visitarnos. Acostumbraba a viajar desde Calcuta por tren hasta Siliguri, y luego desde ahí viajaba en autobús, y después de bajarse en la estación de tren de Darjeeling, caminaba a nuestra casa (Sishu Bhavan). Al verla venir, gritábamos de alegría: «¡Madre!", y ella sonreía y nos saludaba con la mano. Bajábamos corriendo a cargar su maleta y agarrarnos de sus manos. Al verla venir, nos poníamos extremadamente felices... Al ser huérfanos, estábamos abandonados, pero nuestra querida Madre nos dio este hogar, nos cuidó, nos mostró cómo vivir, nos ayudó a valernos por nosotros mismos. Mi esposo y yo trabajamos y somos felices con nuestra pequeña familia. La razón del éxito no es otra que nuestra amorosa Madre y las Misioneras de la Caridad.[36]

Yo era el niño más travieso de Sishu Bhavan

La Madre me había recogido de las calles de Calcuta a la edad de cuatro años aproximadamente. Me crio, me dio educación. Yo siempre estaba cerca de ella, porque era nuestra mamá. Me amaba mucho, aunque yo era el más travieso de Nirmala Sishu Bhavan. Primero me dio un baño y limpió mis furúnculos, ya que todo mi cuerpo estaba lleno de ellos. Me dio medicina y me dio leche y pan para comer. Cuando estaba entre nosotros, sabíamos que un «Ángel de Dios» estaba con nosotros.[37]

¿No es este un milagro?

Una bebé llamada Agnes, recogida cuando aún era recién nacida cerca de un contenedor de basura, había desarrollado una infección en la piel.

La llevé a mi casa cuando tenía dos meses de edad, hice que la revisara un pariente doctor y la regresé a Sishu Bhavan. Durante los siguientes siete meses, acostumbraba a llevarla muy a menudo a casa para vivir con mi familia, luego se fue para unirse a sus padres adoptivos en España. Ellos tenían un hijo mayor que Agnes y fueron bendecidos con otro lindo hijo después de que ella se les uniera. Tenían una hermosa casa y fueron muy amables con nosotros... Cada vez que pensamos en la pobrecita Agnes que encontró un lindo hogar con un dulce hermano mayor y uno menor nos maravillamos: «¿No es este un milagro?».[38]

Toca al leproso con tu compasión
En 1957, cinco leprosos que habían sido despedidos de su trabajo llegaron a ver a la Madre. Ella fue siempre sensible a las necesidades de cada momento, así que comenzó la obra de servicio a los leprosos. Inmediatamente usó la clínica ambulante para ellos y muy pronto abrió cinco centros en Calcuta.

Con el creciente número de pacientes de lepra, se organizó un hogar para ellos que incluyera departamentos internos y externos. La Sociedad Mariana se unió para apoyar este centro en Titagarh. De esta obra surgió el eslogan, tan conocido hoy: «Toca al leproso con tu compasión». La Madre se esmeraba en hablar con los leprosos que estaban recibiendo tratamiento y que estaban deformes. Infundía esperanza y dignidad en ellos al decirles que todavía podían trabajar. Esta labor a la larga se convirtió en un municipio que rehabilita a miles de leprosos que han llegado de toda la India.[39]

———◦◦◦———

El gobierno proveía un lugar para que vivieran las familias de los leprosos, pero ellos vivían fuera de la ciudad en cuevas. Toda el área fue entregada a la Madre para que cuidara de los leprosos. Ella ha hecho una obra maravillosa y fue reconocida por el gobierno por formar pequeñas comunidades donde las familias de leprosos podían vivir. Cuando mi esposo y yo conocimos a la Madre, nos dijo que costaba 150 dólares construir una choza muy pequeña, en la que la familia pudiera vivir y tener un pequeño espacio para un jardín para cultivar sus propios vegetales. Mucha gente dio donaciones para estas casas. La persona que tenía lepra era atendida, y el resto de los miembros de su familia recibían tratamiento profiláctico. Ella las llamaba «aldeas de paz».[40]

La Madre no perdía el tiempo

Cuando los refugiados llegaban a montones a Bengala Occidental a través de toda la frontera con Bangladesh (en 1971), la Madre no perdió tiempo en organizar a un grupo de nosotras para ir a los grandes campamentos de refugiados. Después del primer día, la Madre tenía una buena idea [de] lo que se necesitaba, así que regresó al día siguiente a Calcuta sola y, sin tardanza, envió a otro grupo de hermanas y hermanos con colchones, ropa y comestibles... Cada día, la Madre iba a Salt Lake y se aseguraba de que la mayor cantidad posible de nuestras hermanas jóvenes estuvieran totalmente involucradas. Salían muy temprano por la mañana y regresaban por la tarde. Una de las mayores dificultades en el campamento era mantener ocupados a los grandes grupos de mujeres después de haberlas alimentado, vestido y de haber provisto sus necesidades en la fila médica.

La Madre se hizo cargo de un centro en Green Park para niños refugiados casi muertos de hambre y enfermedad. Nuestras hermanas cuidaron a los niños día y noche. También había otros dos centros ahí, uno para las ancianas enfermas y otro para mujeres embarazadas. Ella arregló que les hicieran alojamientos con bambú y carpas. Por ese tiempo se publicó un impresionante folleto que se distribuyó mundialmente, el cual presentaba una solicitud de la Madre: «Tenemos millones de niños sufriendo de malnutrición y hambre. A menos que el mundo acuda con alimento y proteínas, estos niños morirán y el mundo tendrá que responder por su muerte». Y el mundo respondió. La Madre hizo todo lo posible por los refugiados, incluso cuando parecía una gota de agua en el océano comparado con la devastadora situación. Era abnegada e incansable. No escatimaba esfuerzo ni el de las hermanas, a pesar de las muchas llamadas de su Congregación que crecía y necesitaban de su tiempo, su guía y dirección.[41]

La Madre se aseguró de que se hiciera lo necesario
Recuerdo una tarde cuando llegué a la Casa Madre. Vi a un anciano y una anciana de una familia muy pobre, llorando. Su única hija había sido expulsada de la casa porque era epiléptica. La chica fue llevada a uno de los hogares de la Madre y fue consolada. La mujer preguntó si podría ser atendida por un doctor. Mi esposo (médico) estaba allí. A ella le habían negado atención en muchos hospitales. La Madre Teresa, con su frágil cuerpo, esperó ahí hasta que se le atendiera. Tenía el tremendo poder de velar para que se hiciera todo lo necesario.[42]

Junto al ministro
Un día, resultó que un ministro iba en el auto con la Madre. Ella vio a un hombre muy anciano sentado junto al borde del camino. La Madre lo recogió y lo hizo sentarse junto al ministro y lo llevó a una de nuestras casas. En ese momento esa persona pobre era más importante que el ministro.[43]

Todos olvidamos lo terrible que es vivir en las calles
Yo estaba en la casa, y alguien vino a ver a la Madre. Ella estaba en otra habitación. Abrí la puerta y ahí estaba una mujer pobre y des-

consolada. Era una persona de la calle. Se veía mentalmente enferma, en ropas harapientas. Dijo: «Tengo que ir al baño» y entró precipitadamente. Justo en frente de la puerta estaban las escaleras que subían directamente a la habitación. Una hermosa hermana americana entró en ese momento y dijo: «Margaret, entra, querida», y Margaret subió vertiginosamente hacia el cuarto de baño sin cerrar la puerta. La hermana me dijo: «Pobre Margaret, esa es una de las cosas más duras de vivir en la calle, que no hay privacidad para ir al baño». Así que aparentemente Margaret venía varias veces al día. Luego, cuando bajó de regreso, estaba muy agitada y dijo a la hermana: «¿Puedo entrar y hablar con Jesús?». La hermana le dijo: «Claro que puedes», así que ella fue hacia la puerta de la capilla y se quitó sus gastados zapatos viejos. La hermana y yo entramos con ella y nos arrodillamos, todavía recuerdo que tenía tantos agujeros en sus calcetines que sus pies estaban casi descalzos, y pensé: «Pobre mujer». No era muy anciana, probablemente en sus treinta. Salimos y ella nos agradeció a la hermana y a mí y siguió su camino. Fue un momento muy especial. Lo que fue tan lindo fue la actitud de la hermana. La dulzura de su voz. Creo que todos olvidamos lo terrible que es vivir en las calles. Ellos no tienen un lugar en donde haya un baño a su disposición.[44]

¿Cómo puedo estar bajo un ventilador cuando la gente muere en las aceras?
Yo estaba en la habitación de la Madre. «Doctor, ¿no tiene calor?», «Sí, Madre, tengo calor y estoy sudando». Yo estaba mirando al techo buscando un ventilador, [pero] no estaba ahí y dije: «¿Por qué no usa un ventilador?». Lo que me conmovió, y que aún recuerdo de ese día, fue lo que ella dijo: «¿Cómo puedo estar debajo de un ventilador cuando la mayor parte de la gente de la ciudad está muriendo en las aceras?». Eso realmente me conmovió.[45]

Dos pies de fuera

Los hermanos estaban esperando a que la Madre y yo saliéramos del convento. Salimos por la puerta trasera y ahí había un gran contenedor de basura. Cuando pasamos frente a él, vimos dos pies sobresaliendo. Un pie tenía un calcetín rojo, el otro estaba descalzo, y la Madre dijo: «Oh, alguien nos necesita». Ahí estaba un pobre hombre completamente dormido. Primero pensamos que estaba muerto. Se veía sin vida. Ella se inclinó hacia él y dijo: «¿Está usted bien, señor?». Entonces, él abrió los ojos y estaba muy, muy ebrio. No había duda de su ebriedad. Parecía como si no se hubiera bañado en semanas. Le ayudamos a ponerse de pie. Ella dijo: «¿Le gustaría venir con nosotras?». Él respondió: «Sí, me gustaría». Ella dijo: «Mis hermanos le ayudarán. Ellos pueden darle algo de ropa limpia, algo de comer». Toda su atención estaba en ese pobre hombre.

Los hermanos se sentaron en la parte trasera de la furgoneta y la Madre, el hombre y yo nos sentamos en los asientos del centro. Ella conversó con él en el camino del convento hasta la casa de ellos. Lo trató con mucho respeto. Ella le preguntó si tenía familia y él contestó: «Bueno, no que los haya visto en los últimos veinticinco años, pero tuve una familia una vez». Ella le dijo: «¿Le gustaría que intentáramos ponernos en contacto con ellos por usted?». Él dijo que no tenía idea alguna de cómo hacerlo porque no había hablado con ninguno de ellos por mucho tiempo.

No estaba siendo magnánima. Era que en realidad ella se preocupaba. Era una persona en gran necesidad, pero ella nunca me dijo que era un borracho o que estaba muy sucio o que no se había lavado la cara por tanto tiempo y olía terrible. Él era alguien. Lo llevamos con nosotros a la casa. Los hermanos lo llevaron al piso superior ese mismo día. Tomó una ducha, una siesta y una buena comida. Al día siguiente, una persona que difícilmente reconocimos apareció para agradecernos. Los hermanos le dijeron a la Madre que ese era el día en que llegaban los cheques, así que él iría a la oficina de correos para recoger su cheque del seguro social. Iría directamente al supermercado y gastaría todo en vino o algo así. Pero, de cualquier forma, entró con gran dignidad y le dijo a la Madre que tenía un asunto que atender en el centro. Debía irse y nos agradeció por la ayuda y dio las gracias a los hermanos. Ellos lo conocían. Había estado ahí muchas veces. Cuando se fue, ella no lo criticó. Otras personas podrían no haber querido estar junto a ese hombre. A ella nunca se le ocurrió no hacerlo. Si él hubiera dicho: «No, creo que voy a quedarme aquí acostado», ella no lo hubiera convencido de no hacerlo. Fue muy hermoso. Me encantó cómo lo trató. Él quería ofrecer lo mismo que la Madre Teresa le estaba ofreciendo a él. Fue un momento hermoso. Nunca la vi negarse a responder de inmediato a cualquier cosa que se necesitara.[46]

Ella corría a todas partes

Después del funeral de Indira Gandhi, nosotras y otras comentamos a la Madre sobre los disturbios que cobraban miles de vidas en Delhi. La Madre no pudo dormir, daba vueltas en la cama. Luego, justo después de misa, pidió al sacerdote que vino para celebrar la misa que le dijera cómo estaba la gente... Se apresuró a tomar el desayuno y nos llevó a algunas de nosotras a la escuela de gobierno más cercana. Oh, había un verdadero revuelo y confusión. Miles de ellos estaban amontonados en la escuela por seguridad, debido a que sus casas habían sido quemadas. Estaban como locos — aullando, gritando, llorando— sin comida, sin agua. La policía estaba tratando de controlar a la multitud adentro y afuera. Humanamente hablando, uno no podría saber qué hacer al respecto. El ruido era terrible.

La Madre entró silenciosamente con algunas de nosotras. La gente la reconoció y cayeron sobre ella, llorando. La Madre, calmadamente, [siguió caminando entre ellos mientras] les hablaba en bengalí y en un hindú deficiente, diciendo: «Todo va a estar bien, todo va a estar bien, tengan valor». Caminó por ahí un rato y luego nos dio órdenes de ir y traer escobas. Reunimos todas las escobas que pudimos y nos apresuramos a regresar. Ella tomó las escobas y comenzó a barrer los salones, y a decirles en cada salón mientras barría: «Acomódense familia por familia». Todas hicimos lo mismo, y muchos hombres y mujeres se nos unieron. Después de barrer, pensamos que ya habíamos terminado, pero la Madre se dirigió a los baños. Estaban asquerosos. La Madre fue la primera que puso manos a la obra para limpiar. Todas le ayudamos, pero, mientras tanto, noté que la gente inquieta estaba calmándose. Los aullidos y los gritos disminuyeron a medida que las familias intentaban obedecer a la Madre y acomodarse unidas. Después de un laborioso trabajo de limpieza de los excusados, la Madre se puso en contacto con la municipalidad para obtener agua potable. Cuando esta llegó, ella se aseguró de que todos hicieran una fila para recoger el agua. Nuevamente contactó al recaudador del distrito y a los ministerios y se coordinó con ellos para conseguir comida, y se aseguró, personalmente, de que todos recibieran alimentos... Sentí como si estuviera con Jesús en el día en el que alimentó a la multitud. Así llegó la paz a ese campamento.

Por la tarde, la Madre llegó a otros campamentos y comenzó a hacer lo mismo. Convocó una reunión con el arzobispo y todos los religiosos, sacerdotes, hermanos y voluntarios. Pronto, más de sesenta campamentos quedaron organizados. Gente de generoso corazón donó muchas cosas y la Madre vio que [todo] fuera distribuido justa y equitativamente a los necesitados. De ese modo, debido a la iniciativa y la preocupación de la Madre por la gente que sufre, Delhi se salvó de una gran destrucción. La Madre también reunió oficiales de gobierno, ministros, etcétera —[gente de todos los partidos]— para trabajar juntos. Cada vez que podía hacer un hueco, vendaba las heridas de los lastimados o quemados. Nunca dejó de ofrecer palabras amables, una palmadita, una sonrisa, una mirada de amor a aquellos necesitados. En los campamentos, la Madre hizo milagros que estaban más allá de la comprensión humana. La Madre se fue tras cinco días de organizar, pero pronto regresó nuevamente. La paz llegó a los campamentos a través de la escoba.[47]

•••

La labor de socorro por la inundación en Bangladesh, los campos de refugiados en la década de 1970 en el norte de Bengala Occidental, el terremoto de Guatemala en 1976, el terremoto en Armenia en 1988, el terremoto en Maharashtra en 1993... Ella se apresuró a ir a todos esos lugares e hizo todo lo que pudo, además de ayudar en muchos otros desastres naturales. Trabajó día tras día, investigando constantemente para poder discernir mejor cómo llevar ayuda efectiva. Reclamó para ella todo tipo de persona que nadie más quería. Dijo a la gente del gobierno que se pusieran en contacto con ella si había personas que nadie quería. Siempre trabajó en conjunto con las autoridades civiles y eclesiásticas, aunque siempre retuvo su autonomía e independencia. Usó todos sus dones de naturaleza y gracia para transformar el mundo en un lugar mejor, más humano y más puro. Ella se enfrentó a la suciedad y la miseria en todos lados. Pero no desperdició su tiempo buscando a los responsables para culparlos. En vez de ello, empleó todo su tiempo y energía para ayudar a los que sufrían. Estuvo dispuesta a padecer todo tipo de humillaciones, malos tratos, falsas acusaciones, etc., en nombre de los pobres.[48]

REFLEXIÓN

«Fui forastero y ustedes me recibieron en su casa» (Mt 25:35).

«Den albergue al indigente, no solo un albergue hecho de ladrillos sino un corazón que comprenda, que cubra, que ame».[49]

Cuando encuentro a un indigente en la calle, ¿cruzo al otro lado simplemente para evitar una experiencia desagradable? ¿Puedo notar a esa persona? ¿Puedo saludarle con una sonrisa y un oído dispuesto a escuchar? o ¿me siento superior y tengo sentimientos de arrogancia mientras rechazo o, peor, desprecio a la persona de la calle?

¿De qué forma puedo abrir mi corazón a alguien en mi propio hogar, mi familia, mi comunidad, mi lugar de trabajo o mi vecindario? ¿Con qué pequeña acción de bondad puedo hacer de mi hogar un lugar en el que los miembros de mi familia, parientes, amigos o compañeros de trabajo se sientan aceptados, apreciados, amados y bienvenidos? El dar una sonrisa de bienvenida a los que se acercan a ti, que los haga sentirse aceptados, puede ser una excelente forma de practicar la hospitalidad.

ORACIÓN

María, Madre nuestra, danos tu corazón tan hermoso, tan puro, tan inmaculado, tu corazón tan lleno de amor y humildad, para que podamos recibir a Jesús en el Pan de Vida, amarlo como tú lo amaste y servirlo en el angustiante disfraz de los más pobres de los pobres.

—Madre Teresa

Visitar al enfermo

Capítulo V

Los enfermos siempre tuvieron un lugar especial en el corazón de la Madre Teresa. Todo ser humano experimenta la enfermedad en cierto grado una que otra vez y, cuando alguien está enfermo, es más vulnerable y necesitado. Nuestras propias limitaciones y debilidades salen a relucir, y la dependencia a otros se vuelve más pronunciada. Cuando encontraba a alguien en esta condición, la Madre Teresa le ofrecía todo el cuidado y amor que podía. No escatimaba esfuerzos para ayudar, al mismo tiempo que se esforzaba por no hacerle sentir que era una carga o una molestia.

En particular, los enfermos crónicos y los moribundos eran objeto de su delicado cuidado. En los numerosos hogares que abrió por todo el mundo, insistía en que se les diera la ayuda médica adecuada, pero que también se les rodeara con cuidado tierno y amoroso. Instaba a sus hermanas a ser muy amables y sinceras al «cuidar al enfermo y al moribundo no solo en el cuerpo, sino también en mente y espíritu». Ella buscaba asegurar el bienestar de cada persona bajo su cuidado, y hallar un remedio para las enfermedades de sus pacientes. Al principio de su obra para los pobres, estaba muy dedicada a cuidar de los que sufrían lepra (una enfermedad generalmente contagiosa en ese tiempo), pero más adelante enfrentó otras situaciones igualmente desafiantes. Por ejemplo, fue la primera en abrir un hospicio para pacientes de sida en los Estados Unidos. Incluso si significaba arriesgarse, siempre hizo todo lo que pudo para ayudar al enfermo.

La profunda compasión de la Madre Teresa por los enfermos tuvo sus orígenes en su infancia, cuando aprendió a cuidar enfermos a partir del ejemplo de su madre, quien, ocasionalmente, llevaba a una mujer enferma a su hogar para que pudiera recuperarse. Sus dos hijas recibieron instrucciones de ayudar a la mujer y cuidar a sus hijos mientras la madre descansaba y se recuperaba.

La compasión de la Madre Teresa por los enfermos también tuvo sus raíces en el hecho de que ella no se libró de las enfermedades físicas. Aunque tuvo buena salud hasta que desarrolló una condición cardiaca a los setenta años, hubo muchas enfermedades, aparentemente menores, pero difíciles, que tuvo que enfrentar. Uno de sus doctores reveló un detalle significativo: «También padeció dolores de cabeza crónicos..., los cuales ella siempre minimizaba, pero el mero hecho de que los tenía todo el tiempo significó que eran reales y probablemente persistentes. Estoy seguro de que ella los ofreció como un regalo a Dios. Otra cosa interesante es que ella se refería a sus dolores de cabeza como su «corona de espinas». Era su forma de «ser una con Jesús».[1] Tal como lo hizo con otras pruebas, asimismo ofreció este sufrimiento al Señor por el bien de las almas. Podía afirmar con san Pablo: «Ahora me alegro cuando tengo que sufrir por ustedes, pues así completo en mi carne lo que falta de los sufrimientos de Cristo para bien de su cuerpo, que es la Iglesia» (Col 1:24).

La Madre Teresa conocía el valor del sufrimiento si se acepta con un espíritu correcto, ella enseñó a otros a apreciar y aceptar el sufrimiento en la misma forma. Con su característica capacidad de sacar lo mejor de cada situación, incluyendo el sufrimiento, creó un movimiento de Colaboradores Enfermos y Sufrientes, quienes ofrecen sus oraciones y sufrimientos para que el apostolado entre los pobres sea fructífero. «El amor exige sacrificio... El sufrimiento en sí no es nada, pero el sufrimiento compartido con la Pasión de Cristo es un don maravilloso», explicaba ella. «Estoy·muy contenta de que esté dispuesta a unirse·a los miembros sufrientes de las Misioneras de la Caridad [...] Todo el que desee convertirse en Misionero o Misionera de la Caridad —un portador del amor de Dios— es bienvenido, pero quiero que se unan especialmente los paralíticos, los lisiados, los incurables, porque sé que ellos llevarán muchas almas a los pies de Jesús».

Esta comprensión del sufrimiento notablemente distinta es una alternativa a la mentalidad de la cultura secular dominante de Occidente, la cual propone la muerte en muchas formas como un medio de evitar el sufrimiento. Por su amor tierno y compasivo por los enfermos y su aceptación del inevitable sufrimiento al elevarlo al nivel espiritual, la Madre Teresa defiende la importancia, el valor y la dignidad de cada vida humana —por nacer, recién nacido, joven, anciano, enfermo, discapacitado— y la necesidad de respetarla y protegerla.

Aunque nuestra primera reacción puede ser ignorar y pasar por alto a aquellos «heridos en el camino», como hicieron el sacerdote y el levita en la parábola del buen samaritano (Lc 10:33-34), el ejemplo de la Madre Teresa nos desafía a estar «llenos de compasión» y a «acercarnos» a aquellos que están necesitados de «un corazón para amar y manos para servirles»[2] en su necesidad.

SUS PALABRAS

Estuve enfermo y me visitaron
Su trabajo con los enfermos es un hermoso medio para ayudar a saciar la

sed que tienen de Jesús y de Su amor. Creo que es el don más hermoso de la Virgen María para usted.[3]

Jesús se ha hecho como un leproso
Sabemos lo que le sucedió a la Virgen María, la maravillosa y compasiva Madre llena de amor. Ella no se avergonzó de reclamar a Jesús como su Hijo. Todos lo abandonaron, ella estaba sola con Él. No se avergonzó de que Jesús fuera azotado, escupido y que se hubiera vuelto como un leproso, indeseado, no amado, odiado por todos, que fuera su Hijo, Jesús. Ahí también estaba esa profunda compasión de su corazón ¿Permanecemos con nuestra gente cuando sufren?, ¿cuando son humillados?, ¿cuando el esposo pierde el trabajo?

¿Quién soy para él, entonces? ¿Estoy llena de compasión por él? ¿Comprendo su dolor? Y [cuando] los niños son alejados y engañados, ¿tengo esa profunda compasión para buscarlos, hallarlos, apoyarlos, recibirlos en casa, amarlos con un corazón profundamente amoroso? ¿Soy como la Virgen María para mis hermanas de la comunidad? ¿Reconozco su pena, su sufrimiento? Si soy un sacerdote, el sacerdote tiene el corazón de la Virgen María, esa compasión para ser el perdón, para llevar ese perdón de Dios al pecador que sufre delante de él, esa profunda compasión de María. Ella no se avergonzó. Declaró que Jesús era su propio Hijo.[4]

En la crucifixión, la vemos de pie, la madre de Dios de pie. Qué fe tan tremenda debió haber tenido, a causa de su amor viviente por su Hijo, para estar de pie ahí, verlo repudiado por todos, detestado por todos, uno de los peores, y ella estar de pie. Y Él le pertenecía a ella como su Hijo. Le pertenecía a ella y ella le pertenecía a Él. Ella no temía reconocerlo. ¿Nos hacemos responsables de nuestra gente cuando sufren, cuando son desechados, nuestro pueblo, nuestra propia gente, nuestra propia familia?, ¿los conocemos, [sabemos] que sufren? ¿Reconocemos su hambre de Jesús? Esta es el hambre de un amor comprensivo. Por eso es que la Virgen María es tan grande, porque tuvo un amor comprensivo, y ustedes y yo, siendo mujeres, tenemos ese algo tan tremendo dentro de nosotras, ese amor comprensivo. Veo eso tan bello en nuestra gente, en nuestras mujeres pobres que día a día y todos los días se enfrentan con el sufrimiento y lo aceptan por el bien de sus hijos. He visto a una madre vivir sin muchas cosas, sin muchas cosas, incluso mendigando para que su hijo pueda tener. He visto a una madre sostener al hijo discapacitado porque ese niño es su hijo, ella tenía un amor que comprendía el sufrimiento de su hijo.[5]

Jesús trae gozo y paz

Cuando veo lo que Dios está haciendo con nuestras hermanas en el mundo... Cuando [estábamos en Rusia], cada semana, venía un sacerdote por la tarde. Teníamos la Santa Misa en nuestra pequeña capilla y él nos daba a Jesús. Eso cambió todo el ambiente del hospital; todo el lugar se veía muy diferente. Después de una semana, el doctor vino a verme y dijo: «Madre Teresa, ¿qué está sucediendo en mi hospital?». Dije: «No lo sé, doctor. ¿Qué está sucediendo?». Dijo: «Algo está pasando. Las enfermeras y los doctores son mucho más amables, mucho más amorosos con sus pacientes. Los pacientes no gritan de dolor como lo hacían antes. ¿Qué está sucediendo? ¿Qué están haciendo las hermanas?». Lo miré y le dije: «Doctor, usted sabe lo que está sucediendo. Después de setenta años, Jesús llegó a este hospital. Jesús está en este lugar ahora. Ahí, en esa pequeña capilla, Él está viviendo, está amando. Él trajo este gozo y paz». Él dijo: «¡Oh!» y no dijo ni una palabra más; solo se alejó. ¡No quiso discutir ese cambio tan importante! ¡No podía creer que esa gran transformación llegara con nosotros y con el Santísimo Sacramento![6]

Muchos solo anhelan una visita

«Estuve enfermo y fueron a visitarme», fueron las palabras de Jesús. Muchos de nuestros pobres solo anhelan una visita de alguien.

Cuando hablen con ellos, pongan todo su amor y dulzura en sus palabras o, más bien, pidan a Jesús que hable a través de ustedes. [La prueba de que] Cristo era divino, de que era el Mesías esperado, [es que] el evangelio se predica al pobre; la prueba de que esta obra es obra de Dios es que el Evangelio se predica al pobre. Recen y agradezcan a Dios por haberlas escogido para vivir esta vida y hacer esta obra.[7]

Tan pequeños que no tenemos tiempo para ellos

Ayer estuve hablando con nuestras hermanas en el lugar donde ellas están. Las hermanas visitan un lugar donde tienen gente anciana, que no tiene a nadie, gente a la que nadie quiere. Ellos están simplemente ahí. Y esperan y cuentan las horas para que llegue el domingo, cuando las hermanas irán y harán cosas sencillas por ellos. Tal vez solo sonreírles, quizá solo extender sus sábanas, tal vez levantarlos un poquito, cepillar sus cabellos, cortar sus uñas, cosas pequeñas, tan pequeñas que no tenemos tiempo para ellas y, sin embargo, estas personas, ellos son nuestra gente, nuestros hermanos y hermanas.[8]

———•••———

En India, por ejemplo, tenemos más y más hindús, musulmanes y budistas involucrándose en la obra. ¿Y para qué? ¿Por qué vienen? Porque ellos sienten esa presencia. Quieren servir a Dios a su propia manera y han descubierto que, mediante el sacrificio y la oración, pueden hacerlo con los más pobres de los pobres.

Para la India, especialmente, tocar leprosos, tocar a un moribundo, es algo muy, muy difícil. No obstante, vemos a estos jóvenes venir aquí y hacer lo que están haciendo —porque en nuestra Congregación solo tenemos estas obras humildes—, alimentar a Jesús en el hambriento, vestirlo en el desnudo, dándole un hogar en el indigente, cuidándolo en el enfermo, en el prisionero.[9]

●●●

Estamos cuidando a 53,000 leprosos y tenemos la mejor medicina, muy cara, y podemos curar a la gente. Podemos convertir el caso altamente positivo [de lepra] en un caso negativo [sin lepra] con esta medicina cara. Así que donde hay medicina, hay esperanza. Podemos devolverles las ganas de vivir, el amor y el gozo en la vida a nuestros leprosos. El gobierno nos ha dado tierras en todas partes. Hay una vida nueva en sus vidas. Pero es muy diferente cuando se está en soledad, ser indeseable, no amado.[10]

●●●

Quiero que en nuestro Nirmal Hriday y Sishu Bhavan hagan oración en la mañana y en la tarde. Comiencen el trabajo entre los leprosos y el dispensario con una oración y pongan un poco más de gentileza, un poco más de compasión con los enfermos. Les ayudará a recordar que están tocando el Cuerpo de Cristo. Él tiene hambre de ese toque. ¿No se lo darán?[11]

●●●

Aférrense a las humildes obras de la Congregación por los más pobres de los pobres. Nuestros «hogares» deben mantenerse limpios y pulcros, pero sencillos y humildes. Nuestros pobres, enfermos y pacientes moribundos deben recibir un cuidado afectuoso; los ancianos, los discapacitados, los internos mentalmente enfermos deben ser tratados con dignidad y respeto, siempre teniendo en mente las palabras de Jesús: «En verdad les digo que, cuando lo hicieron con alguno de los más pequeños de estos mis hermanos, a Mí me lo hicieron».[12]

———•••———

Cuando servimos a Cristo enfermo en el pobre, demos un servicio sincero. Pongamos gran atención a cada persona enferma y no permitamos que otra preocupación nos impida tocar y servir al Cuerpo de Cristo.[13]

———•••———

Algunas hermanas están siendo llevadas por el impulso del desarrollo y lentamente están dejando atrás a los enfermos, a los moribundos, a los discapacitados, a los leprosos, a los indeseados. Pronto no tendrán tiempo o lugar para ellos. Nuestra consagración a Dios es hacia los más pobres de los pobres, los indeseados.[14]

Necesito almas como la suya
El sufrimiento, en sí mismo, no es nada, pero sufrir compartiendo la Pasión de Cristo es un maravilloso regalo para la vida humana. Es el más bello don que podemos compartir en la Pasión de Cristo.

Espero que se encuentre mejor —muy a menudo pienso en usted y uno esta obra con sus sufrimientos— y así la tengo junto a mí. Hoy voy a decirle algo que estoy segura de que la hará muy feliz. Ha estado anhelando y en lo profundo de su corazón es aún una Misionera. ¿Por qué no unirse espiritualmente a nuestra congregación, a la cual ama tanto? Mientras nosotras trabajamos en los barrios marginados, etc., usted comparte el mérito, las oraciones y el trabajo con sus sufrimientos y sus oraciones. El trabajo es tremendo y necesito obreros, es verdad, pero necesito almas como la suya que oren y ofrezcan sus sufrimientos por la obra. ¿Le gustaría ser mi hermana espiritual y convertirse en una Misionera de la Caridad en Bélgica, no físicamente, sino en el alma, en la India, en el mundo, en donde hay almas anhelando a nuestro Señor, pero por falta de alguien que pague la deuda por ellos no pueden avanzar hacia Él? Usted sea una verdadera Misionera de la Caridad y pague esa deuda, mientras que las hermanas —sus hermanas— les ayudan físicamente a llegar a Dios. Ponga esto en oración y dígame lo que piensa. Necesito mucha gente como usted, que se una a la Congregación de esta forma, porque quiero tener: (1) una Congregación gloriosa en el cielo, (2) la Congregación Sufriente —en la tierra—: los hijos espirituales y (3) la Congregación Militante: las hermanas en el campo de batalla. Estoy segura de que estaría muy feliz de ver a las hermanas combatiendo al diablo en el campo de las almas. No consideran nada demasiado difícil cuando es cuestión de almas...

¿Cómo está? ¿Todavía está postrada en cama? ¿Cuánto tiempo debe estar así? Cuánto la debe amar Nuestro Señor para darle una parte tan grande de Sus sufrimientos. Dichosa usted, porque usted es su elegida. Sea valiente y alegre y ofrezca mucho por mí, para que pueda llevar muchas almas a Dios. Una vez que se ponga en contacto con las almas, la sed crece a diario.[15]

———•••———

Estoy muy feliz de que esté dispuesta a unirse a los miembros sufrientes de las Misioneras de la Caridad —usted sabe a qué me refiero—, usted y todos los otros que se unan compartirán todas nuestras oraciones, obras y cualquier cosa que hagamos por las almas, y ustedes harán lo mismo con nosotras con sus oraciones y sufrimientos. Como sabe, el objetivo de nuestra Congregación es saciar la sed de Jesús en la cruz, por amor a las almas trabajando por la salvación y santificación de los pobres en los barrios miserables.

¿Quién puede hacer esto mejor que usted y otros que sufren como usted? Sus sufrimientos y rezos serán el cáliz en el que nosotras, como miembros activos, verteremos el amor de las almas que reunimos. Por lo tanto, usted es más importante y necesaria para el cumplimiento de nuestro objetivo. Para saciar esta sed, debemos tener un cáliz, y usted y los demás —hombres, mujeres, niños, ancianos y jóvenes, pobres y ricos—, todos son bienvenidos a formar parte del cáliz.

En realidad, usted puede hacer mucho más mientras está en su lecho de dolor, que yo corriendo, pero usted y yo juntas podemos hacer todas las cosas en Dios que nos fortalece.[16]

Podemos darle algunas de las oraciones que recitamos, para que también usted las rece, y así incrementar el espíritu de familia, pero hay una cosa que debemos tener en común, el espíritu de nuestra Congregación: entrega total a Dios, confianza amorosa y alegría perfecta. Por esto será conocida como una Misionera de la Caridad. Todas y cada una de las personas que desean convertirse en Misioneras o Misioneros de la Caridad —un portador del amor de Dios— son bienvenidos, pero especialmente quiero que se unan los paralíticos, los discapacitados, los incurables, porque sé que traerán a los pies de Jesús a muchas almas. A su vez, cada hermana tendrá una hermana que reza, sufre, piensa, se une a ella, etc.: un segundo yo. Como ve, mi querida hermana, nuestro trabajo es muy difícil. Si están con nosotras, rezando y sufriendo por nosotras y por esta obra, seremos capaces de hacer grandes cosas por amor a Jesús, gracias a ustedes.[17]

Personalmente me sentí muy feliz, y una nueva fuerza entró en mi alma al pensar que usted y otras almas se unirán espiritualmente a la Congregación. Con usted ahora y con los demás, realizando el trabajo con nosotros, ¿qué no podríamos hacer? ¿Qué no podemos hacer por Jesús?[18]

Oración y paciencia

Me alegra escuchar que está ofreciendo sus oraciones, sacrificios y los sufrimientos de su enfermedad por las Misioneras de la Caridad. Acepte su enfermedad como un don del amor especial de Dios por usted. Es una señal de que se ha acercado tanto a Jesús que Él puede atraerlo hacia Sí mismo en la Cruz. Ya no es el sufrimiento suyo, sino Cristo sufriendo en usted. Así que continúe ofreciendo su enfermedad en oración y paciencia y hágala fructífera para las almas.[19]

SU EJEMPLO: Los testimonios

Tienes la oportunidad de cargar a Jesús moribundo

Un día, la Madre vino a visitar a las familias de aquellos que estaban postrados en cama. La Madre llamó a un bicitaxi y me hizo sentar en él. Con la ayuda de una hermana, la Madre trajo a un hombre muy enfermo, de aproximadamente cuarenta y cinco años. Tenía tuberculosis y había estado tosiendo y vomitando sangre. Su ropa estaba muy sucia; debió de haber estado acostado en la alcantarilla. La Madre le dijo al hombre del bicitaxi cómo llegar al hospital de tuberculosos. La Madre caminaba delante de nosotros con una hermana. Nunca, nunca en mi vida olvidaré ese incidente y mi terrible reacción hacia un hombre tan enfermo que vomitaba sangre. La Madre me dijo: «Tienes la oportunidad de cargar a Jesús moribundo. Tómalo y cuida de él. No tengas miedo. Estoy arreglando su admisión al hospital». Yo tenía una lucha interior, pensando: «Si mi padre o mis parientes me encontraran en el camino con un hombre joven, enfermo y moribundo, en mi regazo, ¿qué pasaría?». Solo recé en mi corazón a la Virgen María.

Justo después de esta oración, ese hombre moribundo me miró con una mirada muy dolorosa, con lágrimas en sus ojos. En un segundo, un destello de luz vino a mi corazón y mis ojos vieron: «Este es Jesús que fue llevado a los brazos de María desde la cruz». Las palabras de la Madre: «Tienes la oportunidad de cargar a Jesús moribundo. Cuídalo con amor. No dejes que se lastime. Pide a la Virgen María que te ayude», se convirtieron en una realidad para mí; mi repugnancia inicial se convirtió en un amor sobrenatural. Esta experiencia de Jesús en la realidad, presente en el enfermo y el moribundo, en tal disfraz, nunca me deja. La fe que se implantó en mi alma, esta realidad de Jesús en el angustiante disfraz, es algo que la Madre arraigó en mí desde ese día.[20]

Vamos y comenzamos la obra

Por tanto había este problema global que ella manejaba y, por supuesto, era la forma sencilla en la que ella y sus hermanas actuaban. Yo solía decir: «¿Cómo sabe qué hacer? Supongamos que hubo un ciclón o un incendio, ¿cómo sabe qué hacer?». Ella decía: «Tenemos mucha práctica, ¿no? Así que vamos y comenzamos la obra. Todos se nos unen. Cada uno proporciona ayuda y entonces el trabajo se hace». En un nivel ella lo hacía sonar muy sencillo. En otro nivel, creo que se dio cuenta de que, dado que ella y sus hermanas representaban una especie de bondad imparcial, atraía la bondad de los seres humanos ordinarios, y todos tenemos algo de bondad en nosotros, para unirse al esfuerzo y conseguir que el trabajo se hiciera.[21]

La petición de la Madre fue que no amputaran mi pierna

Una vez, yo [un huérfano, recogido por la Madre Teresa] tuve un accidente en la escuela. Me caí del techo del colegio mientras estaba volando una cometa. Me rompí la pierna. Las autoridades de la escuela tramitaron mi tratamiento en un hospital [en Calcuta] e informaron a la Madre. Cuando supo la noticia, vino a verme junto con mi patrocinador. Después de un mes de tratamiento, me llevó a otro hospital porque no estaba satisfecha con este. [Un ortopedista] le dijo que debía amputar mi pierna debido a la gangrena.

La petición de la Madre fue que no me la cortara, sino que intentara algo mejor. La Madre y mi patrocinador solían venir al hospital a verme. Fue un milagro para mí que, después de tres operaciones, estuve totalmente curado, aunque se llevó tiempo pues estuve casi un año y medio en el hospital.[22]

La generosidad de la Madre sobrepasaba la de todos los demás

Recuerdo llegar una vez a Tijuana con ella y tener una celebración. Ella y todos estábamos cansados. Era tarde y el sol se estaba poniendo. Alguien vino del barrio [vecindario] y dijo: «Madre, hay alguien en el hospital y necesitan un sacerdote». La Madre dijo: «Padre, vamos». Debo confesar que estaba cansado. Acabábamos de aterrizar y comencé a poner excusas, que eran razonables, pero no generosas: «Madre, cuando uno llega a una diócesis, no puede simplemente ir. Debe obtener un permiso y cosas como esas». La Madre me interrumpió: «Ah, seguro», dijo, «obtendremos el permiso», y nos subimos al auto. Llegamos al hospital y fuimos a la parroquia de al lado. Entró a la parroquia y habló con el párroco. «Padre, ¿podemos visitar a alguien en el hospital?». Él dijo: «Está bien» y ella visitó a esa persona que ni conocía. Esa persona estaba más allá de su responsabilidad inmediata.[23]

El mayor trabajo que tuvo en el mundo

Si uno fuera a Kalighat [un hospicio en Calcuta] y viera al moribundo en una de las camas, con un gran hoyo que los gusanos han hecho en su cuerpo, y viera a los gusanos moverse dentro de él, la mayoría de las personas no podrían ni siquiera acercarse. Pero no para la Madre Teresa, uno de sus recuerdos más queridos fue cuando hablaba de cómo comenzó la obra. Nunca cesaba de contar a la gente cómo se sentó con este hombre, con su cabeza en su regazo, y sacó los gusanos de su cuerpo, completamente ajena a la peste, al olor, cuando el mayor trabajo que tenía en el mundo era sacar los gusanos de su cuerpo, sabiendo muy bien que quitarlos no iba a evitar que ese hombre muriera. Lo naturalmente humano sería: «Bueno, se va a morir, olvidémonos del asunto. Solo lo limpiamos y lo cubrimos, y le podemos dar un entierro digno»; pero no, ella se sentó allí, hizo aquello por horas, sacando esos gusanos. Cuando escuchaba esas historias no significaban tanto como cuando fui a Kalighat y vi una situación similar. El ver gusanos moverse dentro de una persona, todo tu ser, tu cabello se eriza. No quieres estar cerca. Te da miedo. Todo lo que hay en ti te dice: «Vete de aquí». Y, no obstante, hora tras hora, ella podía estar haciendo eso, porque ella veía a Jesús en ese hombre, y quería amar a Jesús en él.[24]

Él necesita ayuda

Recuerdo un día en que salía de la Casa Madre con ella. Íbamos a un evento en el que le darían un camión cisterna para proveer de agua a algunas de las áreas. Mientras salíamos de la Casa Madre, tirado justo en el pequeño callejón, estaba un hombre en una condición muy crítica. Se veía que realmente necesitaba atención. Ella inmediatamente se olvidó de que iba a ese evento en el que era la invitada principal, para ser honrada y recibir el camión cisterna. Se arrodilló junto a él, lo levantó y dijo: «Lo tenemos que cuidar. Necesita ayuda. Necesita ser llevado al hospital». Y toda su atención se enfocó en él. Toda su actitud, el no llegar a tiempo, el no estar ahí para recibir el camión cisterna, todo desapareció por completo; porque para ella, su prójimo, que estaba tirado en la calle, necesitaba su atención. Finalmente la convencimos de ir (al evento), que nosotros cuidaríamos de él, que lo llevaríamos al hospital. A regañadientes se fue, y seguía mirando hacia atrás para ver si íbamos a cumplir lo que habíamos prometido. Porque para ella era más importante eso que ir por el camión cisterna.[25]

Incluso la policía tenía miedo de él

Tenemos un hogar para pacientes de sida en Nueva York y la Madre acostumbraba ir a visitar a esas personas... Había un hombre que fue llevado ahí. Su nombre era D. Era un criminal e incluso la policía tenía miedo de él. Se había reformado y amaba mucho a la Madre. Estaba muy enfermo y lo llevamos al hospital. En esos días llegó la Madre de visita. Este hombre mandó un mensaje que quería ver a su amiga, es decir, a la Madre. Así que ella fue a verlo. El hombre dijo: «Quiero verla a solas». Así que todos salimos y estuvo solo con la Madre. Luego dijo: «¿Sabe, Madre? Tengo un terrible dolor de cabeza, lo uno con la corona de espinas de Jesús. Tengo un terrible dolor en la mano, lo uno con las manos heridas de Jesús. Tengo un terrible dolor en la pierna, lo uno con los pies heridos de Jesús. Por cada parte de su cuerpo, estaba expresando cómo estaba uniendo el dolor al de Jesús. Luego le dijo a la Madre: «Madre, tengo un deseo». La Madre dijo: «¿Qué?». Él dijo: «Lléveme al hogar de las hermanas. Quiero morir allí». Y la Madre lo llevó a la casa. Y, tan pronto como llegó, ella nos dijo: «Fui a la capilla y vi a Jesús, y el hombre estuvo ahí unos minutos. Estaba hablándole a Jesús en la cruz». Y después, ella nos dijo con una sonrisa: «¿Saben? Le dije a Jesús: "Mira, Jesús, él es D., él te ama mucho"». Así que cuento esta historia de cómo esas personas que habían estado tan lejos de Dios llegaron a acercarse tanto a Él por el amor de la Madre por Jesús, el cual ella puso en acción viva compartiéndolo con la gente.[26]

La Madre se apresuró a ayudarlo

En 1969 estaba viajando con la Madre. Estábamos en la estación de trenes de Bangalore, caminando por la plataforma hacia nuestro tren. La Madre estaba a mi derecha y las vías a mi izquierda. Mientras caminábamos, yo hablaba con la Madre, inclinándome hacia ella para que pudiera escucharme entre el ruido que nos rodeaba. Periódicamente yo miraba hacia abajo, cuidando nuestros pasos mientras caminábamos entre el equipaje que estaba en el piso. Una de estas veces, al voltear a mirar a la Madre, esta había desaparecido. Comencé a buscarla por todos lados, pero no podía verla. Había una multitud reuniéndose en la orilla de la plataforma cerca de las vías. Repentinamente, la Madre apareció en medio de la multitud. Corrí hacia ella. Un pordiosero con una sola pierna y con una muleta estaba cruzando las vías del tren. Un tren eléctrico se acercaba rápidamente y el pordiosero no hubiera podido llegar a salvo al otro lado. La Madre lo vio y corrió a ayudarlo. Inclinándose, le había dado la mano y estaba tratando de levantarlo, pero la Madre estaba siendo arrastrada hacia abajo. La gente que estaba en la plataforma vio lo que sucedía y se apresuró a ayudarlos, tirando de ambos hacia la seguridad de la plataforma. Me sorprendió que la Madre hubiera visto al pordiosero entre la multitud, mientras me hablaba y se hacía camino entre el equipaje. Creo que la entrega sincera de sí misma era tan completa, su caridad tan profunda, que era un imán de amor que atraía las oportunidades para servir a Dios en los demás.[27]

Nunca olvidaré ese tierno amor
Personalmente, he tenido una hermosa experiencia del amor tierno y del cuidado de la Madre por mí cuando estaba sufriendo mucho por el asma... Fui a ver a la Madre para que me diera una bendición especial y le pedí que rezara por mí. La Madre me miró con tanto amor y me dijo que fuera a verla a diario por nueve días con agua de Lourdes y una cuchara. La Madre ponía sus manos sobre mí y rezábamos juntas un Acordaos. Luego, me hacía beber una cucharada de agua de Lourdes. Nunca olvidaré ese tierno amor de la Madre hacia mí.[28]

La Madre se puso en acción

Yo le presenté... a una mujer de mi diócesis que era madre de doce hijos. La Madre le dijo: «¡Deme uno para ayudar a servir a los pobres!». Mientras ellas hablaban acerca de los niños, una mujer que estaba cerca calló y comenzó a tener un ataque epiléptico, el cual le produjo convulsiones. La Madre rápidamente se puso en acción y colocó sus brazos debajo de la mujer para extenderla en el suelo. Envió a sus hermanas por frazadas y algo caliente para que la mujer bebiera. Luego, se arrodilló ahí para rezar. Me invitó a unirme a ella, tomó la Medalla Milagrosa de su bolsillo y me pidió que la sostuviera en la frente de la mujer. Juntos dijimos el Ave María. En solo unos momentos, la mujer se calmó, se sentó y nos sonrió a los dos con una sensación de paz. La Madre me miró con una sonrisa y dijo: «¿Ve, Padre? ¡Usted siempre hace milagros!».[29]

Si la Madre Teresa viniera a visitarlo...

En ese entonces, yo era capellán en un hospital e hice los arreglos para que la Madre visitara a algunos pacientes ahí. Después de hablarle en la Catedral de St. Christopher a la multitud más grande jamás reunida en esa iglesia, fue a visitar a tres pacientes. A un hombre le harían un trasplante de corazón y dijo que no sabía si podía hacer las paces con Dios. Yo lo había visitado varias veces y al final le dije: «Mire, si la Madre Teresa viene a visitarlo, ¿sería eso suficiente para que usted regresara a Dios?». Dijo: «Eso nunca sucederá». Bueno, cuando la Madre fue y lo visitó, se sentó en la cama, tomó la medalla de la Madre, quien rezó una oración sencilla y, después de eso, él se confesó. Le hicieron el trasplante y sobrevivió algunos años más.[30]

Una venida de Jesús mismo

Tuve una cirugía a corazón abierto en un hospital de Calcuta. Durante el tercer día después de la operación, acababan de traerme de regreso de cuidados intensivos cuando, repentinamente, desde mi cama escuché a una enfermera gritar: «La Madre Teresa está llegando... ¡La Madre Teresa está aquí!». Y en ese instante corrieron por el pasillo. Recuerdo haber preguntado: «¿Por qué viene la Madre Teresa aquí?». ¡Pero un momento después ella estaba ahí a mi lado, inclinándose sobre mí!... Estaba emocionado, tanto que apenas podía responderle. ¡Estaba poseído por un intenso sentimiento de que su venida era, en alguna forma, una venida de Jesús mismo, una señal de su amor personal!... Algo me impactó esa vez, en unos pocos momentos, en una habitación llena de gente: el director del Centro de Cardiología estaba ahí, el jefe de cirugía, quien me había operado, llegó corriendo del quirófano vestido con la bata quirúrgica, al igual que muchos otros médicos, enfermeros e incluso pacientes. Todos miraban a la Madre y sonreían cariñosa y reverentemente. ¡Se podía sentir lo felices que estaban de tenerla entre ellos! ¿Un suceso pequeño? Sí, pero a donde quiera que la Madre iba, lo mismo ocurría, la misma explosión de reverencia espontánea y de amor. La gente anhelaba verla, hablarle, ser bendecida por ella. Yo mismo he visto eso en bastantes ocasiones.[31]

No se podía hacer nada por él

En otra ocasión, había un joven, recién casado, que estaba totalmente paralizado debido a un accidente en la mina. No se podía hacer nada por él. La familia, desesperada, trajo al hombre en la cama para colocarlo frente al altar durante la misa. La Madre, inmediatamente, se preocupó por él y me pidió bendecirlo. Luego, ella hizo los arreglos para que las hermanas le consiguieran atención médica en Tirana (Albania). Este es un ejemplo más de la preocupación de la Madre, que se aseguraba de que se hiciera algo concreto para ayudar a alguien en necesidad. Cuando ella o sus propias hermanas no podían hacer lo necesario, ella intentaba conseguir que otros hicieran lo que pudieran.[32]

El gozo de mi vida

En agosto de 1979, caminamos con nuestra Madre por las áreas pobres de Puerto Príncipe, Haití. La Madre vio cómo los enfermos y moribundos eran simplemente abandonados a la muerte. Vio cómo las ratas se comían sus carnes. Un hombre pobre tenía diarrea y lo habían puesto afuera cerca de la alcantarilla. Después de ver eso, la Madre dijo que Haití era más pobre que Calcuta. La Madre decidió abrir un hogar. Había dos habitaciones con pisos de cemento y un techo. La Madre misma estuvo limpiando muy bien y pintando la casa... No había agua, ni electricidad, ni transporte. Pero la providencia de Dios estaba ahí: el director de CRS [Catholic Relief Services] fue a ver a la Madre. Ella le dijo: «Por favor, necesito un auto para transportar a los enfermos y moribundos». Comenzó a funcionar de inmediato y, para el 5 de agosto, setenta enfermos y moribundos fueron llevados a nuestro hogar desde el Hospital General de Puerto Príncipe.

Pero algo sucedió; la gente local no estaba contenta de ver llegar a todos los enfermos, así que cavaron una zanja frente a nuestra puerta para que ningún auto pudiera entrar. En medio de este problema, llegó nuestra Madre. No dijo una sola palabra. Unió sus manos y su oración silenciosa obró maravillas: la misma gente llenó la zanja y hubo paz, la casa pudo ser abierta. Al final de la inauguración, la Madre recitó las palabras de Gandhi: «El que sirve al pobre, sirve a Dios». La Madre continuó: «Pasé horas y horas sirviendo al pobre, al enfermo, al moribundo, al no amado, al indeseado, a los leprosos, a los mentalmente discapacitados, porque amo a Dios y creo en su palabra: "A Mí me lo hicieron". Esta es la única razón y el gozo de mi vida, amar y servirle en el angustiante disfraz del pobre, del indigente, del indeseado, del hambriento, del sediento, del desnudo y, naturalmente, al hacerlo proclamo su amor y compasión por cada uno de mis hermanos y hermanas que sufren».[33]

La primera en ver y levantarse

El santuario es una gran iglesia y estaba llena de gente. Muchas personas, por supuesto, habían asistido para ver a la Madre. Muchas hermanas estaban ahí de otros hogares, también toda la gente de nuestro hogar para los ancianos y enfermos, y los que tienen sida. Era el tiempo de la comunión y José, uno de los hombres de nuestro hogar, que tiene problemas de equilibrio, se levantó y fue a comulgar. José se cayó y golpeó su cabeza en los escalones de mármol y estaba sangrando. Aunque había mucha gente ahí, fue la Madre quien, de inmediato, se levantó y fue directo hasta José (quien tiene al menos el doble del tamaño de la Madre) y caminó con él, lo llevó a uno de los altares laterales de la iglesia. La Madre frotaba el rostro y cabeza del herido, y no lo dejaba solo. Me impactó tanto que hubiera sido la Madre la primera en ver lo sucedido y levantarse. Y ella insistió en quedarse con él hasta que llegara la ambulancia, incluso aunque la ceremonia ya había empezado. Jamás se consideraba a sí misma importante. Se olvidaba completamente de ella misma... la servidora del Señor, siempre lista para salir de prisa a servir a Jesús en los pobres.[34]

Sentí a alguien de pie cerca de mí

Una noche, muy tarde, me desperté repentinamente por un severo dolor de dientes. Estaba en el cuarto piso en la última cama, sentada oprimiéndome la cara con la mano. Todas las demás estaban profundamente dormidas. No sabía a quién despertar a medianoche, así que me senté en ese enorme dormitorio de hermanas dormidas esperando ansiosamente la mañana, presionando mi diente para calmar el dolor. De repente, sentí a alguien de pie cerca de mí, con su mano sobre mi hombro. Me preguntó qué me sucedía. Miré hacia arriba. Era la Madre. Le dije lo que había pasado. Ella dijo: «No tengo medicina, pero te traeré un vaso con agua», y desapareció. Yo permanecí sentada. Ni siquiera me había dado cuenta

de que la Madre tenía que bajar y subir cuatro pisos. De cualquier manera, llegó con el vaso con agua y, antes de dármelo, dijo: «Recemos tres
Avemarías». Así que hicimos los rezos. Bebí el agua. La Madre me acostó,
me dio la bendición y dijo: «Duerme, ahora estarás bien». Y así fue, me
dormí profundamente y el dolor desapareció y no regresó en meses.[35]

La Madre se apresuró hacia la ciudad azotada por el gas

Justo después del desastre de la fuga de gas en 1984 que cobró la vida de muchos en Bhopal, la Madre se apresuró hacia la azotada ciudad con un avión
cargado [de suministros] junto con doctores y con las Misioneras de la Caridad.

Era un tiempo en el que, incluso los más firmes defensores de la
humanidad, estaban esperando que alguien fuera al rescate. Inmediatamente después de su llegada, la Madre Teresa y las hermanas se ocupa-
ron de las operaciones de rescate. Su aparición en Bhopal y la iniciativa
que tomó [impulsaron] a otros a unirse a su brigada para comenzar la ardua
tarea de prestar ayuda a la gente afectada por la fuga de gas. La Madre y
las hermanas tocaron en todas y cada una de las puertas en las localidades
afectadas, a las que incluso los oficiales gubernamentales temían ir. El
incansable trabajo realizado por la brigada de la Madre fue un verdadero milagro, que inspiró a las personas a unirse a la tarea. Durante la
Operación Fe, cuando la gente estaba sentada tras puertas cerradas te-
miendo que les aconteciera algo horrible, la Madre estaba afuera, en los
caminos, distribuyendo suministros a las personas afectadas y llenándo-
los de valor para luchar contra las secuelas del desastre.[36]

Con tanto amor y cuidado

Yo estaba de licencia ese día, cuando escuché por medio de mi cirujano
interno que la Madre me esperaba ansiosamente para el tratamiento [de
una hermana M. C. que había tenido un accidente]. Inmediatamente

me dirigí al hospital y, al acercarme a la cama de la hermana, encontré a la Madre limpiando la sangre que salía de la boca de la hermana, quien no tenía pulso, sangraba profusamente y casi jadeaba. La Madre me miró dolorosamente y dijo: «¿Es usted el Dr. X? Estoy esperándolo. Por favor, salve la vida de mi hija. Rezaré por usted». Estaba encantado de ver a la Madre quien, con su apariencia maternal, rezaba por la vida de su hermana. Sentí un asombroso poder y una inexplicable sensación, que se convirtieron en una fuerte determinación en mi mente de salvar a la hermana. Ya se había hecho todo lo posible para colocar fluido intravenoso, y se proporcionaron varias botellas de sangre y un grupo de doctores me ayudó. La Madre estaba muy ansiosa y miraba anhelante el rostro de la hermana... Gradualmente, se pudo palpar el pulso y volvió la respiración, en cierto grado, más tranquila. Tuvimos un poco de esperanza, y la Madre también se sintió aliviada de la ansiedad.

Al día siguiente, la hermana podía hablar y estaba más o menos estable, y la Madre se sintió muy aliviada y su rostro estaba iluminado y alegre. Tomó mis manos con gratitud y dijo: «Doctor, por favor, intente por todos los medios acelerar la recuperación de la hermana, porque tiene que tomar sus votos en dos meses». La hermana tuvo que ser intervenida dos veces en la mandíbula y en los huesos del antebrazo. En poco tiempo estuvo fuera de peligro y la Madre me pidió que le diera de alta, pues no pensaba que fuera deseable ni justificado mantener una cama ocupada en un hospital tan lleno, cuando había muchos pobres pacientes moribundos a los que se les negaba admisión. Ella tomó los votos en la fecha programada en la iglesia de St. Mary, y yo estuve presente en esa ceremonia.[37]

Como una madre alimentando a sus propios hijos
La Madre estaba muy feliz de ir a Kalighat cada vez que tenía una oportunidad. Acostumbraba sentarse y hablar con los pacientes, alimentar

a los más enfermos, algunas veces con sus propias manos, como una madre alimenta a sus propios hijos, con mucho amor y cuidado.[38]

La Madre tomó mi mano
Como aspirante, mi apostolado fue en Nirmal Hriday (Kalighat). Los primeros días tenía mucho miedo de tocar a los ancianos. Un hombre tenía una gran herida en la pierna y estaba llena de gusanos. Yo estaba muy atemorizada. Entonces la Madre pasó por ahí. Me vio de pie, con la bandeja de curación y luchando sin saber qué hacer, y supo que tenía miedo... Tomó mi mano, tomó la bandeja y comenzó a limpiar la herida, y sacó todos los gusanos. Entonces, puso los fórceps en mis manos y las sostuvo y me hizo limpiar la herida. Limpié un poco, y luego la Madre siguió y terminó el vendaje ella sola. Con eso, mis miedos se disiparon. Luego la Madre corrió y trajo una taza de leche caliente para el paciente y me hizo verterla poco a poco en su boca, se paró cerca para observarme y sonrió. Luego, nos movimos hacia otro paciente, y la Madre misma hizo por cada paciente lo que fuera necesario. Desde ese día en adelante ya no tuve miedo. La Madre permaneció a mi lado toda esa mañana enseñándome.[39]

Su gozo al hacer todo el trabajo sucio
Yo esperaba a la Madre para poner un vendaje, pero ella no llegaba, así que fui a buscarla. Entonces, la vi limpiando [el excusado]. Yo quería ayudarle, pero ella me dijo: «Tú, haz el trabajo de adentro. La Madre hará este». Aun así, quería ayudarla, así que tomé una escoba y fui a hacerlo. Para cuando [regresé], ella ya había limpiado el excusado y estaba restregando el desagüe. Luego vació los botes de basura en un carrito. Ella misma lo empujó y lo llevó al otro lado de la carretera. Me permitió tomar un lado

y tiramos la basura en el contenedor común que estaba afuera. Ver el tierno amor de la Madre por los internos y los moribundos, y el gozo con el que hacía todo el trabajo sucio (limpiar los excusados, lavar las bacinicas, orinales y el contenedor donde los pacientes escupían, etc.), el cual nunca permitía que alguien más hiciera, fue una gran inspiración para mí.[40]

Profundo interés en la persona

La Madre siempre manifestó amor por el prójimo a través de un profundo interés en la persona. Si iba a Kalighat, se arrodillaba, se sentaba junto al paciente, le daba palmaditas y le preguntaba qué necesitaba. Si la persona pedía rasgulla (un postre típico bengalí) o algo, se aseguraba de que se lo dieran. Iba de cama en cama, tocando a cada uno de ellos, sonriendo, charlando.[41]

¿Dónde está mi amiga?

Durante mi postulantado en Prem Dan, trabajaba en la sala de mujeres. Cada vez que la Madre venía, acostumbraba visitar primero a todos los pacientes, y luego a las hermanas. Cuando llegaba, solía preguntar: «¿Dónde está mi amiga?». Era... una mujer sordomuda, encontrada cerca de la selva, a quien la Madre había recogido y llevado primero a Dum Dum y, de ahí, ella [había venido] para Pren Dan. Y era muy feliz cuando la Madre llegaba. Ella acostumbraba ir con cada paciente. La Madre era tan santa que cuidaba de cada uno. Su gran amor me conmovió. Por primera vez en mi vida vi a alguien tan amoroso con cada paciente, niño, hermana, etcétera.[42]

Acepto este regalo para los pobres

Desde el principio, la Madre tuvo el arte de pedir para los pobres. Hacía correr la voz entre los que deseaban ayudarle. De esta forma, recogía libros, lápices, ropa, medicinas, etc. Cuando iba directamente a solicitar medicinas, tenía éxito a veces, pero también se los denegaron. Recuerdo una ocasión en que me llevó con ella al doctor en uno de los grandes edificios. Estaba buscando medicinas y ayuda para una pequeña, Marcella, que tenía tuberculosis ósea. El doctor fue agresivo al negarse a ayudarla. La Madre se levantó, juntó sus manos, sonrió y dijo amablemente: «Gracias». Tomó al doctor totalmente por sorpresa y al llegar a la puerta, recibió un mensaje de regresar a su sala. El doctor le dijo: «No le di nada y aun así me dio las gracias. ¿Qué tal si le doy esto?». Le entregó lo que ella había solicitado. La Madre dijo: «Lo que usted no me dio primero era para mí, ahora acepto este regalo para los pobres». Se notaba que el doctor nunca antes había experimentado nada como esto.[43]

Cargar la cruz de Cristo

Cuando finalmente hicieron correctamente los rayos X de mi espalda, fue evidente que mi columna estaba muy dañada... Di la noticia a la Madre Teresa. Recibí una carta de ella pidiéndome ofrecer todo por ella y por la obra, y buscar que otros hicieran lo mismo. Para mí, el sufrimiento en sí no era nada. Yo era un fracaso y mi sufrimiento era destructivo. Pero el sufrimiento compartido con la Pasión de Cristo se convirtió en un don precioso. El centro de mi vida es Jesucristo, y sé que a través de su Pasión y de la Cruz viene un mensaje de suprema esperanza: nuestra redención a través de la resurrección. Cuando busco una explicación para el sufrimiento, miro a mi modelo, Jesucristo, y cuando lo veo dirigiéndose al Calvario, sé que simplemente debo seguir sus pisadas. Realmente, trato de vivir lo que la Madre Teresa nos dice que hagamos: «Aceptar lo que Dios nos da y lo que nos quita con una gran sonrisa». Cuando tengo dolor, cuando me duele la espalda, realmente siento que estoy cargando sobre mis hombros la Cruz de Cristo.[44]

Incluso después de su muerte
La Madre Teresa, fiel a la declaración de su misión: «Si alguna vez llego a ser santa, seguramente seré una santa de la "oscuridad". Estaré continuamente ausente del Cielo, para encender la luz de aquellos que en la tierra están en la oscuridad», continúa sus obras de misericordia incluso ahora. Muchas veces, los pacientes reportaron haberla visto junto a sus camas. Aquí hay dos ejemplos:

Gracias, Madre Teresa
Hola, mi nombre es Miguel. Tengo treinta y cuatro años. Vengo de otra religión, no católica. El 23 de junio tuve una cirugía en la columna. Entré al quirófano a la 1:15 p.m. y salí a las 5:45 p.m., aproximadamente. Me desperté de la anestesia general cerca de las 7:00 p.m. [...] Me dormí y, durante mi sueño, sentí que alguien se acercó a mi cama y tocó mi pierna derecha. Abrí los ojos y no había nadie. Por segunda vez, unas manos se posaron sobre la misma pierna. Nuevamente, abrí los ojos y no había nadie. Una tercera vez, solo sentí una mano. Abrí mis ojos y vi una mano, pero solo la izquierda. Supe de quién era por el borde del sari y su rosario; sí, era la mano de la Madre Teresa de Calcuta. Abrí más los ojos. No podía creer lo que estaba viendo. Pude ver sus arrugas, su rosario, una pequeña mancha, más grande que las otras, porque los ancianos normalmente tienen esas manchas. También pude ver el borde de la uña del dedo (gordo) y sentí cómo tocaba mi pierna con la palma de la mano. Un poco después mi médico llegó y dijo: «Solo vine a decirle que no se asuste, porque no podrá mover los pies, así que permanezca en calma», yo,

moviendo los pies, le dije: «¡No! Mire, los estoy moviendo» y él se sorprendió y se fue. El sábado siguiente, el doctor regresó y me dijo que tratara de ponerme en pie, y le dije: «Ya lo hice anoche y fui al baño», se sorprendió otra vez y me dijo: «Pero alguien le ayudó». Le contesté: «No, lo hice solo», y me felicitó y se fue. Tenía planeado darme de alta el jueves 27 de junio, y me envió a casa el domingo 25. Gracias, Madre Teresa.

¡Sí, es ella!

Somos de un rancho muy pobre [en México]. A pesar de nuestra pobreza y del hecho de que no ganamos nada de dinero, no ignoramos los asuntos de la religión. Tenemos un triciclo y mi hija, Dolores, y yo vendemos cascarones de huevos rellenos de confeti y algunos dulces. Obtenemos lo suficiente para comer tortillas con sal o chile, rara vez sopa. En una ocasión cuando estábamos llegando a otro rancho, un automóvil golpeó a mi hija y la arrojó al suelo. Ella estaba inconsciente. Traté de ayudarla a volver en sí dando palmaditas en su cara, pero no resultó. Sin saber ningún rezo, le pedí a la Madre Teresa que nada le ocurriera, que no tuviera un coágulo. Recé un Padrenuestro, un Avemaría, un Gloria e invocaciones [a la Madre Teresa]. Mi hija recobró la conciencia ochenta minutos después del accidente. Más adelante, me dijo que había visto a una anciana pequeña, muy amorosa, y dijo que había acariciado su cabello y le había dado su bendición, su vestido era blanco como la nieve y, sonriendo, desapareció. No conocíamos a la Madre Teresa [y no la habíamos visto en fotografías], y ni siquiera tenemos televisión. Posteriormente, un joven (el que nos ayudó a escribir nuestro testimonio) nos dio una fotografía de la Madre Teresa de Calcuta y mi hija gritó con gozo: «¡Sí, es ella!».

REFLEXIÓN

«Estuve enfermo y me visitaron» (Mt 25:36).

«Sé un ángel de consuelo para el enfermo».[45]

«Ellos están enfermos, [anhelando] cuidado médico, ese toque amable y una sonrisa cálida».[46]

Recordaré lo que sentí cuando estuve enfermo y me comportaré con amabilidad y consideración hacia los enfermos.

¿Cómo puedo aliviar el sufrimiento de alguien que está enfermo? ¿Le puedo conseguir la medicina que necesita? ¿Qué acciones pequeñas de bondad puedo hacer por alguien que está enfermo: visitarle, pasar tiempo conversando, servirle en algo pequeño como sacar la basura, leer un diario a alguien ciego, enviar deseos de que se recupere, etc.? ¿Inclusive, si tengo que vencer mis propios sentimientos, cómo puedo avanzar para ayudar al enfermo en su necesidad? Las pequeñas cosas hechas con amor pueden marcar una gran diferencia en la vida de alguien. Si estoy enfermo, ¿qué puedo hacer para vivir de modo que mi debilidad y mis limitaciones actuales no afecten negativamente mi relación con los demás?

¿Cómo puedo ayudar a un enfermo a ver el valor que su sufrimiento puede tener si lo une al de Cristo y lo ofrece con alguna buena intención? ¿Les puedo facilitar la Unción de los Enfermos a aquellos que conozco?

ORACIÓN

Amado Señor, el Gran Sanador, me arrodillo ante ti, pues todo don perfecto debe venir de Ti.

Te pido que des destreza a mis manos, visión clara a mi mente, bondad y humildad a mi corazón.

Dame tener un solo propósito, fuerza para levantar una parte de la carga de mis semejantes que sufren, y que en verdad reconozca este privilegio que es mío.

Quita de mi corazón toda astucia y mundanidad, y que con la fe sencilla de un niño pueda confiar en Ti.

Amén.

—La Oración del Médico, anónima, rezada
diariamente por la Madre Teresa

Visitar al preso
Capítulo VI

Cuando pensamos en aquellos que están en prisión, la primera reacción de la mayoría de nosotros es que deben estar ahí por una buena razón; nuestro juicio interno se forma muy pronto, hemos juzgado precipitadamente. Nuestro juicio puede ser verdadero o falso. No obstante, esto no cambia la obligación que la Iglesia nos impone de practicar esta obra corporal de misericordia. Lo que caracterizaba a la Madre Teresa —de hecho, no solo al tratar con prisioneros, sino con cualquiera— era que fue capaz de evitar cualquier actitud de crítica. «El hecho es incorrecto», decía, «pero ustedes no saben por qué ella lo hace... la intención no la conoce. Cuando juzgamos, juzgamos la intención de la hermana, del pobre».

La Madre Teresa visitaba a los presos y los cuidaba muy bien. Lo hizo sin prejuicios hacia nadie, sin menospreciar a ninguno, sin desdén, sino más bien con gran respeto por cada persona y con gran esperanza. Ella siempre estaba lista para ofrecer a alguien otra oportunidad (¡y no solamente una segunda oportunidad!). Se acercaba a cada uno, independientemente de la razón por la que estaban sentenciados, precisamente con una actitud de misericordia que era, en parte, fruto de su propia convicción de que «de no ser por la gracia de Dios, allí estaría yo» y en parte, fruto de su compasión por esa persona sufriente en particular. Si las circunstancias hubieran sido distintas, tal vez no estarían en esa condición; por otro lado, si yo hubiera estado en su situación, tal vez hubiera hecho lo mismo o algo peor. Cualquiera que fuera la razón del sufrimiento, quien sufre necesita ayuda, y no podemos permanecer indiferentes.

La Madre Teresa comenzó un apostolado especial para las «chicas de la cárcel», es decir, chicas que habían sido encontradas en las calles (a menudo con salud mental precaria) y encarceladas por la falta de instalaciones alternativas. Con la ayuda de las autoridades gubernamentales, ella las había liberado y había abierto un hogar para ellas, en el que proveía terapia ocupacional y algunos pequeños trabajos. De esta forma, podían trabajar y vivir con dignidad. Además, ella se ponía en contacto con sus familias y ayudaba a que se reconciliaran.

SUS PALABRAS

El privilegio de estar con los pobres
Estoy agradecida con Dios por haberme dado esta oportunidad de estar con ustedes y compartirles el don de Dios, el privilegio de estar con los pobres, el privilegio de estar veinticuatro horas en contacto con Cristo. Porque Jesús dijo, y Él no puede engañarnos: «A Mí me lo hicieron. Tuve hambre y me dieron de comer, tuve sed y me dieron de beber, estuve enfermo y en prisión y me visitaron, fui indigente y me dieron un hogar. Me recogieron». Estamos tratando de hacer [esto], usted y yo juntos, para llevar ese gozo de tocar a Cristo en ese angustiante disfraz.[1]

———◦◦◦———

Como san Pablo, una vez que descubrió ese amor de Cristo, nunca más le importó ninguna otra cosa. No le importó [ser] azotado, puesto en prisión. Solo una cosa era importante para él: Jesucristo. ¿Cómo [obtenemos] esa convicción? «Nada ni nadie me separará del amor de Cristo».[2]

———— ●●● ————

Lo que ustedes han recibido de Cristo, denlo generosamente. Él me ama. Él se tomó todas esas molestias para venir del cielo a darnos tan buenas nuevas, para amarnos unos a otros. Debemos ser capaces de amar, mis hermanas. Como san Maximiliano,[3] él no iba a ser seleccionado. Ese hombre dijo: «Oh mi esposa, oh mis hijos» y [san Maximiliano] dijo: «Tomen mi vida». Y sabemos lo que sucedió. Lo encarcelaron hasta que murió de hambre. No sabemos lo que es el dolor del hambre, no lo sabemos; he visto gente morir. Hambre real, [por] días. Él [san Maximiliano] no murió, así que le aplicaron una inyección. ¿Por qué lo hizo ese hombre? Por un gran amor. ¿Haría yo eso por mi hermana?[4]

La cárcel o la calle

Tenemos miles de leprosos porque son los menos deseados, son la gente más rechazada. Tenemos a los alcohólicos, a los desposeídos, a los hombres que no tienen sino dos sitios: la cárcel o la calle. Tenemos refugios nocturnos y cosas como esas. Pero para todas nosotras no es una pérdida de tiempo hacer solo las tareas humildes, el simple hecho de alimentar al hambriento, de al menos lavar sus ropas, de simplemente cuidar con ternura y amor a los indeseados.[5]

———— ●●● ————

Hemos abierto un lugar en Nueva York para personas con sida, ya que nadie las quiere, aunque sean ricos. Cuando tres hombres escucharon que tenían la enfermedad, saltaron del piso treinta y cinco de un edificio. Nosotros estamos aceptando a los enfermos y moribundos, y hay un cambio tremendo en todo el país debido a que las hermanas los están cuidando. Cuando fui a ver al gobernador, él dijo: «Usted es la primera y la única que le ha llevado a Cristo a esas personas». Él hizo algo inaudito en los Estados Unidos; permitió que doce presos con esa enfermedad salieran de la cárcel. Fue la primera vez en la historia, algo insólito en la historia de América. Permitieron que [los prisioneros] salieran y murieran con nosotros.

Las hermanas están haciendo verdaderos milagros ahí. El padre José[6] llamó esta mañana y ¡qué milagros está haciendo el padre con esa gente! Uno fue bautizado, hizo su Primera Comunión y la Confirmación, y luego murió. La hermana escribió y dijo: «¡Qué paz, qué gozo tan radiante hay en los rostros de estas personas al morir!». Para mí, esto ha creado nueva esperanza en el país. Muchas personas se están ofreciendo ahora para ayudar. Lo que ha sucedido es un milagro de Dios.[7]

●●●

Ayer, la hermana estaba diciéndome que hay hermanas que están acudiendo a la prisión y cómo, desde que comenzaron a ir, han tenido el Santísimo Sacramento en la cárcel y el sacerdote que es capellán ahí ha comenzado a tener diariamente la adoración por media hora. El ver a esos presos —esos jóvenes y adultos— adorando (las hermanas están preparando a algunos de esos jóvenes para la Primera Comunión). [Están] tan abiertos a la presencia de Cristo, a ese poder de unidad. Están hambrientos de Dios, tienen mucha hambre de Dios.[8]

Petición por la vida de un hombre
Querido Gobernador:

Vengo ante usted hoy, para pedir por la vida de un hombre: Joseph Roger O'Dell. No sé lo que ha hecho para ser condenado a muerte. Todo lo que sé es que él es, también, un hijo de Dios creado para grandes cosas, para amar y ser amado. Rezo para que Joseph esté en paz con Dios, para que le haya pedido perdón a Dios y a quien quiera que haya lastimado. No le quitemos la vida. Traigamos esperanza a su vida y a la vida de todos nosotros. Jesús, quien nos ama a cada uno tiernamente, con misericordia y compasión, obra milagros de perdón. A usted, querido Joseph, le digo, confíe en el tierno amor de Dios por usted y acepte lo que Dios le dé y dele lo que le quite, con una gran sonrisa. Oremos. Dios los bendiga.

Madre Teresa[9]

Cuando dejan la cárcel

Otra cosa que ahora hemos comenzado a hacer en Harlem, las hermanas visitan la cárcel, donde está la detención, ¿cómo le llaman? En fin, las jóvenes, cuando las dejan salir, cualquiera se las lleva, pueden ir a cualquier lugar. Así que cuando dejan la cárcel, hemos hecho arreglos [para] llevarlas [a] nuestro propio sitio. Necesitan un atuendo completo y necesitan ser ubicadas en un trabajo apropiado... Y, en cada ciudad, ustedes deben de tener ese tipo de personas; nosotros recogeremos a esas chicas y las traeremos al convento y entonces, a partir de ahí, [los colaboradores] podrán continuar.[10]

SU EJEMPLO: Los testimonios

Se trataba, más bien, de un asunto de dignidad humana

Nuestra casa para las «chicas de la cárcel» en Tengra, Calcuta, es una de las obras más queridas para la Madre, es el fruto de su preocupación por conservar la dignidad de los pobres y no solo cuidar de sus necesidades materiales. Esas mujeres, la mayoría de las cuales están discapacitadas mental o emocionalmente, en mayor o menor grado, fueron halladas por la policía vagando por las calles de Calcuta. A falta de otra instalación en la cual cuidaran de ellas, las pusieron en la cárcel, aunque no habían cometido ningún crimen. Cuando al gobierno se le informó de esta situación, y del gran número de mujeres inocentes afectadas, el jefe de gobierno de Bengala Occidental se puso en contacto con la Madre. Le preguntó si las hermanas podrían cuidar a esas mujeres. No era cuestión, por supuesto, de alimento y abrigo, ya que eso se les proporcionaba en la cárcel. Se trataba, más bien, de un asunto de dignidad humana, de proveer el tipo de ambiente y cuidado que ayudara a esas mujeres a recuperarse o, al menos, a mejorar y a sentirse amadas y respetadas. La Madre aceptó de buena gana cuidar de las «chicas de la cárcel», como les llamó, si el gobierno nos daba unas tierras para construir instalaciones para ellas. Esto se hizo, y la Madre nunca se cansó de atraer la atención de colaboradores y bienhechores hacia nuestras «chicas de la cárcel». Incluso ella consiguió los servicios de profesores voluntarios y de otros para ayudar en la educación de las mujeres y enseñarles habilidades útiles tales como manualidades.[11]

Un hombre completamente transformado

Ella tenía una tremenda esperanza, incluso para los asesinos... Hubo un asesino en los Estados Unidos de quien nos hicimos muy amigos, él se hizo católico durante su cadena perpetua. Me puse en contacto con la Madre Teresa. Ella tomó ese caso con profundo amor. Él cambió su forma de vida por completo y, a través de él, incluso otros prisioneros fueron transformados. Cada vez que yo iba a Calcuta, ella preguntaba: «¿Cómo está mi amigo, X? ¿X, el asesino?». Él ahora es un hombre completamente transformado. Se ha convertido en el asistente del capellán cada vez

Visitar al preso

que este visita la prisión. Un año tuve Misa de Pascua. Él hizo una pintura para la Madre y otra para mí, la cual le di a mi padre, quien tenía un
profundo amor por ella. Oh, pueden ejecutarlo, pero aun así puede vivir
para Cristo. La Madre comenzó a tener correspondencia con él en una
prisión de máxima seguridad. Cada vez que voy a casa lo visito. Es una
de las alegrías de mi vida... No importa que se esté en prisión, todavía
se puede servir a Cristo ahí. En una carta que me escribió, dice: «Desde
que lo conocí y desde que le escribo a la Madre Teresa, a menudo pienso
lo diferente que pudo haber sido mi vida si tan solo hubiera conocido a
Jesucristo antes de que esta tragedia sucediera. Lo único que quiero es
dedicar el resto de mi vida a ayudar a otros que lo necesitan».[12]

El primer hogar para personas con sida en los Estados Unidos
Fui con la Madre Teresa y otras dos personas a la prisión Sing Sing
en Ossining, Nueva York. La mayoría están cumpliendo cadena perpetua y, cuando llegamos, esos hombres —muchos de los cuales son
asesinos, violadores, lo que sea; muy musculosos debido a que levantan pesas—, cuántos se arrodillaron y comenzaron a llorar cuando la
Madre Teresa les daba palmaditas en la cabeza o les daba Medallas
Milagrosas.[13]

———●●●———

Para ella, no eran criminales. Habían sido creados a la imagen y semejanza de Dios, así que ella les daba esperanza. Siempre encontró la palabra
adecuada o la acción justa para ponerlos en contacto con Nuestro Señor.[14]

———●●●———

La madre decidió abrir un hogar para gente con sida en Nueva York.
Fue el primer hogar para personas con sida en Estados Unidos, y co-

129

menzó en 1985. En Nueva York, la mayoría de los pacientes de sida eran homosexuales o adictos a las drogas. Y en la Iglesia había una gran controversia en ese tiempo, porque esos grupos homosexuales era muy anticatólicos, y la Iglesia se pronunciaba claramente contra su estilo de vida. Algunos sacerdotes muy importantes le dijeron: «Madre, no se involucre. Ni toque ese tema. La van a criticar por apoyar su estilo de vida». En la mente de ella, esas [personas] eran los leprosos de ese tiempo. Nadie los quería. Y ella fue a la cárcel y quería abrir una casa (para ellos), todos opinaban al respecto. Bueno, se llevó casi seis meses. La Madre obtuvo la casa para los pacientes de sida. Fue a la prisión Sing Sing... y les dio la Medalla Milagrosa a esos hombres sufriendo de sida y dijo: «Vendré por ustedes y me los llevaré». Y fue a ver al alcalde, fue a ver al cardenal O'Connor. La Madre estaba tremendamente emocionada. Tuvo que ser intervenida de un ojo, y tuvo que usar gafas oscuras debido a la catarata, pero quiso abrir la casa en la Nochebuena y dijo: «Quiero dársela a Jesús en su cumpleaños. Traigamos a esos hombres a casa en su cumpleaños».

Nochebuena en Nueva York: es imposible hacer nada. Todos dijeron: «Olvídelo, Madre». [Ella insistió]. «Estos hombres tienen que ser liberados de prisión». La Madre llamó al gobernador y dijo: «Quiero que me dé un regalo de Navidad. Quiero un regalo de Navidad para el Niño Jesús, y quiero que les conceda la libertad condicional a esos hombres en prisión para que puedan venir a la casa para el cumpleaños de Jesús». Y el gobernador dijo: «Madre, si usted desea eso, hay algo que puede hacer por mí. Ore por mí y mi familia». Ella dijo: «Sí». Colgó el teléfono en el Bronx e, inmediatamente, fue a la capilla y comenzó a rezar por él. Y el gobernador estaba en el teléfono, diciendo: «¡Hola! ¡Hola!». Levanté el auricular y él dijo: «¿En dónde está la Madre?». Le respondí: «Se fue a la capilla a rezar». Él exclamó: «¡Santo cielo!».

Firmó el indulto médico para esos hombres al instante...Y esos hombres llegaron en ambulancia. Estaban vestidos como astronautas, con mucha ropa protectora. Llegaron en ambulancia con la sirena encendida, y la Madre no se desanimó por la controversia.

La Madre tenía la misma regla para esta casa que para las otras. Nuevamente, causó mucha controversia porque le dijeron: «Debe tener televisión; debe tener radio. Estos hombres necesitan eso. No hay nada más que hacer». La Madre dijo: «No vamos a hacer nada. Vamos a mantener la misma regla». Y lo que sucedió fue que los hombres comenzaron a hablar unos con otros y se hicieron amigos. Se convirtieron en familia. Muy pronto estaban rezando el rosario. Hombres de todas las condiciones. Algunos que habían asesinado, algunos que habían estado en las calles desde que tenían diez años, algunos habían sido drogadictos. Estaban aprendiendo el Catecismo. Y eran como hermanos.[15]

Extremadamente conmovidos por ella
Un hombre, una presunta figura pública criminal, llevaba once años en una penitenciaría federal y en ese periodo había tenido el beneficio de la confesión, de los sacramentos y, en torno a eso, le enviábamos los rosarios que las hermanas acostumbraban hacer. Y sé, personalmente, cómo eso lo conmovió. Otros dos que también eran presuntos miembros del crimen organizado, y a quienes llevé a conocer a la Madre Teresa en persona, se sintieron extremadamente conmovidos por ella, y la Madre los abrazó.[16]

Ella ofrecía ánimo, amor y esperanza
En 1991 fui arrestado y enviado a prisión. Mientras esperaba el juicio, escribí una carta a la Madre Teresa explicándole lo que me había pasa-

131

do. Ella me contestó de inmediato dándome ánimo, amor y esperanza. Me impactó que ella se hubiera tomado el tiempo para escribirme bajo esas circunstancias. Desde 1992 y hasta unas pocas semanas antes de su muerte en 1997, la Madre Teresa me escribió regularmente y contestó cada una de mis cartas. Cuando le escribí por primera vez a la Madre Teresa, estaba deprimido y sentía lástima de mí mismo. Compartí algunos de mis problemas con ella y, desde el principio, me animó a olvidar los problemas del pasado y a enfocarme en el presente y en el futuro. Siempre me recordaba el infinito amor de Dios y me mostraba el camino a su amor. Le encantaba que le contara historias acerca de otros prisioneros y me animaba a compartir sus cartas con ellos. Lo hice y ella siempre disfrutaba conocer las historias de ellos. Aquí hay algunos extractos de las cartas que me envió:

Gracias por su carta y gracias a Dios por todo lo bueno que Él está haciendo en usted y a través de usted... Demos gracias a Dios por Su gracia, que está obrando en usted, y por toda la compasión que Él ha encendido en su corazón por aquellos que están tras las rejas.

———•••———

En su pasión, Jesús nos enseñó a perdonar por amor y a olvidar por humildad. Estoy rezando por usted, para que el sufrimiento que ha llegado a su vida sea un medio de acercarse a Jesús. Que Él viva en usted, para que pueda extender la misericordia de su corazón a todos los que se encuentran en una situación similar.

———•••———

Me alegra saber que es libre del pasado y que está haciendo uso del presente para crecer en el amor de Dios a través del amor por los que sufren a su alrededor. Jesús en su agonía, oró más tiempo, nos dicen los Evangelios. Que nosotros también, en tiempos de oscuridad y sufrimiento, nos mantengamos cerca de Él en la soledad de su sufrimiento y en la intimidad de la oración.

———◆◆◆———

Un cristiano es un tabernáculo del Dios viviente. Él le creó a usted. Él lo escogió. Él vino a morar en usted, porque Él le quería. Ahora que ya sabe lo mucho que Dios lo ama, es natural que invierta su vida irradiando ese amor.[17]

Nunca haga tal cosa otra vez

Una mujer pobre estaba hablando con la Madre y lloraba. La Madre estaba llena de compasión por esa mujer. La Madre me vio pasar, me llamó y dijo: «Ve con esta señora. Su esposo está en la cárcel de Lalbazar. Robó un auto hace dos días y ahora está arrestado. Ve con el oficial y dile: "La Madre [dijo] que lo liberara"». Yo obedecí ciega y prontamente. No sabía dónde estaba Lalbazar, qué es estar en una prisión o quién [era] el oficial. Lo único que sabía era que la Madre dijo que lo hiciera. Y fui con esa mujer, que todavía lloraba. La Madre nos acompañó hasta la puerta.

Eran las once de la mañana cuando llegamos a la estación de policía de Lalbazar. Allí nos dijeron que el oficial principal llegaría a las tres de la tarde. Esperamos pacientemente y cuando llegó, le dije: «Hay un hombre llamado tal y tal. Ha robado un auto, y la Madre dijo que lo liberara». Preguntó: «¿Cuál madre?». Le dije: «La Madre Teresa». Nuevamente preguntó: «¿Quién es ella?». Le dije: «La Madre» (yo solo la conocía como la Madre, nada más). El oficial principal sonrió, llamó a un oficial y le dijo algo. Nos llamaron, nos pusieron en un jeep de la policía y nos llevaron a otro lugar escoltadas por oficiales de policía. Ahí entramos a otra oficina y le dije lo mismo al oficial que estaba allí.

Dijo: «Pero es un ladrón. No podemos liberarlo». Le contesté: «Pero la Madre dijo que lo liberara». Preguntó: «¿Y si roba otra vez?». «No sé nada de eso, todo lo que sé es que la Madre dijo que lo liberara». Él dio algunas órdenes, y pude ver entre las cortinas al hombre, encadenado de manos y pies, sentado ya que no podía mantenerse en pie a causa de las cadenas. Le quitaron las cadenas y fue liberado.

Por la tarde llegamos a la Casa Madre. El hombre estaba llorando y la Madre le dijo: «Confiésese bien y nunca haga tal cosa otra vez. Dios le ha dado una hermosa familia. Ame a sus hijos, recen juntos, recen el rosario todas las noches, y la Virgen María les ayudará». Ella los bendijo y se fueron. La Madre les dio alimento [para comer ahí y para llevar]. Desde aquel día, ese hombre que era un gran ladrón desde su infancia cambió su vida, dejó de beber, dejó las malas compañías y los malos hábitos. Sus amigos llegaron a tentarlo, pero él dijo: «La Madre me ha dicho que no lo haga otra vez y se lo prometí». Hasta este día [ese hombre] es... un hombre cambiado; pobre, luchando para vivir, pero cumpliendo la palabra que le dio a la Madre. Estoy segura de que la Madre rezaba por él.[18]

Incluso después de su muerte, la Madre Teresa continua «visitando» la cárcel
Una hermana contó a mis padres [algo extraordinario]: ayer, la hermana fue a la tienda a comprar velas. Ahí sintió la mirada de un hombre, se volvió y le dijo: «Hola», él la saludó y preguntó: «¿Todavía va usted a la cárcel a dar alimento a los presos?». Ella respondió: «No hacemos ese servicio pastoral (en San Pedro Sula, las hermanas solo trabajan con [pacientes] de VIH, ancianos y niños de la frontera)». Y él dijo: «La he estado observando porque usted tiene el mismo vestido que esa monja en 2004, cuando fui injustamente puesto en prisión y estuve dos días sin comer nada, y ella vino a darme de comer». La

hermana preguntó: «¿Solamente a usted?». Él dijo: «No, a todos los presos, eran entre las once de la noche y la una de la mañana (¡no eran horas de visita, por supuesto!)». La hermana le preguntó: «¿Era joven?». El hombre dijo: «No, era una anciana». Entonces, la hermana le mostró una pequeña fotografía de la Madre Teresa y le preguntó: «¿Era ella?». Y el hombre comenzó a llorar y a decir: «Sí, definitivamente era ella».

REFLEXIÓN

«Estuve en la cárcel y me fueron a ver» (Mt 25:36).

«Enfermo y en prisión, anhelando amistad, la desea de ti...
¿Serás tú "esa persona" que se la dé?».[19]

¿Cuál es mi actitud hacia los presos: ¿que se merecen estar donde están, o que yo pudiera ser uno de ellos? ¿Qué pienso cuando veo o escucho acerca de un preso: «qué pudo haber hecho para estar ahí?», ¿o veo a un hijo de Dios, a mi hermano, a mi hermana?

¿En qué forma puedo participar en esta obra de misericordia? Tal vez, puedo unirme a un programa de voluntarios o ayudar en algún programa de rehabilitación, etc. Si estoy «aprisionado» en mis propios prejuicios, ¿qué pasos concretos puedo dar para aprender la verdad y corregir mi pensamiento erróneo?

¿Soy prisionero de mi propio egoísmo y orgullo? ¿Puedo salir de mí mismo y ofrecer ayuda a alguien que está en una situación más difícil que yo? ¿Puedo tener una actitud amable y positiva hacia alguien que es «prisionero» de una adicción? ¿Soy capaz de acercarme a ellos y con mi amor comprensivo darles paz y gozo?

ORACIÓN

Oh glorioso san José,
humildemente te pedimos,
por el amor y el cuidado
que tuviste por Jesús y por María,
que tomes en tus manos
nuestros asuntos, espirituales y temporales.
Dirígelos a la mayor gloria de Dios, y obtén para nosotros la gracia de cumplir
su santa voluntad.
Amén.

—Oración a san José, que la Madre Teresa
solía rezar cada miércoles

Sepultar a los muertos
Capítulo VII

E l mismo cuidado delicado y atento que la Madre Teresa tenía por los que estaban agonizando, también lo tenía por los que fallecían. Ella mostraba gran reverencia por la dignidad innata de cada ser humano, independientemente de su estatus social, raza o religión, tratando a cada uno con sumo respeto. Esto era particularmente evidente en el Hogar para los moribundos (Kalighat) donde, mientras luchaba por la sobrevivencia de los que estaban al borde de la muerte, se aseguraba de que a aquellos que morían se les hicieran los ritos funerarios de acuerdo con las prácticas de sus religiones respectivas. Ella podría haber sido fácilmente exonerada de tales esfuerzos, ya que podían haberse considerado exagerados o, incluso, extravagantes, cuando había tanto que hacer por los enfermos. Sin embargo, ella quería mostrar ese delicado amor incluso después de que la persona pasaba a la eternidad. Todo lo que se refería a la dignidad de la persona humana era importante y sagrado, mereciendo todo el respeto hasta el final.

Aunque hoy sepultar a los muertos tiene una connotación diferente de la que tenía en la Edad Media, cuando, a menudo, significaba poner la propia vida en riesgo en ciudades devastadas por plagas, no obstante, este acto de misericordia nos llama a dar el debido respeto al cuerpo humano después de que la vida mortal de una persona ha terminado. Muchos santos han muerto como consecuencia de una enfermedad contraída al ayudar a la gente durante epidemias de varios tipos, mientras que muchos otros han enfrentado valientemente riesgos personales para ayudar a sus prójimos en peligro. En particular, tenemos el ejemplo del padre Damián, quien dio su vida para ayudar a los leprosos en la isla hawaiana de Moloka'i. De hecho, la Madre Teresa le tenía gran devoción. Tal vez nosotros no enfrentemos situaciones que exijan hechos tan heroicos; sin embargo, seguramente seremos llamados a enfrentar la realidad de la muerte y a realizar esos actos de caridad que se requieren para esta particular obra de misericordia.

SUS PALABRAS

¿Está segura de que está muerto?
Una vez trajeron a un hombre (hindú) moribundo de la calle. Los hindús tienen la costumbre de orar alrededor del cuerpo del fallecido, luego ponen fuego en la boca y el difunto comienza a arder. Pusieron fuego en la boca de ese hombre ¡y se levantó! Dijo: «¡Denme agua!». Lo trajeron a Kalighat. Yo estaba ahí. Yo no sabía la historia. Así que fui a verlo y apenas se movía. De modo que dije: «¡Este ya está con un pie arriba!». Así que lavé su cara... Abrió mucho los ojos, me dio una hermosa sonrisa y murió. Llamé, y me contaron la historia y preguntaron: «¿Está realmente segura de que está muerto?».[1]

El amor de Cristo contagió a todos
La última vez que fui a Tanzania, todos los líderes no cristianos de las tribus vinieron para agradecerme por las hermanas. Dijeron que nunca habían visto el amor de Dios en acción como [cuando] vieron lo que las hermanas hicieron por los refugiados de Burundi. Más de

doce mil personas llegaron a la vez, y esas pequeñas hermanas corrían y enterraban a los muertos, cargaban a los heridos y todo eso. Fue, simplemente, abrir una brecha para toda esa región, para todo el pueblo [de Tanzania]. Nunca habían visto algo como eso, tan vivo, tan real y, a la vez, tan lleno de gozo. Las hermanas me dijeron que, durante ese tiempo, incluso la gente en las tiendas decía: «Vengan, hermanas, lleven lo que necesiten, lleven lo que necesiten». E iban y tomaban de las tiendas cualquier cosa que necesitaran para la gente sin pagar por nada. Fue muy hermoso. Eso les demuestra que ese amor de Cristo en las hermanas contagió a todos los demás. Fue, yo creo, algo terrible, pero de nuevo, fue la forma en que las hermanas lo hicieron: la manera en que tocaban a la gente, la forma en que cargaban a los muertos, la forma en que los enterraban.

Contaron de una madre que llegó con nueve niños y, en lo que se fue al campamento, solo tenía uno, todos los demás habían muerto. Por lo tanto, todo lo que las hermanas hicieron por esa mujer y esos niños... es algo que nosotros debemos ser capaces de mantener en nuestros propios hogares, en nuestra propia zona, dondequiera que estemos. Esto es de lo que la gente está hambrienta, esto es lo que los jóvenes quieren hoy.[2]

Tan solo sostenga mi mano

El domingo pasado había allí un hombre moribundo, y no quería nada. Dijo: «Tan solo sostenga mi mano y, con mi mano en su mano, estoy listo para partir». Allí se sentó, yacía totalmente frío, solo su rostro estaba aún radiante, pero eso era todo lo que quería. No quiso que yo dijera o hiciera nada, solo que me sentara en su cama y tomara su mano, y se sintió totalmente listo para irse. Tal vez ustedes tengan esta experiencia en algún lugar, alguna vez. Es muy hermoso cómo la gente confía en nosotros y lo mucho que nos aman, que pueden fiarse de nosotros así. Continuamente tenemos esta experiencia en todas partes.[3]

●●●

Aquellos que son materialmente pobres pueden ser personas maravillosas. Un día salimos y recogimos a cuatro personas de la calle, y una de ellas estaba en peor condición. Dije a las hermanas: «Ustedes cuiden a los otros tres, yo cuidaré de la que se ve peor». Así que hice por ella todo lo que mi amor fue capaz de hacer. La puse en la cama y tenía una sonrisa muy hermosa en su rostro. Tomó mi mano y dijo una palabra: «Gracias», y murió. No pude sino examinar mi conciencia ante ella y preguntarme qué diría yo si estuviera en su lugar, y mi respuesta fue muy simple: hubiera intentado dirigir algo de atención hacia mí. Hubiera dicho: «Tengo hambre, estoy muriendo, tengo frío, tengo dolor» o algo, pero ella me dio mucho más. Me dio su amor agradecido y murió con una sonrisa en su rostro.[4]

Voy a morir como un ángel
Nunca olvidaré al hombre que recogí de un drenaje abierto, excepto por su rostro... los gusanos se arrastraban por todo su cuerpo. Había hoyos por doquier en su cuerpo, se lo estaban comiendo vivo. Debió haberse desmayado y caído en ese drenaje abierto y la gente debió haber pasado y pasado, pero la suciedad lo había cubierto. Yo vi que algo se movía y vi que era un ser humano. Lo saqué, lo llevé a nuestra casa y estaba tranquilo. No había comenzado a limpiarlo todavía, pero las únicas palabras que dijo fueron: «He vivido como un animal en la calle, pero voy a morir como un ángel, amado y cuidado». Dos horas después, cuando habíamos terminado de limpiarlo, murió. Pero había un gozo radiante en su rostro. Nunca había visto ese tipo de gozo real, el gozo que Jesucristo vino a darnos.[5]

SU EJEMPLO: Los testimonios

Morir con dignidad

La primera vez que la Madre tuvo la idea de abrir un hogar para los moribundos fue cuando vio a una mujer en la calle y la llevó al hospital, y se negaron a admitirla. La Madre fue inflexible y se rehusó a ceder hasta que a la mujer le dieron una cama en el piso. Después murió. La Madre no podía entender cómo un ser humano, hecho a la imagen de Dios, podía morir en ese estado. Fue entonces cuando se le ocurrió la idea de ayudar a las personas que eran rechazadas por los hospitales, especialmente los pobres, a morir con dignidad.[6]

Casos imposibles

He estado con la Madre cuando no hallábamos ningún hospital que aceptara a los pobres que morían en las calles. Fuimos a muchos hospitales buscando cuidado y tratamiento. Decían: «Estos son casos imposibles». Y la gente moría en condiciones inhumanas en las calles, descuidados. Así que la preocupación de la Madre era darles lo mejor, al menos darles un hogar, para limpiarlos, alimentarlos y para hacerlos sentir en casa... El propósito de la Madre al fundar los hogares para los moribundos no era hacer un hospital. Cuando terminé mi entrenamiento en medicina, ella no quiso que comenzara en una institución médica. Incluso si yo lo quería, ella dijo: «No. Cuando requieran tal cuidado médico, los llevaremos al hospital. Hacemos nuestra parte, que nadie hará: lavarlos, limpiarlos, alimentarlos, y luego llevarlos al médico, al hospital más cercano».[7]

Dios lo creó a su imagen

Debemos remontarnos al momento en que la Madre comenzó los hogares en Kalighat, básicamente para dar dignidad a la persona

que moría en las calles de Calcuta. Aquí estaba una persona desechada por la sociedad, de la vida, y no tenía la dignidad mínima
para morir en una forma respetable. Así que ella no estaba para abrir
hospitales e intentar curar a todos de todo. Estaba ahí para recoger
a las personas de las calles, la gente que era pisoteada o ignorada
por los transeúntes, diciéndoles: «Eres una creación de Dios. Dios
te creó a su imagen y, por lo tanto, yo veo a Jesús en ti y quiero
darte la dignidad de morir con respeto». No estaba ahí para tratar
de curar cada enfermedad y hallar respuestas a todas las formas en
que la gente moría. Estaba ahí para cuidar a cada persona y darle
la dignidad en ese último momento de su vida. Por esto fue criticada, pues ese fue el llamado de su vida, y a su favor tiene que dio
dignidad, respeto y amor a muchos, que murieron en Calcuta y en
muchos otros lugares.[8]

Mueren como seres humanos
El tratamiento que se daba en Kalighat [Nirmal Hriday] era mucho mejor que el que daban en los hospitales de gobierno. Los que vienen a
Nirmal Hriday son los peores casos, que no tienen esperanza de sobrevivir. Por falta de tratamiento, han alcanzado esa condición en la que ya
no hay esperanza de recuperarse. Y aun así, gracias al amoroso cuidado
y tratamiento, muchos de ellos se recuperan. También algunos de ellos
mueren ahí, pero mueren como seres humanos, no como animales [en
las calles].[9]

Qué hermosa manera de morir
Una hermana y yo íbamos con la Madre a Tengra para un taller orga-
nizado por CRS [Catholic Relief Services]. Y la Madre iba a hablar.
Íbamos en nuestra pequeña ambulancia. Cuando llegamos al Cruce

Moulali, todos vimos a alguien tirado a un costado del camino. La
Madre dijo: «Creo que hay un paciente tirado ahí». Nuestro conductor dijo: «Es un loco», y cruzó el camino para continuar. Pero la
Madre le dijo: «Dé la vuelta y déjenos regresar y ver». Él dio vuelta al
vehículo, regresó y detuvo el auto junto a aquella persona. La Madre
y todas nosotras salimos y, para nuestra sorpresa, vimos que era una
joven quien yacía ahí, ardiendo en fiebre y acostada sobre su propio
excremento, etc. Inmediatamente, la pusimos en la camilla y la llevamos a Tengra. La Madre dijo a las hermanas que le dieran un baño,
que cambiaran sus ropas y la llevaran a Kalighat de inmediato. Y esa
paciente murió al día siguiente. La Madre nos dijo: «Cuando la vi ahí
tirada, algo dentro de mí hizo clic, y por eso fue que di vuelta al auto
y regresé a ver».[10]

Más allá de la capacidad humana

Ambos fuimos [a Kalighat]. Una de las hermanas llamó a la Madre y
dijo: «Madre, hay una persona aquí que pregunta por usted». Esa persona en cama a duras penas podía hablar. La Madre dijo: «¿Qué pasa?».
Se inclinó y acurrucó su cabeza entre sus brazos, y fue una imagen tan
maravillosa ver a alguien hacer eso. Es algo más allá de la capacidad
humana hacer eso a una persona llena de heridas, pus por todos lados y
en tan mala condición. Nos daría nauseas esa visión. Olía mal. La Madre
lo acarició y preguntó: «¿Qué desea? ¿Qué le sucede?». Y él sonrió a la
Madre de una forma tan hermosa con sus dientes rotos. Nuevamente, la Madre preguntó en bengalí: «¿Desea algo?». «Sí», dijo, «quiero
comer un jalebi» (un dulce indio). Entonces, la Madre dijo: «Vayan a
conseguir un jalebi para él». Así que mi madre salió y, justo afuera, estaba una persona haciéndolos. Ella rápidamente compró uno. La Madre
Teresa lo tomó y lo puso en la boca del hombre. Él no podía tragarlo.

Estaba en su último aliento. Pero tomó el *jalebi*, sonrió de oreja a oreja. Trató de comerlo y entonces murió. La Madre dijo: «Miren, qué hermosa forma de morir». Imagínense, si la muerte puede ser tan hermosa, creo que este lugar que tenemos es hermoso, por haber tenido a la Madre con nosotros. Esa persona que murió en sus brazos seguramente se fue al cielo. Esos milagros sucedían todos los días.[11]

El mismo Jesús

La Madre acostumbraba a venir a menudo a Kalighat. Un domingo vino a misa. Una de las novicias ofreció un banquillo a la Madre para que se sentara. Ella rehusó sentarse en el banquillo, pero se sentó en la orilla de la cama de un enfermo que estaba muriendo. Durante toda la misa, la mano izquierda de la madre estuvo sobre el moribundo. La Madre estaba parcialmente atendiendo al hombre y completamente poniendo atención a la misa. Siguió acariciándolo. El hombre moría e incluso durante el tiempo de la consagración, una de las manos de la Madre se mantuvo encima de él. Cuando la Madre recibió la comunión, regresó y puso su mano sobre el hombre y ese paciente murió. Pude realmente comprender el dicho de la Madre: «El Jesús que está presente en la fracción del pan es el mismo Jesús que está presente en el cuerpo quebrantado de los pobres».[12]

Ella estaba viendo a Jesús

Nuestra Madre vino a visitarnos a Puerto Príncipe en 1980. Fuimos con ella al hogar de los moribundos. La Madre habló con todos ellos, cada uno era importante para ella; pero entonces, la Madre llegó a una cama en la que un joven estaba muriendo en medio de horribles dolores (tenía tuberculosis y había desarrollado una terrible enfermedad, estaba perdiendo toda la piel). La Madre se detuvo cerca de él. Yo tan solo me quedé mirando, contemplando. No recuerdo lo que dijo la Madre, pero supe que ella estaba viendo a Jesús. Había tal bondad, tal amor, tal ternura, tal santidad en la actitud de la Madre que, nuevamente, no puedo hallar las palabras para expresar lo que vi. Nunca vi a nadie tocar a una persona que sufre como la Madre lo hizo en ese momento. Fue todo divino.[13]

Estoy en mi camino al cielo

Era voluntario en el Hogar Don de Amor de las M. C. para varones con sida en Greenwich Village, Nueva York. Una noche, como a las diez, estaba hablando con uno de los residentes que era drogadicto. Charlábamos de diferentes cosas y él dijo que lo mejor que le había ocurrido en la vida era adquirir sida. Quiero decir que... si no hubiera estado en una silla, probablemente me hubiera caído. Porque pensé: «Si esto es lo mejor que le pudo haber pasado a este hombre en su vida, ¿qué podría ser lo peor?». Y dije: «Pero ¿por qué piensa eso?, ¿cómo puede ser esto lo mejor?». Y dijo: «Porque si no hubiera adquirido sida, habría muerto en las calles como un drogadicto, sin nadie que me amara». Eso es un milagro.[14]

La peor enfermedad, la soledad

¿Cuánta gente, cuánta gente murió en India y en otras partes del mundo sin nadie a su lado? Cuánta gente... porque la Madre siempre decía: «La peor enfermedad del mundo no es el cáncer, no es el sida, la peor enfermedad del mundo es la soledad», cuando alguien no tiene a nadie que se preocupe por él o ella. En el Hogar para los moribundos, un día de Navidad cuando yo colaboraba ahí, estaba llevando a un hombre que había fallecido al área en donde se lavaría antes de que se lo llevara el coche fúnebre, y había un letrero que señalaba hacia esa área y que decía, muy sencillamente: Estoy de camino al cielo. ¡Qué simple! La Madre tenía la rara habilidad, el don, la santidad, el milagroso don de reducir algunas de las situaciones más complejas de la vida a algo muy sencillo.[15]

Ella se fue en medio de un clima gélido
En 1988 la Madre fue a Armenia, donde miles y miles de personas habían quedado sepultadas bajo escombros [después de dos terremotos que ocurrieron el mismo día]. Ella se fue en medio de un clima muy frío... Junto con las hermanas, [la Madre] sacó a la gente que todavía estaba viva entre los escombros. En Spitak, ella tiene un nombre que los armenios jamás olvidarán.[16]

Mientras Calcuta ardía de odio
En 1963 hubo disturbios entre hindúes y musulmanes en Calcuta. La gente estaba atrapada en algunos lugares por toda la ciudad.

La Madre me llamó a su habitación y me dijo acerca de los cuerpos de pacientes musulmanes que yacían en Kalighat y que no podían ser transportados al sitio musulmán de sepultura. Ella necesitaba la ayuda de mi padre. Mi papá en ese tiempo era coronel del ejército. Llamé a mi papá y le conté el problema, y él vino de inmediato. La Madre y yo fuimos a la casa de mis padres en Fort William, en donde mi padre se puso su uniforme del ejército y consiguió un contingente de vehículos militares para acompañarnos a Kalighat. Pasamos el día llevando los cuerpos de los pacientes musulmanes a su lugar de sepultura y los cuerpos de los hindúes a los *ghats* de cremación.

Luego fuimos al Santuario de Fátima (que en ese tiempo era una gran construcción de bambú). Ahí, el padre Henry estaba celebrando misa mientras los barrios marginales ardían, y los cristianos que no tenían casa se apiñaban en el santuario. Recuerdo a la Madre corriendo hacia el altar y susurrando al padre Henry que terminara la misa, mientras papá, yo y el resto del personal militar ayudábamos a los cristianos a subir a los camiones y los llevamos a un refugio en Lower Circular Road, que ahora es la nueva extensión de Sishu Bhavan. Nunca he estado tan asustada y tan emocionada al mismo tiempo. Había fuego a todo nuestro alrededor. Montones de fuegos ardientes [eran bombas molotov] lanzados a las calles y nosotros, con estos cientos de hombres, mujeres y niños, estábamos tratando de sobrevivir. Yo solo era una joven novicia, pero vi que, mientras Calcuta ardía de odio, ahí estaba la Madre Teresa ayudando a los musulmanes, los hindúes y los cristianos. Su amor por el prójimo no conocía fronteras. La Madre nunca olvidó ese día, y cuando me hablaba acerca de papá recordaba el horror de ese día y las vidas que salvamos.[17]

Hoy me he convertido en un hombre

Un día, cuando la Madre Teresa y el padre Gabric estaban en Kalighat cuidando a uno de los moribundos, el padre Fallon y un joven estudiante hindú entraron. Unos momentos después, mientras estaban ahí mirando, el enfermo murió repentinamente. Resultó que era un musulmán. Se trajo una camilla para llevarse el cadáver. Mientras el joven hindú observaba, la Madre Teresa, el padre Gabric y el padre Fallon levantaron el cuerpo y lo colocaron en la camilla. El padre Gabric notó que el joven hindú vacilaba. En su interior había una lucha. Había visto al padre Fallon, a quien admiraba mucho, y a la Madre Teresa, cuya reputación era tan grande, levantar ese cuerpo y, obviamente, eso lo había impresionado. Ahora los tres estaban a punto de llevarse el cadáver en esa camilla... Algo le hizo sentir que debía unirse, que debía ofrecerse a ser el cuarto hombre cargando la camilla, pero en él estaba arraigado ese profundo miedo a perder la casta. ¿Cómo podría él, un brahmán, cargar el cuerpo de un musulmán...?

El padre Gabric comprendió todo eso al mirar al joven. Y entonces, repentinamente, el joven hindú tomo una decisión y preguntó: «¿Puedo ayudar?». El padre Gabric inmediatamente se hizo a un lado, dejando que [el joven] tomara el cuarto brazo de la camilla. Y así, ellos cuatro llevaron al hombre muerto a donde guardaban los cadáveres. Cuando bajaron la camilla, el padre Gabric escuchó que el joven lanzó un profundo suspiro y dijo: «*AJ ami manush hoechi!*» [en bengalí], es decir: «¡Hoy me he convertido en un hombre!». Y quería decir, por supuesto, en un hombre libre, ¡uno que había vencido esas barreras que separan a un hombre del otro![18]

La Madre tocaba a cada uno con ternura
La Madre [iba regularmente] a [Nirmal Hriday] los domingos. Oraba en la entrada con nosotras, se ponía su delantal, tomaba la escoba y comenzaba a limpiar y a hacer el trabajo humilde. Cada vez que traían a un moribundo, la Madre estaba ahí para asistirlo. La Madre tocaba a cada uno con ternura y les decía algunas palabras.

Cada día, la Madre acostumbraba lavar la morgue y guardar los cuerpos con mucha delicadeza. Un día, vi a la Madre y a un hombre cargando juntos un cuerpo envuelto en sábanas blancas, llevándolo a la morgue. En ese momento estaba aterrada, pero corrí y lo tomé de manos del hombre. Entonces la Madre sonrió, bajamos la camilla y, con gentil y delicada reverencia, ella puso el cuerpo en el estante de la morgue.[19]

La madre alimentó al niño con su sangre
Para describir el amor de Dios por nosotros, la Madre Teresa usaba el ejemplo de cómo una madre armenia amó a su hijo hasta el punto de dar su propia vida por el bien del niño. Después del terremoto de 1988 en Armenia, sucedió que esta madre y su hijo habían quedado atrapados

bajo los escombros sin ser completamente aplastados. Pero no podían salir y no tenían alimento ni agua. La madre hizo lo que pudo para salvar a su hijo de morir. No tenía otra manera, excepto cortarse uno de los dedos y alimentar a su hijo con su sangre, así que eso fue lo que hizo. Cuando los rescatistas llegaron hasta ellos, encontraron a la madre y al niño en un terrible estado. La madre estaba peor que el niño; su condición era casi crítica. Trataron de salvarlos a ambos, pero más tarde la madre murió. El niño, sin embargo, se salvó. Esta es una historia de amor maternal. Ella prefirió salvar al niño, incluso a costa de su propia vida.[20]

REFLEXIÓN

«... daba con frecuencia limosnas a mis hermanos de raza: daba pan
a los que tenían hambre y ropa a los que andaban desnudos. Cuando
veía que los cadáveres de mis compatriotas eran lanzados por encima
de las murallas de Nínive, yo los enterraba» (Tobías 1:16-17).

«Dios le ha creado a su imagen y, por lo tanto, yo veo a Jesús en usted
y quiero darle la dignidad de morir con respeto».[21]

¿Qué puedo hacer para ayudar a la familia de alguien que ha muerto? Además de expresar mis condolencias, ¿qué servicio o ayuda concreta puedo ofrecer?

Debe mostrarse respeto a otros incluso después de que han muerto, a veces lo único que podemos hacer por la persona que ha fallecido es evitar un comentario negativo. El que seamos caritativos no cambia su condición, pero nos ayudará a disciplinar nuestros pensamientos y palabras, enseñándonos a preservar el buen nombre no solo del difunto, sino también de los vivos.

ORACIÓN

Padre mío,
me abandono en tus manos,
haz de mí lo que quieras.
Lo que hagas, de mí te lo agradezco,
estoy dispuesto a todo,
lo acepto todo.
Con tal que tu voluntad se haga en mí
y en todas tus criaturas,
no deseo nada más, Dios mío.
Pongo mi vida en Tus manos.
Te la doy Dios mío,
con todo el amor de mi corazón,
porque te amo,
y porque para mí amarte es darme,
entregarme en Tus manos sin medida,
con infinita confianza,
porque Tú eres mi Padre.
Amén.

—Beato Charles de Foucauld, rezada por
la Madre Teresa los martes

Instruir al ignorante
Capítulo VIII

La Madre Teresa pasó casi los primeros veinticinco años de su vida religiosa como monja docente. Como directora, profesora de geografía y catecismo era una talentosa educadora, que hablaba con fluidez el inglés, hindi y bengalí, y tuvo un profundo impacto en sus estudiantes. Después de establecer su propia congregación religiosa, dedicada al servicio de los más pobres de entre los pobres, se convirtió en la principal maestra de sus hermanas y sus enseñanzas, aún hoy, son una mina de riquezas espirituales. Conociendo lo que es la oportunidad educativa y lo beneficiosa que puede ser para la vida de uno mismo y de los demás, envió a sus primeras hermanas a escuelas y universidades. Además, luchó fervientemente para ofrecer la posibilidad de una educación a los desfavorecidos. La primera escuela que abrió fue en un barrio pobre, bajo un árbol; su pizarrón era el suelo, y su tiza era un palo con el que trazaba las letras del alfabeto bengalí. Aunque la enseñanza era muy básica, ella ofreció a los niños pobres una educación que les dio la posibilidad de ser admitidos en las escuelas regulares; ella luego los apoyó durante sus estudios para que pudieran tener la oportunidad de mejorar sus condiciones de vida. Su idea, como ella decía, era «inclinarse para levantarlos».

Sin embargo, su enseñanza no estaba limitada a proveer educación básica. Ofrecía instrucción religiosa y moral en cualquier lugar en que viera que era necesaria, especialmente a las personas que no la tenían debido a su necesidad material. Pero lo que era más interesante en su forma de enseñar era su habilidad para guiar a la gente hacia la verdad. Ella sabía que «la verdad los hará libres». Instruir, o informar, a alguien acerca de la verdad puede ser desafiante a veces, en un mundo relativista y materialista. Con todo, nunca se retractó de este deber. En donde podía, llamaba la atención hacia los sufrimientos de los pobres y oprimidos, señalaba las verdades morales que debían seguirse, o hablaba acerca del respeto a la vida y en defensa del no nacido. Era la más elocuente maestra porque ponía en práctica lo que enseñaba.

SUS PALABRAS

El suelo como pizarrón
Cuando mis pequeños me vieron por primera vez, se preguntaban unos a otros si yo era una diosa o un espíritu maligno. Para ellos no hay punto intermedio. A los que son buenos con ellos los admiran como una de sus deidades, y si alguien está malhumorado le temen y continuamente se inclinan ante esa persona. Inmediatamente, me arremangué, moví los muebles de la habitación, tomé en las manos agua y cepillo y comencé a fregar el piso. Estaban totalmente sorprendidos. Solamente me observaban porque nunca habían visto a una maestra que comenzara haciendo ese trabajo, especialmente porque es el de la casta más baja de la India. Pero, al verme feliz y gozosa, las chicas, una por una, comenzaron a ayudarme y los niños comenzaron a cargar agua. En dos horas, la habitación sucia se convirtió en un aula, todo estaba limpio. Es una habitación larga, que antes fue usada como capilla y ahora hay cinco clases en ella... Cuando hubo más familiaridad, de la alegría no sabían qué hacer. Comenzaron

a brincar y a cantar alrededor de mí hasta que [los bendije, al poner] mi mano sobre la sucia cabeza de cada niño. Desde ese día me llamaron solo de una forma: «Ma», que significa madre. ¡Ah, qué poco necesitan esas almas para alegrarse!... Un día un niño vino a mi escuela... con sus ropas rotas y sucias. Le pedí que saliera del aula y ahí, con jabón, le di un buen baño. Cuando lo hube bañado y peinado, le puse alguna ropa usada que me habían dado los benefactores de las misiones. Y lo mandé de regreso al salón de clases. ¡Y vi una maravilla! Nadie en el aula lo reconoció y comenzaron a gritar: «¡Ma, ma, el nuevo, el nuevo!».[1]

———•••———

Motijhil. Los niños ya estaban esperándome al pie del puente. Había cuarenta y uno, mucho más limpios. A los que no estaban limpios, les di un buen baño en el tanque. Tuvimos la catequesis después de la primera lección sobre higiene, luego lectura. Me reí muchísimas veces, ya que nunca antes había enseñado a niños pequeños. Así que con el ko kho [las dos primeras letras del alfabeto bengalí] no les fue muy bien. Usamos el suelo en vez de un pizarrón. Todos estaban encantados, después de la clase de bordado fuimos a visitar a los enfermos.[2]

Hagan de sus escuelas centros que irradien a Cristo
Hagan de sus escuelas centros que irradien a Cristo. Enseñen a sus niños, a sus enfermos, a sus leprosos, a los moribundos a amar a Dios en su pobreza y enfermedad. Enséñenles a ofrecer todo a Dios.[3]

———•••———

Debo decir con convicción: «Cristo vive en mí». Debo ser capaz de decirlo. Debemos seguir deseando. El deseo solo será cumplido cuando estemos cara a cara con Dios.

Aquí en la tierra debemos tener ese deseo de vivir con Cristo en los pobres. Jesús dijo: «Fui ignorante y me enseñaste. Me llevaste a la iglesia a misa». Esto no es algo para incitar nuestra imaginación, ni los sentimientos. Jesús realmente dijo: «Yo». De modo que Él es el pobre que encontramos en todos lados.[4]

Le he pedido a una hermana (médica) que dirija un curso de paramédicos para nuestras hermanas para que puedan conocer mejor, comprender y practicar las obras médicas de la Congregación. De este modo, prestarán un servicio sincero y gratuito a los enfermos con mayor dedicación, habilidad y eficiencia.[5]

Conozcan bien su fe

Conozcan bien su fe, hermanas. Debemos conocer la fe, amar la fe, y vivir la fe: conozcan, amen y vivan. Es muy importante para nosotros enseñar el catecismo. Preparen bien sus clases. No vayan así nomás. Esfuércense realmente en dar... Cuando fui monja de Loreto, estuve a cargo de toda la escuela. Todo el día estaba enseñando religión, geografía, etc.; era mucha la responsabilidad, además [de hacer] cuentas, etc. Todas estas hermanas que dan clase también necesitan prepararse.[6]

Enseñen a la gente su fe. En el comedor comunitario, deben tener al menos diez minutos de instrucción en la fe. Enseñen el catecismo a los niños, a las familias. Cuando las hermanas comenzaron aquí, solían enseñar a los niños en los hogares y reunir a las familias al mismo tiempo para que todos pudieran aprender juntos.[7]

Preparen rezos cortos, enseñanzas, clases —escríbanlas en una hoja de papel— del tema que vayan a hablarles. Por ejemplo, el padre B. por años y años se ha tomado la molestia de preparar la misa cada día, le dedica una hora, a pesar de su vida tan ocupada. Es porque para él la misa es lo más importante y sagrado, y las hermanas también son sagradas. El examen de conciencia, ¿son ustedes fieles para enseñarles a hacerlo con amor y con Jesús?[8]

Enséñenles de sus propias experiencias
Somos hermanas misioneras, no somos solo hermanas religiosas. Estamos obligadas por ese cuarto voto [a brindar un servicio gratuito y de todo corazón a los más pobres de los pobres]. ¿Cómo preparo las clases de catecismo? Y ahora en la Casa Madre es tan lindo, esa hermosa preparación, porque ahora estamos obligadas en conciencia a enseñar el catecismo católico, dado que el Santo Padre ha dado órdenes estrictas sobre cómo preparar el catecismo. Ese fervor, esa preparación. Todos se reúnen el viernes por la tarde, no solo van y luego dan una clase corta. Un misionero es una persona que es un portador del amor de Dios, y ustedes no pueden portar ese amor a menos que lo den.[9]

———●●●———

Debemos amar a las almas, estar sedientas. Yo tengo sed. Tenemos sed de amor por las almas. Cualquier obra que tengan que hacer, las clases y las lecciones que tengan que preparar, pongan todo su corazón y su alma [en ello]. No es cuánto enseñan, sino cuánto amor ponen [en ello].[10]

———●●●———

Enseñen a las hermanas a orar. No pueden enseñarlas solo con los libros, sino con sus propias experiencias. Cuando vengan a verlas, pregúntenles cómo hicieron su meditación, cómo hicieron su examen de conciencia. ¿Preparan sus enseñanzas? ¿Saben de qué van a hablar antes de darles las pláticas? Relacionen el «Tengo Sed» en todas sus clases y pláticas. Cuando ustedes les hablen acerca de los votos, hagan la relación con «Tengo Sed». Me sentí muy feliz cuando el Santo Padre escribió acerca de «Tengo Sed». Lo prescribió a toda la Iglesia. Espero que poco a poco pongan en cada iglesia este «Tengo Sed» cerca del crucifijo. Enséñenles pequeñas oraciones que les ayudarán a permanecer cerca de Jesús. Enséñenles también a apreciar el tiempo que tienen para la oración. Cuánta gente llega aquí para pasar un poco de tiempo en oración; trabajan extra para poder venir y hacer algún trabajo [voluntario]. Nos ha sido dado el mismo trabajo. ¿Cómo lo hacemos? El trabajo que ustedes tienen de cuidar de las hermanas, ¿se dan cuenta de lo importante que es?[11]

No corrijan, enseñen
El Santo Padre ha dicho: «No corrijan, enseñen». Cualquier cosa que hagamos por nuestras hermanas y nuestra gente, la instrucción que den, el alimento que cocinen, eso mismo le damos a Dios.[12]

●●●

Cuando los jóvenes vienen a visitarnos, les enseño a amarse unos a otros. Jesús dijo: «Que se amen los unos a los otros como Yo los he amado» (Jn 13:34). Muy a menudo vienen hombres jóvenes a trabajar con los leprosos. Les enseño cómo amarse los unos a los otros y cómo ver a Dios a través de esta clase de amor. Si usted viene a la India, también le enseñaré. El amor en acción es lo más querido para mí. Para esta clase de amor sacamos fuerzas de la oración. Este es el verdadero amor y damos nuestra vida por este tipo de acción. No es posible mostrar el amor de Dios por la gente sin servir amorosamente a los demás.[13]

Profesor de Amor

En Londres, hay niños y niñas grandes que no han hecho la Primera Comunión ahí, en el área donde estamos. Las hermanas han estado tratando y tratando de reunir a las familias, a los jóvenes, para prepararlos para la Primera Comunión. Entonces, un día, una madre de familia dijo: «Hermana, ¿por qué no me enseña a mí? Tengo más oportunidad cuando todos están juntos por la tarde. Mis hijos están allí, mi esposo está allí, yo les enseñaré». Así que la hermana le enseñó y ahora creo que el esposo incluso viene temprano, para estar presente en la lección que la esposa está dando a los niños. Ahora [la hermana] tiene más de veinte madres como esas gracias a esa sencilla mamá. Tiene veinte madres y cada sábado vienen. Les da sus clases de la semana y ellas las imparten.[14]

———◆◆◆———

Nunca olvidaré la última vez que estuve en Venezuela —tenemos nuestras hermanas trabajando en Venezuela, hay cinco casas— y una familia muy rica nos dio un terreno para construir un hogar para los niños. Luego fui a darles las gracias. Y ahí, en la familia, encontré al primogénito terriblemente discapacitado. Pregunté a la madre: «¿Cuál es el nombre del niño?». Y ella me respondió: «Profesor de Amor. Porque el niño está enseñándonos todo el tiempo cómo poner el amor en acción». Había una bella sonrisa en el rostro de la madre.

¡El «Profesor de Amor»! Porque de ese niño terriblemente discapacitado —desfigurado— estaban aprendiendo cómo amar.[15]

Enséñenles a amarse el uno al otro

Y nos corresponde a nosotros, especialmente a ustedes que tienen jovencitas y jovencitos en sus escuelas, enseñarles la dignidad, el respeto, el amor por la vida. Enséñenles pureza, enséñenles santidad. Enséñenles y no tengan miedo.

Enséñenles a amarse unos a otros. Que una chica ame a un joven y que un joven ame a una chica es muy hermoso, muy hermoso. Enséñenles a no tocarse el uno al otro, para que en su boda puedan darse mutuamente un corazón virgen, un cuerpo virgen.[16]

●●●

He visto una y otra vez multitudes llegar a Calcuta y nadie quiere trabajar en ningún otro lugar excepto en el Hogar para los moribundos. ¿Por qué? Porque ven a Cristo sufriente y reciben, y luego muchos de ellos vienen para la adoración y la mayoría de ellos, la mayoría, dicen lo mismo: «Vimos este tipo de sufrimiento en nuestro país, pero nunca observamos. Usted nos ha enseñado a ver, a observar, a encontrar a Jesús y hacer algo».

Esta es el hambre de los jóvenes. A menudo vemos a nuestros jóvenes de todos lados, que vienen a los ashrams hindúes y son cautivados ahí, y cada vez que salen, si pueden salir, les pregunto: «¿No es Jesús suficiente para ti?». «Pero es que nadie me da a Jesús de esa manera».

Ese es su trabajo; ustedes, sacerdotes, deben dar a Jesús a nuestros jóvenes. Hay un anhelo tremendo por Dios. Estoy segura de que lo saben mejor que yo, pero con la gente con la que tratamos, el sufrimiento que vemos, vemos a los jóvenes haciendo esos trabajos humildes: limpiando, lavando, alimentando y ahí, donde están los moribundos, hay tanta ternura y amor. Muchos de ellos, después de un largo tiempo, hacen su confesión y regresan a Nuestro Señor. ¿Cómo? Por ese contacto con la presencia de Cristo.

Ellos están anhelando aprender y ustedes y yo hemos sido elegidos por Jesús. Te he llamado por tu nombre, dijo Jesús. Tú eres mío. El agua no te ahogará, el fuego no te quemará. Entregaré naciones por ti. Eres precioso para mí, te amo. Tenemos eso muy claro en las Escrituras, la ternura y el amor de Dios por nosotros y Él quiere que seamos esa ternura y amor para la gente.

Él quiere valerse de ustedes, por eso se hicieron sacerdotes. Ustedes no se hicieron sacerdotes para ser un trabajador social... No podemos dar a nuestra gente lo que no tenemos. Así que enséñenos a orar, enséñenos a ser santos, y creo que nosotros y nuestra gente podremos ser santos, porque hay lugares a los que ustedes tal vez no puede ir, pero lo que ustedes nos han dado a nosotros, nosotros podemos dárselo a ellos.[17]

El gozo de compartir las Buenas Nuevas

Dios les ha confiado a ustedes el gozo de compartir las Buenas Nuevas de que todos hemos sido creados para cosas más grandes, para amar y ser amados. Por lo tanto, cualquier cosa que hagan, cualquier cosa que escriban, asegúrense de recordar que ustedes pueden construir a la gente o la pueden destruir. Pueden dar buenas noticias y llevar gozo a la vida de muchas personas y también pueden traer mucha tristeza a muchos. Así que siempre recordemos que al escribir, siempre hay alguien que se acerca a Dios, o se aleja de Él.

Siempre escriban la verdad. Porque Jesucristo dijo: «Yo soy la Verdad, yo soy la Luz, yo soy el Gozo y el Amor. Yo soy la Verdad para ser dicha y el Amor para ser amado. Yo soy el Camino para ser recorrido, Yo soy la Luz para ser encendida. Y soy la Paz para ser dada. Y soy el Gozo para ser compartido». Así que, hoy, que nos reunimos, hagamos un firme propósito de que, a través de sus escritos, siempre esparcirán amor, paz y gozo.[18]

Desafío

Nunca olvidaré las inundaciones; tuvimos terribles inundaciones en Calcuta, y [un grupo de jóvenes] estaban afanados, en ese tiempo, matando, disparando, quemando y haciendo toda esa clase de cosas. Y entonces, cuando esto comenzó y todos estábamos caminando con el agua al cuello, estos jóvenes vinieron, treinta de ellos, y dijeron: «Estamos para servirle, úsenos». Solíamos quedarnos hasta las diez de la noche trabajando, pero ellos se pasaron toda la noche ayudando, cargando a la gente sobre la cabeza, y el gobierno no podía comprender que estos eran los mismos estudiantes universitarios que habían estado haciendo todas esas maldades, y ahí estaban ahora como corderitos, haciendo los trabajos más humildes. Así que los jóvenes están hambrientos de Cristo, están buscando... un desafío.[19]

Es bueno... consentir a los pobres

Una vez, en un seminario, en nombre de todo el grupo, una monja se puso de pie y me dijo: «Madre Teresa, usted está malcriando a la gente pobre al darles las cosas gratis. Están perdiendo su dignidad humana. Debería al menos cobrarles diez naya paisa por lo que les da, entonces ellos sentirán más su dignidad humana». Cuando todos estaban callados, dije tranquilamente: «Nadie está malcriando más que Dios mismo. Vean los regalos maravillosos que nos ha dado gratis. Ninguno de ustedes usa gafas y, sin embargo, todos pueden ver. Digamos, si Dios les cobrara por la vista, ¿qué sucedería? Estamos gastando mucho dinero para comprar oxígeno para salvar vidas, sin embargo, continuamente estamos respirando y viviendo del oxígeno y no pagamos nada por él. ¿Qué pasaría si Dios dijera: "Ustedes trabajarán cuatro horas y tendrán luz de sol por dos horas"? ¿Cuántos sobreviviríamos?». También les dije: «Hay muchas congregaciones que malcrían a los ricos, de modo que es bueno tener una congregación en el nombre de los pobres que consienta a los pobres». Hubo un profundo silencio. Nadie dijo una sola palabra después de eso.[20]

¿No hay tiempo para el pobre?
¿Dónde está ese celo ardiente que da sin contar el costo? ¿Dónde está ese amor por nuestros niños de los barrios pobres que se esmera para preparar el trabajo escolar, que busca a los niños grandes para la Primera Comunión? ¿Dónde está ese entusiasmo por reunir a los niños para la misa dominical?[21]

¿Dónde estamos, hermanas, si nosotras también somos los más pobres de los pobres? ¿Conocemos lo que significa tener hambre y soledad?... Encontramos a estas personas, nuestros pobres, cada día. ¿Los conocemos? ¿Realmente [somos] uno de ellos? Mis hermanas, debe dolerle a Jesús, así como le duele a nuestra Madre, si nos hemos vuelto tan ricos que no tenemos tiempo para el pobre.[22]

SU EJEMPLO: Los testimonios

Accesible y disponible para todo
Aunque [St. Mary] era un colegio católico, era la única escuela secundaria bengalí para chicas. Así que, tanto hindúes como musulmanes de la alta sociedad, quienes naturalmente estaban interesados en su propia cultura e idioma, querían matricular a sus hijas. La Madre no hacía distinción al tratar con ellas y todas asistían a la oración, e incluso a las clases de catecismo.

La Madre era muy accesible y estaba disponible para todo, incluyendo las necesidades espirituales y materiales. Ricas o pobres, todas ayudaban en la limpieza y en las tareas domésticas de la escuela. Respecto al alimento y al alojamiento, no había diferencia entre las internas. Todas usaban el sencillo uniforme de la escuela.[23]

Yo estaba un poco nerviosa, dado que no había estado en la ciudad antes y no sabía qué esperar en esta nueva escuela [St. Mary, Loreto]. Todos mis miedos se desvanecieron al conocer a la Madre. El día en que me incorporé a la escuela, la Madre Teresa llegó a la recepción, me llamó por mi nombre en perfecto bengalí, y me saludó en el idioma y al modo bengalí. ¡Qué bienvenida me dio! Al llegar a conocer a la Madre durante el siguiente mes, llegué a apreciarla más que como una maestra o directora.[24]

¿Quién les traerá alegría?
En 1947... desde el puente, la Madre me señaló el barrio pobre de Beleghata. Era un panorama tan miserable: niños tan pobres y desnudos, negros por el polvo que salía de los pedazos de carbón que estaban recogiendo de la vía del tren. La Madre señaló eso, diciendo: «¡Mira! Qué pobres son esos niños. No tienen alegría, y la pobreza los obliga a hacer este trabajo para ganarse la vida. ¡Qué vida tan miserable! ¿Quién les traerá alegría? No conocen a Jesús. No tienen el conocimiento de la felicidad eterna, así que en esta vida tienen sufrimiento, pobreza, miseria, y en la que viene también, que es para siempre. ¿Quién irá y les dará las Buenas Nuevas de que Dios los ama, de que Dios los creó y son sus hijos, para que puedan comenzar a cambiar su vida de miseria por una vida de gozo? ¿Irás tú conmigo? Pero si vamos ahora, vendrán a mí con su mano extendida, mendigando dinero

porque estoy vestida como una *mem shaheb* [respetable dama rica]. Así que no podemos hablarles de Dios o Jesús. ¿No sería bueno si pudiéramos vestir ropa pobre y sencilla, y vivir entre ellos, hablar con ellos, hablar de Jesús? Él también fue pobre. Vino por ellos. ¿Vendrás? ¿Vendrás conmigo? ¿No sería bueno? Podríamos tener éxito en hacer a esta gente feliz al darles a conocer a Jesús».[25]

●●●

La Madre tenía un solo objetivo, pasar su vida proclamando sin cesar el amor de Dios a todos y en todas partes. Para hacerlo no esperó a tener un diploma o estudios especiales, excepto por algunos meses [de un] curso médico básico en Patna. Cuando regresó a Calcuta, inmediatamente fue a los barrios bajos. Estableció la escuela en Motijhil para los niños de los barrios marginales, los limpiaba y les enseñaba a leer y escribir. El piso servía de pizarrón. Por supuesto, los pequeños pronto encontraron en ella a un verdadero ángel de consuelo y alivio, y comenzaron a llegar en grandes cantidades, esperándola temprano en la mañana.

Para hallar estudiantes para la escuela, la Madre iba a la casa de cada uno, nosotros íbamos con ella y llamábamos a todos. Ella llamaba a cada niño a estudiar.[26]

Denles gozo

En el año 1948 la Madre regresó (a Motijhil). Ella preguntó los nombres de nuestras seis hermanas y dos hermanos. Cuando le dije que mi nombre era Agnes, entonces la Madre me abrazó y me cargó en su regazo. La Madre dijo entonces, a mi mamá, que vendría aquí: «Aquí hay muchos pobres que quiero ayudar». Después de ese día, la Madre venía a diario... Iba a buscar niños pobres y los traía a la escuela. La

Madre caminaba desde Creek Lane hasta nuestra casa cada día. Venía a las ocho de la mañana y se quedaba hasta el mediodía y venía otra vez a las tres de la tarde y se marchaba a las seis. No teníamos nada. Bajo la sombra de los árboles nos sentábamos a escribir en el suelo. En el transcurso de un mes, la Madre nos trajo libros, hojas, pizarras y lápices de algún lugar. Las hermanas comenzaron a enseñarnos. En nuestra casa, una persona se enfermó, tenía un gran forúnculo y estaba sufriendo un dolor insoportable. La Madre la cargó en su regazo y la llevó a una habitación contigua a la nuestra. De la misma forma, de diferentes lugares, la Madre trajo a cinco pacientes y los mantuvo ahí en esa habitación. La Madre cuidaba a esos enfermos, y las hermanas nos daban clases. La Madre ni siquiera se tomaba libres los domingos. Nos llevaba a todos a la iglesia de Baithakhana a las ocho en punto de la mañana. El domingo era el día más feliz para nosotros. Mi Primera Comunión la hice cuando tenía once años, y antes de eso yo no conocía nada, no había aprendido a leer ni a orar, la Madre nos enseñó a todos. Completé mis estudios en Motijhil. En Moulali estudié hasta el octavo grado.[27]

•••

Un domingo por la tarde salimos nosotras cuatro: la Madre, la hermana Agnes, la hermana Trinita y yo. La Madre nos dio a cada una algo para cargar, fuimos a Beleghata, una de las zonas muy, muy pobres. Tuvimos algunos juegos hasta las cuatro en punto. A mí me correspondieron todos los hombres, a la hermana Trinita, los niños, la hermana Agnes tomó a todas las niñas y a las mujeres. Nos colocamos contra la pared y se hicieron competencias de carreras. Quien llegó en primer lugar de los hombres obtuvo un jabón como primer premio, las mujeres obtuvieron las frazadas, los niños, los dulces, las tizas y pizarras. La siguiente semana también hicimos lo mismo y pudimos ver el gozo en sus rostros. Al regresar a casa, la Madre dijo: «¿Vieron lo que han llevado a los niños? Gozo. Estas personas no conocen a Jesús. Nosotros tenemos a Jesús. Nosotros vamos a misa. Así que la única forma de darles a Jesús era darles alegría».[28]

El gozo en el rostro de la Madre
Escuelas dominicales: nuestra hora de levantarnos los domingos era a las 4:30 a.m., y las hermanas preparaban a los niños y adultos para recibir los sacramentos: la Santa Comunión, confesión, confirmación. La Madre quería que cada hermana fuera a la Escuela Dominical y enseñara el catecismo, tanto como se pudiera. Muchos de nuestros niños pobres no tenían el atuendo requerido para hacer su Primera Comunión, así que se les proveía. Era tan hermoso ver a esos pequeños «ángeles» correr junto con las hermanas todo el camino hasta la iglesia de Baitakhana, para la santa misa de las 6:30 a.m., en la fiesta de los Santos Ángeles Custodios, el 2 de octubre de cada año... Y el gozo en el rostro de la Madre al ver a estos más de mil niños, muchos de ellos por encima de la edad normal, fruto del fervor de la Madre.[29]

Antes de que la Madre se fuera de Shkodra por primera vez, fue hasta el primer piso del Hogar para Niños. Los niños se reunieron a su alrededor, los que podían caminar y los que estaban mentalmente sanos. Ella inmediatamente comenzó a enseñarles el Padrenuestro en albanés, pero lo enseñaba de una forma tan bonita, que lo convirtió en una especie de tonada con ritmo, y ellos repitieron verso por verso después de ella. La Madre lo repitió una y otra vez. Todos los niños sonreían felizmente mientras aprendían.[30]

Dolor y compasión en su rostro

La Madre iba y rogaba a otras monjas que aceptaran a nuestros niños como alumnos externos. Enviaba a algunos de los niños con los jesuitas, otros con los salesianos. Se aseguró de que los admitieran. Era algo más de lo que nosotros podíamos ofrecer.[31]

Cuando estuve en Loreto, en Entally, a cargo de la primaria en la década de los 1960, tuve a algunos de sus huérfanos de Sishu Bhavan. Una, era una niña perturbada y causaba muchos problemas a las enfermeras y a la maestra. El personal, después de ayudarla y aceptarla tanto como pudo, sintió que estaba alterando a toda la sección, así que convencieron a la superiora de enviarla de regreso a las M. C. Tiempo después, cuando conocí a la Madre Teresa, ella recordó el caso y manifestó su pesar de que hubieran mandado de regreso a la niña. Había mucho dolor y compasión en su rostro cuando hablaba de la niña.[32]

Dinero que se sacrificó

Las hermanas recogían a los niños y los llevaban a la escuela. Como muchos de nuestros niños eran demasiado pobres y sufrían hambre, se ordenaba pan para ellos en la Casa Madre y las hermanas recogían su porción para cada clase en cada escuela. Los niños de Inglaterra ahorraban sus peniques para que nuestros niños pobres tuvieran diariamente una rebanada de pan y un vaso de leche, esto también era posible gracias al sacrificio de miles de niños daneses, mientras que los niños en Alemania, con su «dinero que se sacrificó», proveían una pastilla de vitamina diaria para los niños de la India. Se ayudaba a los niños a lavarse y peinarse el cabello. Se proveían las pizarras y la tiza y, para los más grandes, libros de ejercicios y papelería. También se cuidaba de su ropa. Después de la reunión de profesores y alumnos y de comprobar la asistencia, estaban las clases de los rudimentos del aprendizaje: leer, escribir, aritmética, canto, juegos. Mientras tanto, se hacían arreglos para integrarlos a las escuelas regulares existentes.[33]

Permitir a otros compartir el gozo de dar

Sishu Bhavan, un hogar para los niños no deseados y abandonados, se abrió en 1955. Mientras los niños crecían, la Madre inició un sistema de bienestar infantil al permitir que una generosa mujer hindú... patrocinara a los primeros diez niños por diez años. Muchos siguieron su ejemplo en India y en el exterior, y esto se concretó en una estrategia de patrocinio, que proporcionó las cuotas de educación, ropa, etc., para los niños que asistían a la escuela. Cuando el trabajo se hizo demasiado grande para nosotras, la Madre lo pasó a la diócesis a través de las parroquias.[34] Cuando estuve en Amravati, en Maharashtra, un alumno universitario me dio algunos álbumes de recortes para los niños estudiantes. Cuando la Madre vino a verme, le dije acerca de ello. La Madre dijo: «Estoy tan feliz de ver eso. Me gustaría ir a ver a los estudiantes». Cuando informé a la universidad, el profesor organizó que los estudiantes se reunieran y conocieran a la Madre. Había casi trescientos estudiantes ahí. La Madre fue y les habló, y dijo lo mismo: «En los niños ignorantes, Jesús dirá: "Yo fui a quien tú enseñaste". Así que sigan ayudando a las hermanas. Estoy tan feliz».[35]

Nadie que les ayudara

Le conté a la Madre que cuando estaba en casa yo trabajaba, y el dinero que obtenía lo usaba en la educación de mi hermana más pequeña, y ahora mis hermanas no tenían a nadie quien les ayudara. Al ver mi dificultad, la Madre tomó a dos de mis hermanas bajo su cuidado y arregló todo para sus estudios, pero más tarde ellas le dijeron que también querían ser religiosas, así que dos de ellas se nos unieron. A través de esta bondad y preocupación por mis propias hermanas, ellas y yo hemos sido grandemente inspiradas a entregar nuestras vidas completamente a Dios.[36]

La Madre arregló todo para sus estudios

Mi hermana tenía cuatro niñas. Estaban estudiando en el internado y tuvieron problemas con sus cuotas, ya que no podían pagar. Las iban a sacar de la escuela y, cuando le conté esta historia, la Madre las ayudó para que pudieran continuar sus estudios.[37]

Bajo los árboles de mango

En Tabora, la Madre nos vio dando la clase de catecismo bajo los árboles de mango. Siempre que venía a visitarnos, nos preguntaba: «¿Todavía enseñan bajo los árboles de mango?». Estaba tan feliz de ver que se reunía a los niños y se les enseñaba la fe. Ella también nos dijo: «Antes de comenzar el dispensario, recen con la gente. No es suficiente dar medicinas. Denles a Dios».[38]

No solo las necesidades materiales de los pobres

La Madre no solo se ocupaba de las necesidades materiales de los pobres, sino que también organizaba las escuelas dominicales para los niños católicos pobres: el catecismo para enseñarlo a los católicos que estudiaban en las escuelas públicas, programas extracurriculares para ayudar a los niños con sus estudios, campamentos de verano para niños de vecindarios pobres, días de oración y recogimiento en centros de retiro para parejas casadas, hombres y mujeres sin casa residiendo en nuestros hogares, y confinados en casa, y otras actividades que han reunido a la gente, mejorando relaciones, derribando las barreras para amar, abierto a las personas a la amistad y aliviando su dolor y soledad.

Consagraba hogares, especialmente en el mes de junio, al Sagrado Corazón de Jesús. Insistía en que las familias debían rezar el rosario, los párrocos debían tener horas de adoración cada semana con la gente en sus parroquias, con la oportunidad de recibir el sacramento de la reconciliación... Repetidamente dijo que el trabajo de las Misioneras de la Caridad no era trabajo social, sino labor de Dios, y que cualquier cosa que hagamos, la hacemos para Jesús.[39]

Se enorgullecía inmensamente de cada niño

Tuve una estrecha relación con ella mientras trabajaba con los niños de Sishu Bhavan, especialmente durante la Navidad o la Pascua. Fue durante ese tiempo que las maneras maravillosas de la Madre me fueron reveladas. Reunía a los niños a su alrededor como un pastor junta a su rebaño. Se enorgullecía inmensamente de cada uno de ellos y de sus logros. Una vez, después de que los niños realizaran la rutina del aro para ella, con todos los colores de la bandera, estaba tan emocionada que no esperó a que ellos fueran a verla para ser bendecidos. En vez de eso, fue hacia ellos y los bendijo. Al bendecirlos, los cinco dedos de su mano simbolizaban el dicho: «Yo lo hice [para] ti». Ella hizo que cada gesto fuera significativo e hiciera que los niños comprendieran que todo lo que hacían cumplía un propósito y ese propósito era Jesús.[40]

Si una madre puede matar a su propio hijo, ¿qué nos detiene a usted y a mí de matarnos el uno al otro?

En septiembre de 1994, la Madre envió un mensaje a la Conferencia de las Naciones Unidas en El Cairo diciendo abiertamente: «Les hablo hoy desde mi corazón, a cada persona en todas las naciones del mundo, a la gente con poder para tomar grandes decisiones y también a todas las madres, los padres y niños en las ciudades, pueblos y aldeas. Si una madre puede matar a su propio hijo, ¿qué nos detiene a usted y a mí de matarnos el uno al otro? El único que tiene el derecho de quitar la vida es Aquel que la creó. Nadie más tiene ese derecho; ni la madre, ni el padre, ni el doctor, ni una agencia, ni una conferencia, ni un gobierno». Requirió mucho valor decir esto, lo cual prueban las críticas que suscitaron las palabras de la Madre.[41]

REFLEXIÓN

«En aquella misma hora Jesús se regocijó mucho en el Espíritu Santo, y dijo: "Te alabo, Padre, Señor del cielo y de la tierra, porque ocultaste estas cosas a sabios y a inteligentes, y las revelaste a niños. Sí, Padre, porque así fue de tu agrado. Todas las cosas me han sido entregadas por mi Padre, y nadie sabe quién es el Hijo sino el Padre, ni quién es el Padre sino el Hijo, y aquel a quien el Hijo se lo quiera revelar"»
(Lc 10:21-22).

«Ayuden con su tarea a un niño que tenga dificultad en la escuela. Compartan con otros lo que saben».[42]

¿Existen áreas en mi vida, sobre todo en mi vida espiritual, en las que necesito reconocer mi ignorancia y dar los pasos para aprender, especialmente la sabiduría de las «pequeñas almas»? ¿Soy obstinado en mi actitud de superioridad y mi poca disposición para aprender y mejorar? ¿Tengo el valor de defender lo que sé que es correcto y verdadero, a pesar de las opiniones contrarias que me rodean? ¿Son mi terquedad e inaccesibilidad impedimentos para compartir las verdades y valores del Evangelio? ¿Enseño no solo con palabras, sino con mi ejemplo, con el espíritu de hacer el bien a los demás?

ORACIÓN

Concédenos, oh Padre misericordioso,
que tu Espíritu divino pueda iluminar,
inflamar y purificar nuestros corazones,
que Él pueda penetrarnos con su rocío celestial
y nos haga fructificar en buenas obras,
por medio de Jesucristo, nuestro Señor.
Amén.

—La oración final de las Letanías del Espíritu Santo,
rezada por la Madre Teresa los lunes

Aconsejar al que está en duda
Capítulo IX

La Madre Teresa recibió ayuda crucial concerniente a su vida espiritual a través de varios guías espirituales que Dios proveyó a lo largo del camino, especialmente cuando enfrentó la intensa oscuridad interior que duró por décadas. Estaba inmersa en una prueba interior profunda, como lo atestigua uno de sus guías:

En nuestros encuentros, la Madre Teresa empezó a hablar sobre las pruebas de su vida interior y su incapacidad para revelarlas a nadie... Me impresionaron profundamente la sinceridad y la simplicidad de su relato, y la profunda ansiedad que atravesaba en completa oscuridad: ¿estaba ella en el camino recto o se había hecho víctima de una red de ilusiones? ¿Por qué la había abandonado Dios totalmente? ¿Por qué esta oscuridad cuando antes había estado tan cerca de Dios? Ella tenía que guiar a sus hermanas, iniciarlas en el amor de Dios y en una vida de oración, de la que ella misma era privada ahora que vivía en un vacío total: ¿se había convertido en una infame hipócrita que hablaba a otros sobre los misterios divinos que habían desaparecido totalmente de su propio corazón?[1]

Mientras agonizaba a lo largo de tan larga y dolorosa prueba interior, estaba profundamente agradecida por el consuelo y el apoyo que recibió de unos pocos directores espirituales con quienes fue capaz de compartir este sufrimiento. Habiendo experimentado de primera mano el alivio que un consejo puede traer a un alma cansada, estaba ansiosa por ofrecer consejo a quien lo necesitara.

La Madre Teresa tenía un notable don de poner en paz una «mente inquieta y atribulada». Su método era sencillo: primero escuchaba. Escuchaba atentamente el relato, pero sobre todo, escuchaba el dolor y la confusión que lo acompañaban. A veces se decía que ella podía «leer corazones». Ciertamente, ella podía demostrar una notable comprensión y compasión que indicaban que su corazón estaba abierto a compartir el sufrimiento del otro. Constantemente consciente de su propia debilidad, especialmente su oscuridad interior, asumió una actitud humilde y sin pretensiones hacia todos. Esta actitud ayudó a muchos a ser completamente abiertos con ella y a experimentar su compasión. En ese intercambio de corazón a corazón, ella fue capaz de escuchar sin prejuicio y sin una actitud crítica, dando consejo en una forma a menudo inesperada. Con su «visión de fe», fue capaz de mirar el asunto desde la «perspectiva de Dios» y luego señalar a la gente la dirección correcta.

Al escuchar o al aconsejar a otros, la Madre Teresa no promovió una agenda personal o una solución preconcebida. Estaba abierta a aprender de la situación, a buscar una forma de resolver los asuntos a medida que las circunstancias se desarrollaban. Incluso cuando la solución a su problema o situación no era inmediata, la gente hallaba solaz en su consejo y guía. Aunque ella no decía tener una solución inmediata, a menudo era, en cierto modo, «instantánea» porque era capaz de orientar el asunto a Dios en oración, confiando en que Él se haría cargo.

SUS PALABRAS

Doy lo que tengo

En lo profundo de cada corazón humano, hay un conocimiento de Dios. Y en lo profundo de cada corazón humano, está el deseo de comunicarse con Él. Y por lo tanto, la palabra que hablo... es verdad, porque soy católica y una hermana totalmente [consagrada] con votos a Dios. Naturalmente, solo puedo dar lo que tengo. Pero creo que todos saben, en lo profundo de su corazón, que Dios existe y que hemos sido creados para amar y ser amados, que no hemos sido creados para ser simplemente un número en el mundo. Sino que hemos sido creados para algún propósito, y ese propósito es ser amor, ser compasión, ser bondad, ser gozo y servir.

Ustedes ven que en la vida animal [incluso] hay amor entre los animales, existe ese amor de la madre animal por su pequeño hijo, por el pequeño animal al que ha parido; ese amor está grabado en nosotros. Así que no creo que sea difícil para ustedes, lo pueden expresar en sus propias palabras; pero saben muy bien que cada persona sabe que Dios ES amor, y que Dios les ama, de otra forma ellos no serían, no existirían, y que Dios quiere que nos amemos los unos a los otros como Él nos ama. ¡Todos nosotros sabemos! Todos saben cuánto los ama Dios. Cada uno de nosotros lo sabe. Porque de otra forma no podríamos existir. La prueba de nuestra existencia es que Dios —alguien que es superior, alguien que es más grande— nos sostiene, nos protege.

La vida es vida, y el don más hermoso de Dios a la familia humana, a la nación y a todo el mundo [es] el niño. Y por lo tanto, si el niño nace con discapacidad, no podemos destruirlo. No podemos destruir al niño no nacido, no podemos destruir al niño nacido. Si sus padres no los hubieran querido, no estarían ustedes aquí hoy. Si mi madre no me hubiera querido, no habría Madre Teresa. Así que creo que es bueno que nuestros padres nos quisieran. Y nos corresponde ayudar a nuestra gente. Si una madre no es capaz de cuidar a ese niño abandonado, nos corresponde a ustedes y a mí ayudarla a cuidar a ese niño. Ese es el regalo de Dios para esa familia.[2]

Nuestro Padre Celestial proveerá

Malcom Muggeridge, un periodista y autor británico, hizo un documental acerca de la Madre Teresa y su obra. Tenía muchas preguntas acerca de la fe, pero, finalmente, fue acogido en la Iglesia Católica a los setenta y nueve años de edad. A continuación, una carta de la Madre Teresa para él.

Dios, nuestro Padre Celestial, que cuida de las flores del campo y de las aves del cielo —nosotros somos mucho más importantes para Él que las aves y las flores del campo— ha provisto abundantemente todos estos años, está proveyendo y proveerá. Usted recuerda nuestra charla por televisión, cómo ni usted ni yo hablamos o pedimos dinero y vea lo que Dios hizo.[3]

A menos que se hagan como niños

Creo que ahora lo comprendo mejor. Tengo miedo de no haber podido [dar] una respuesta a su profundo sufrimiento... No sé por qué, pero para mí, usted es como Nicodemo (Jn 3:1) y estoy segura de que la respuesta es la misma: «Si no cambian y no llegan a ser como niños» (Mt 18:3). Estoy segura de que comprenderá todo muy bien si tan solo «se convierte» en un niño pequeño en las manos de Dios.

Su anhelo por Dios es tan profundo y, sin embargo, Él se mantiene lejos de usted. Él debe de estarse obligando a hacerlo así, porque le ama tanto, que dio a Jesús para que muriera por usted y por mí; Cristo anhela ser su alimento. Rodeado por la plenitud de su alimento vivo, usted se permite morir de hambre. El amor personal de Cristo por usted es infinito. La pequeña dificultad que tiene usted con respecto a Su Iglesia es finita. Venza lo finito con lo infinito. Cristo lo creó porque lo quería. Sé lo que siente —un terrible anhelo, con un oscuro vacío—, y sin embargo, es Él quien le ama a usted.[4]

Permita que todo sea para Él

Ahora más que nunca creo que usted debería usar el hermoso don que Dios le ha dado para engrandecer su gloria. Que todo lo que tiene y todo lo que es —y todo lo que puede ser y hacer— sea para Él y solo para Él. Lo que hoy ocurre en la superficie de la Iglesia pasará. Para Cristo, la Iglesia es la misma hoy, ayer y mañana. Los apóstoles atravesaron los mismos sentimientos de temor y desconfianza, fracaso y deslealtad y, sin embargo, Jesús no los regañó, solo les dijo: «Niños pequeños, de poca fe, ¿por qué dudan?». ¡Me encantaría que pudiéramos amar como Él, ahora![5]

Su hogar debe ser primero

Una vez me pidió dejar a los colaboradores [porque] eso lo aleja de [su esposa] y los niños. Ellos son primero. Lo extrañaré, pero su hogar debe estar primero. Puede permanecer como colaborador sin tener la carga de ser presidente, dado que ya tiene suficiente con la Orden de la Caridad. Sigo rezando por esto, pero su hogar es primero. Usted y [su esposa] deben decidir. Su felicidad y amor mutuo es lo único que deseo para ustedes, ya sea que esté o no con los colaboradores. [Usted y su esposa] siempre serán los mismos para mí.[6]

Solo aférrese a Cristo vivo
Su sobrino, como muchos en este tiempo difícil y triste de lucha por la fe, atraviesa su purificación. Si tan solo se aferra a Cristo vivo —la Eucaristía— saldrá de estas tinieblas irradiando nueva luz: Cristo.[7]

Respétense uno al otro como hijos de Dios
Respetar a cada persona como hijo de Dios: mi hermano, mi hermana. Sé lo complicado que puede ser a veces. Si para usted es difícil ver a Jesús en el angustiante disfraz de alguien, vea a esa persona en el corazón de Jesús. Él la ama con el mismo amor con el que lo ama a usted. Eso le ayudará a dar un amor mayor, especialmente a quien más lo necesite. Usted está en mis oraciones diarias, ya que ha hecho tanto por Jesús como parte de los colaboradores. Que María, la Madre de Jesús, sea una Madre para usted.[8]

No juegue con fuego
Consejos de la Madre Teresa a un sacerdote en dificultades
Es perfectamente cierto que usted es totalmente libre de decidir, pero recuerde: en la parroquia usted era muy feliz y en realidad lo hizo muy bien, todo por Jesús. Y usted tenía el gran amor de sus padres, del cardenal y de su gente; sin embargo, después de mucha oración, renunció a eso para ser deliberadamente un M. C. A sabiendas [usted] eligió ser el más pobre de los pobres: eligió ser un M. C. y, por lo tanto, pertenecer a una comunidad. Tengo sus [primeras] cartas, están llenas del espíritu y el gozo de los M. C.

Estoy muy segura de que el diablo está haciendo su mayor esfuerzo para abrirse paso y destruir la pequeña comunidad. No permita que lo use como su arma. Esta es su oportunidad de una entrega total. Dé a Jesús carta blanca para hacer con usted como Él quiera, un verdadero M. C. Usted conoce mi amor de Madre por usted. Todos estos años usted ha estado anhelando esto y ahora, cuando es suyo, no lo pierda. Esta prueba es un regalo de Jesús para que usted se acerque más a Él y pueda compartir su Pasión con Él. Recuerde, Él lo ha desposado con ternura y amor, y para hacer que esta unión tenga más vida [Él] lo hizo Su sacerdote, Su Eucaristía. Usted tiene tanta vocación para ser un M. C. como yo, para ser un sacerdote M. C. de los más pobres de los pobres. No juegue con fuego, el fuego quema y destruye.

Rece a menudo durante el día: Jesús, en mi corazón creo en tu tierno amor por mí, te amo, y quiero ser un M.C. exclusiva y completamente para ti, a través de María. Oremos.[9]

Sonríe

El consejo de la Madre a una alumna

Sonríe. Cuando encuentres a alguien, salúdalo con una sonrisa. Lo bueno de sonreír es que te mantendrá siempre aceptable para todos. Al mismo tiempo hará que tú, tu cara, se vea hermosa. Si alguna vez estás enojada, trata de sonreír, aunque sea a la fuerza, y pronto verás que has olvidado tu enojo sonriéndole a todos.[10]

Jesús, habita en esta persona

Cuando hable, mire a la persona que está frente a usted. Diga esta oración en su mente: Jesús, habita ahora en esta persona mientras hablo con él y ayúdame a verte en él. Bendíceme, para que pueda hablarle con toda sinceridad, así como te hablaría a Ti. Mírame a través de sus ojos y ayúdame a tener éxito. Si fallo en complacerte en esta persona, dame valor para soportar el dolor mansa y alegremente.[11]

SU EJEMPLO: Los testimonios

Llegar con cejas y ceños fruncidos, irse con rostros radiantes

Aunque la Madre tuvo que lidiar con multitudes cuando asistía a una reunión, siempre dio mucho tiempo, atención e interés a cada persona. Yo a menudo me maravillaba de su energía incansable, su calma y sus encantadoras sonrisas, que parecían tener un efecto más poderoso que los analgésicos. He visto personas acercarse a ella con problemas personales, con cejas y ceños fruncidos, que un poco después se han ido con rostros radiantes. Ella tenía el don de tocar los corazones con paz, de ungirlos con el aceite de la alegría y el gozo. Ella nos escribió: «Dios hizo cosas tan grandes por todos nosotros, especialmente por ustedes... Si solo se lo permitimos, Él obra de forma tan hermosa. Con algo de ayuda, estoy segura de que ustedes lograrán alcanzar el Nazaret real, en donde Jesús pueda venir y descansar un rato con ustedes. Realmente estoy feliz por ustedes. La luz del sol quebranta toda oscuridad, incluso las tinieblas espirituales. Yo ya vi sus rostros llenos de sonrisas, gracias a Dios».[12]

¿Qué puedo hacer por usted?

Cuando alguien se le acercaba, ella no cuestionaba si él era un pecador o una buena persona. Estaba siempre lista con una sonrisa, una palabra o una medalla, un mensaje o algo. «¿Qué puedo hacer por usted?».

Tenía una tremenda capacidad de escuchar a la gente, y de escuchar lo que estaban en realidad diciendo, incluso detrás de sus palabras. Era sabia y siempre acogedora.[13]

¿Qué haría Jesús?

Mientras yo subía los escalones, ella me llevó aparte. «Padre, debo hablar con usted inmediatamente» . Dijo: «Padre, recibí una llamada del gobernador esta mañana...». «¿Qué quería, Madre?». «Quería saber si debe pasar una orden de ejecución para un hombre que ha asesinado a dos personas a sangre fría, y la gente estaba exigiendo que lo mataran, y el gobernador quería saber qué debe hacer, si condenarlo a cadena perpetua o darle sentencia de muerte. No sé por qué debía preguntarme, Padre, no conozco la situación. Así que le dije al gobernador que rezaría por eso. "Vuelva a llamar más tarde". Así que insistió en que iba a llamar otra vez a las ocho y media». «Oh Madre, comprendo que es un político. Si pasa la sentencia de muerte, favorece a un grupo; si lo condena a prisión, favorece a otro grupo. Quiere que usted lo saque del apuro». «¡Ah, ya comprendo, Padre!». Después de algunos días, recibí una nota, tengo la fotocopia aquí. Dice: «Cuando el gobernador llamó le dije: "Debe hacer lo que Jesús haría si usted estuviera en su lugar"».[14]

La Madre nunca la avergonzó

En 1997 una dama acomodada acudió a la Madre por ayuda. Tenía un serio problema de bebida y había fallado en sus muchos esfuerzos por romper el hábito. La mujer cayó de rodillas junto a la silla de ruedas de la Madre, sollozando. La Madre nunca la avergonzó, pero con gran bondad y dulzura le dijo que pasara algún tiempo ante Jesús en el tabernáculo y que le derramara su alma atribulada como un amigo lo haría. En ese corto tiempo, uno podía percibir la gracia en acción. La mujer pasó la siguiente hora en profunda oración ante el Santísimo Sacramento. La Madre regresó a su habitación después de la oración y estaba callada y pensativa, pero nunca mencionó nada acerca de la lucha de esa mujer. Lo hermoso fue que yo vi a esa mujer regresar al siguiente día a confesarse. Nunca olvidaré la radiante paz de su rostro. Prometió entregar su salario para que las hermanas lo retuvieran en caso de que la llevara a la tentación nuevamente. Hizo la firme resolución de alejarse del alcohol.[15]

Mi respuesta es «silencio»

Catorce mujeres se habían reunido ante la [Madre]. Una joven pasó al frente a preguntar qué debía hacer cuando su esposo discutía con ella, haciendo muecas y, a menudo, usando palabras duras. «¿Debemos pelear y tomar represalias? ¿Qué debemos hacer, Madre?», preguntaron las mujeres nuevamente. [La Madre] permaneció en silencio. El silencio era helado del otro lado también: una situación incómoda. Pero entonces la Madre sonrió y dijo: «Mi respuesta es: "silencio". Permanezcan calladas. Silencio, no por temor u opresión, no por un corazón débil o por la idea de que puedan ser echadas de sus casas, sino silencio para mostrar su odio profundo, su aversión hacia toda aspereza y fealdad. Recuerden, Dios está en ustedes y en la persona que enfrentan en casa: ¡él también es Jesús! Dios quiere que mostremos nuestra fortaleza mental, nuestra obediencia hacia la verdad y la belleza, nuestra calma y fuerza mental, porque creemos en Él. No podemos hacer lo que entristezca a Dios. Tener fe en Él es tener fe en ustedes mismas, en su mente, en Dios en su interior, que vive en sus corazones. Cuando digo: "¡Ámense los unos a los otros como Él los ama!", no olvidemos que Dios nos ha dado su mejor amor. También ha puesto su esencia de amor en nuestros corazones, para que podamos dar el mismo amor a otros. Den su amor incluso a aquellos que les parezcan crueles, para que no cometan el mismo error que su esposo cometió [con] ustedes. Silenciosamente, con sus acciones, háganlos comprender que realmente les está faltando algo en su vida: les falta [amarlas]. Él está cultivando en sí mismo ira y odio horribles, egoísmo y un mal comportamiento. Dios lo hizo hermoso también, pero él está destruyendo su propia hermosura. Se dará cuenta un día. Pero no se pongan ustedes a cultivar lo mismo. Recordemos, el fuego no puede ser [apagado] con otro fuego. Necesitamos agua. El agua destruye el fuego. De forma similar, demos belleza para contrarrestar toda fealdad. Bondad contra toda rudeza. Buenas palabras contra las palabras toscas. Incluso, si ustedes piden la separación, háganlo con amor y amistad, no con hostilidad».

También le hicieron a la Madre varias preguntas relacionadas con el divorcio, la separación, atrocidades hacia las mujeres, etc. En respuesta a otra pregunta, la Madre dijo: «Unámonos en una familia y no nos separemos. No olvidemos que si pedimos el divorcio, también escogemos lastimar a nuestros hijos con nuestra cruel decisión. Oremos desde el primer día de nuestra vida conyugal, para que podamos vivir juntos. La familia que reza unida, permanece unida. Hagamos de la oración un hábito diario. La oración no para murmurar unas pocas palabras y pasar el tiempo, sino oración con el corazón y con un deseo ferviente, oración que debe venir desde dentro. No unimos (a un esposo y una esposa) para separarse, sino para enfrentar los desafíos de la vida juntos».[16]

Mientras ardía Bombay

Durante los disturbios de 1992-1993, mientras Bombay ardía, muchos ciudadanos acudieron a ayudar a la ciudad. A dos de ellos se les ocurrió una idea singular. No había nadie que pudiera llevar de manera más efectiva el mensaje de paz a esta ciudad atormentada que la Madre Teresa. Desafortunadamente, la salud de la Madre Teresa estaba deteriorada. Sería imposible para ella hacer el viaje hasta la ciudad. [Ellos] hallaron una solución. Un equipo de cineastas volaría a Calcuta juntos y filmarían un mensaje de la Madre. Este sería transmitido por los principales canales, así como en la televisión por cable. Se pusieron en contacto con la Madre Teresa, quien inmediatamente accedió. Cuando el equipo llegó a la Casa Madre en Calcuta, hallaron a las monjas poco acogedoras. La Madre Teresa no había estado bien la noche anterior, pero había insistido en salir temprano esa mañana para visitar a las víctimas de los disturbios en Calcuta. El equipo decidió esperar a la Madre Teresa. Ella regresó temprano esa tarde. Se veía exhausta. Sin embargo, cuando vio al Dr. P., se le iluminó una sonrisa. Dijo que estaba lista para comenzar a filmar inmediatamente. Pero primero, sintió que el equipo debía comer algo. «Deben tener hambre», dijo a una de las monjas, «han venido de muy lejos». Se le dio al equipo una comida sencilla de pan con mantequilla, bananas y té. Todos estuvieron de acuerdo en que esa había sido una de las mejores comidas que hubieran tenido.

Durante las siguientes horas, la Madre Teresa trabajó con el equipo de filmación. Era un trabajo exigente, pero ella nunca titubeó. Incluso cuando le pidieron hacer otra toma por algunas fallas técnicas o errores, nunca se quejó. Su mensaje a los ciudadanos de Bombay fue, como siempre, sencillo pero efectivo. Les pidió que se amaran unos a otros como hermanos, que fueran buenos unos con otros, que se cuidaran mutuamente.

Al día siguiente, el equipo tenía que irse de Calcuta a las cinco de la mañana. La Madre Teresa estaba ahí a la puerta para decirles adiós. Descalza, con un rosario en la mano, rezó una corta oración por todos ellos. Mientras se iban, ella puso algunas medallas de Nuestra Señora en las manos de ellos. Incluso hoy, seis años después, todos ellos tienen esas medallas. En tiempos de estrés y problemas, esas medallas bendecidas por la Madre Teresa les traen solaz y paz. El mensaje de la Madre Teresa fue transmitido la semana siguiente por todos los canales principales. Nadie que lo haya visto pudo evitar ser afectado. Fue un mensaje de amor y paz de la mensajera elegida por Dios.[17]

La mejor maestra es la Virgen María

Yo hice la promesa de superiora junto con la Madre. Después de la promesa, la Madre me dio una breve instrucción. Me dijo que pusiera la mano en la mano de María y que diera cada paso con ella. Yo también le pregunté a la Madre cómo rezar mejor. Ella me dijo: «La mejor maestra es la Virgen María», y que le pidiera [a la Virgen María] que me enseñara a rezar tal como enseñó a Jesús. También me dijo que hiciera toda acción con oración y que lo hiciera por Dios y no para que otros me vieran. Mira a la Virgen María, ella meditaba Sus palabras en su corazón. Si yo quiero ser una verdadera M. C., debo aprender ese silencio que me permite reflexionar sobre Sus palabras en mi corazón y así crecer en amor. «Esté abierta a la Virgen María», dijo la Madre, «como un hijo está abierto a su madre. Dígale todo lo que tenga en su mente. Ella está ahí para ayudarle en sus necesidades diarias. Rece el rosario todos los días y con devoción, y pónganse en el lugar de María en cada uno de los misterios». Durante esos preciosos momentos sentí que la Madre estaba allí solo para mí. Toda su preocupación por mí era que fuera una verdadera M. C., como la Madre siempre quiere que seamos... Ella fue una madre verdadera para mí.[18]

Cuán orgullosa era yo
Me designaron superiora. Sentía que era muy pequeña, una persona inexperta, etc. Por lo tanto, escribí a la Madre sobre este asunto, ¿cómo sería capaz de asumir una responsabilidad tan grande? Era demasiado joven, treinta y un años. Soy una persona [tan] insignificante, tenía miedo: una comunidad grande con un centro de formación, un apostolado tal como Sishu Bhavan, Nirmal Hriday, dispensarios, el trabajo con los leprosos, envíos, los colaboradores de la Madre Teresa, etc. Pensé que le había escrito una carta muy humilde. En respuesta a ello, obtuve una linda carta diciéndome lo orgullosa que era, que quería hacer todo el trabajo yo sola, en vez de permitir que Jesús hiciera el trabajo a través de mí. Nunca esperé semejante carta, pero

abrió mis ojos, me enseñó a rendirme y, gracias a Dios, mi misión...
fue un éxito. Gloria a Dios.[19]

El diablo solo quiere inquietarte

En Londres, yo estaba en el turno de noche en nuestro hogar para mujeres sin techo. Se produjo un gran incendio y, antes de que siquiera supiera que había fuego, diez mujeres habían perdido la vida a causa de este. Durante mi Tercera probación el diablo comenzó a provocarme, diciéndome que el incendio y las muertes eran mi culpa. Se convirtió en un mantra que yo podía escuchar en mi cabeza y en mi corazón. Traté de rechazarlo con la razón, debido a todos los años de paz que había experimentado, pero no se iba. La Madre vino a Roma a recibir nuestros votos, y aunque tuve una larga conversación con ella, no le mencioné esta provocación. Tenía una sensación persistente de que debía hablar con la Madre, pero seguí argumentando que la Madre estaba muy ocupada y que realmente no era necesario.

Finalmente, llegó el día de profesar y ya casi era hora de ir a la iglesia. Tomé la decisión de mencionárselo a la Madre. Caminé hacia su habitación y ella estaba sola. Comencé a hablar: «Madre, ¿puedo hablar con usted por un minuto acerca del incendio en Londres?». La Madre me detuvo, levantando la mano en el aire y diciendo: «Usted no tuvo nada que ver con ese incendio. No fue su culpa. Dios lo permitió para hacernos humildes». Luego conté a la Madre que antes nunca me había sentido culpable de eso, que siempre había estado en paz hasta este año. La Madre dijo: «El diablo solo quiere inquietarla porque está haciendo sus votos perpetuos. No quiere que haga sus votos y no ha podido atraparla de alguna otra forma, así que está intentando con esto. Vaya ahora en paz». Con esas palabras me bendijo la Madre. Desde ese momento, el diablo dejó de provocarme y nunca regresó.[20]

La hermana no debería seguir siendo una M. C.

Hablé con la Madre acerca de una hermana en la comunidad con votos perpetuos, quien, desde mi punto de vista, tenía un serio problema. Yo creía que, debido a esto, la hermana no debía seguir siendo una M. C. No le dije a la Madre el nombre de la hermana. Cuando terminé de hablar, la Madre me sonrió muy amorosamente. La comprensión estaba escrita en todo su semblante. Dulcemente miró hacia otro lado y dijo: «Ella no tuvo el amor de una madre». Eso era absolutamente cierto. La madre de la hermana había muerto cuando ella era [muy pequeña]. La Madre sabía que yo no podía ayudar a la hermana, así que me dijo que ella podía cambiarla. El cambio tuvo lugar tan solo seis meses después. La Madre no estaba en modo alguno preocupada por eso como yo y de ninguna manera consideró que la hermana debía ser dispensada de sus votos.[21]

Habla también cosas lindas

En la comunidad había algún problema entre las hermanas. Y me di cuenta, muy a menudo, de que mi superiora estaba llorando. Solía notar con bastante frecuencia que muchas hermanas mayores iban a la Casa Madre. Una buena mañana, la Madre llegó a la comunidad. Nos reunió a todas y nos dio una instrucción. La Madre dijo: «Estoy muy contenta de que algunas de ustedes hayan ido a verme para informarme lo que está sucediendo en su comunidad, pero recuerden, hermanas, que la Madre no es un cubo de basura. No hablen con la Madre solo cosas feas. A la Madre también le gusta escuchar las cosas hermosas acerca de las hermanas. Vengan y digan a la Madre todas las cosas buenas que están sucediendo. Su superiora es una persona hermosa. Hablen cosas lindas de ella». La Madre nos animó para hallar todo lo hermoso que había en nuestra superiora y a decírselo a ella la siguiente vez que viniera.[22]

Acercarse con amor

Una mujer rica vino a ver a la Madre y le pidió que trajera paz entre ella y su hija. La Madre le aconsejó hacer pequeños actos de amor hacia la hija, sin dejarle saber que era ella la que los estaba haciendo (*v.g.*, poner en su mesa una flor que le guste, preparar la comida que le guste, etc.). Y funcionó. La hija se conmovió por el esfuerzo que la madre estaba haciendo para acercarse a ella con amor.[23]

Asegúrese de sonreír

Una vez, yo estaba visitando a la Madre y ella sintió que yo no era el mismo. Le dije que había tenido una diferencia de opinión o un malentendido con mi superior. Me sentía bastante deprimido por eso. Ella me tomó de la mano y me dio algunos consejos maternales prácticos. Dijo que yo debía hallar alguna excusa para encontrarme con mi superior tan pronto como fuera posible y asegurarme de sonreír todo el tiempo [que estuviera] con él. Dijo que ella lo hacía siempre que tenía un momento difícil con alguna de las hermanas.[24]

Yo lo hago por ti

«No lo haré. Él no es bueno. Yo no trabajo para gente mala». Yo estaba completamente enojado. La persona que estaba delante de mí era la Madre Teresa, escuchando todas mis palabras de enojo. «Si está en problemas», dijo la Madre, «y tiene que hacer algo por una persona que no le agrada, haga esto». Luego, extendiendo su palma derecha frente a mi rostro, tocó su meñique derecho con su pulgar izquierdo y dijo: «Yo lo hago por Ti», comenzando con «yo» en el meñique, terminó con el «Ti» en el pulgar. Tocó los cinco dedos para las cinco palabras. «Encomiende su trabajo a Dios y dígase a sí mismo: "Dios, esta obra no la estoy haciendo para esa persona vil. Yo la hago por Ti". Y hágalo para Dios. Deje que su mente sea un instrumento de su voluntad y que sus manos hagan su obra. Si practica esto, se dará cuenta de que muchos de los trabajos que nos disgustan se habrán realizado sin ningún problema». Encontré que este era un simple pero eficaz método para hacer muchos trabajos que, a veces, son muy esenciales pero muy desagradables.[25]

¡Continúe, hermana!

En otra ocasión fuimos a la calle Otis [con motivo de] una profesión perpetua en la basílica. Ese día, la hermana M. estaba sacando la basura y usaba el atajo trasero para no tener que ver a los visitantes. Cargaba una gran bolsa negra de plástico llena de basura. La Madre se abalanzó fuera de una de las habitaciones posteriores casi corriendo, ella me esquivó, pero chocó con la bolsa de basura que sostenía la sorprendida hermana M., quien se congeló y no supo qué hacer. La Madre simplemente se rio y, en vez de enojarse porque la bolsa de basura comenzaba a gotear, la tomó de manos de la hermana y esperó a que esta se tranquilizara, entonces la puso de regreso en sus manos. «¡Continúe, hermana!».[26]

REFLEXIÓN

«Vengan a mí los que están cansados, llevando pesadas cargas, y yo los aliviaré. Carguen con mi yugo y aprendan de mí, que yo soy paciente, y sus almas encontrarán descanso para sus almas. Pues mi yugo es suave y mi carga liviana» (Mt 1 1:28-30).

«Cristo, quien siendo rico se hizo pobre y se despojó de todo para alcanzar nuestra redención, nos llama a dar testimonio del verdadero rostro de Jesús, pobre, humilde y amigo de los pecadores, los débiles y los despreciados».[27]

¿Estoy lo suficientemente abierto a buscar y aceptar el consejo de otros cuando tengo dudas, estoy confundido o en tinieblas? ¿Actúo impulsivamente en una situación en la que me falta claridad, o busco el consejo de otros? ¿Soy lo suficientemente humilde para considerar el consejo de otras personas y tomarlo en cuenta?

¿Estoy dispuesto a escuchar a los demás? ¿Tomo el tiempo para hacerlo? ¿Soy paciente con los que tienen dudas o están en tinieblas? ¿El consejo que ofrezco es el fruto de mi oración, mi reflexión y mi intención de hacer lo mejor por la persona necesitada? ¿Mi consejo está mezclado con mis propias ventajas o refleja una completa falta de interés?

ORACIÓN

Respira en mí, oh, Espíritu Santo,
para que mis pensamientos puedan ser todos santos.
Actúa en mí, oh, Espíritu Santo,
para que mi trabajo, también pueda ser santo.
Atrae mi corazón, oh, Espíritu Santo,
para que solo ame lo que es santo.
Fortaléceme, oh, Espíritu Santo,
para que defienda todo lo que es santo.
Guárdame pues, oh, Espíritu Santo,
para que yo siempre pueda ser santo.

—Oración de san Agustín al Espíritu Santo,
rezada diariamente por la Madre Teresa

Corregir al que está en error
Capítulo X

orregir a los que están en error fue una de las obras de misericordia que la Madre Teresa practicó con el mayor tacto. Ella sabía que era pecadora (y, por lo tanto, no mejor que otros); por esta razón podía mostrar comprensión y simpatía incluso al corregir a otros. El sacramento de la reconciliación (confesión) fue una de sus maneras favoritas para arreglar las cosas con Dios y con los demás, y le tenía un gran aprecio. No faltaba a su confesión semanal y recomendaba a otros este encuentro con la misericordia de Dios como una fuente de perdón, sanación, paz interior y reconciliación.

«Aborrece el pecado, ama al pecador» fue un principio muy arraigado de la Madre Teresa en la forma de tratar con la gente. Ella sabía muy bien cómo separar el pecado del pecador, el mal de la persona que lo cometía, siempre respetando la dignidad de la persona a pesar de la falta cometida. Esta rara habilidad a veces fue incomprendida y se tomó como indulgencia o falta de coraje. Con todo, ella no perdía una oportunidad de corregir el error. Sin embargo, lo hacía sin condenar al malhechor; más bien, animaba a la persona, llamándola al arrepentimiento y a un cambio de vida. No corregía a otros porque su ofensa la molestara o le afectara a ella, sino por amor a Dios y al pecador mismo, dado que por ese pecado estaba dañando su relación con Dios, con otros y consigo mismo. Ella hacía todo lo posible por ayudar a la persona a reconciliarse con Dios y hallar su propia paz interior. Corregía a la gente no para menospreciarla ni para aplastarla, sino para fortalecerla, en última instancia porque, como ella decía: «Quiero que seas santo».

Con sus hermanas, la Madre Teresa podía ser fuerte y exigente. Sin embargo, ellas nunca se alejaban, sino que iban a ella cuando hacían algo incorrecto. «Con ustedes, mis hermanas, no estaré satisfecha con que sean solo buenas religiosas. Quiero poder ofrecer a Dios un sacrificio perfecto. Solo la santidad perfecciona el regalo». Ese era su estándar, no obstante, las hermanas sabían que no necesitaban esconderle sus errores y podían acudir a ella con todas sus equivocaciones e incertidumbres, pues sus palabras les daban alivio, consuelo y sanación. Ella era una verdadera madre y consoladora.

SUS PALABRAS

Soy pecadora
Durante las estaciones de la Cruz, cuando uno enfrenta la Pasión de Cristo, mira a la Cruz. Puedo hallar mis pecados en la cruz...; podemos ser pecadores con pecado y podemos ser pecadores sin él. ¿Están ustedes verdaderamente enamoradas de Cristo? ¿Pueden enfrentar al mundo? ¿Están tan convencidas de que «nada puede separarnos de Él»? (Rom 8:39). Córtame en pedazos y cada pedazo será tuyo.[1]

◆◆◆

Miren, el hijo pródigo pudo regresar a su casa únicamente cuando dijo: «Me levantaré, e iré y le diré. Diré a mi padre que soy un pecador, que lo siento» (cf. Lc 15:18-19). No podía decir a su padre «Lo siento» hasta que diera ese paso: «Iré». Sabía que en su hogar había amor, había bondad, que su padre lo amaba. La Virgen María nos ayuda a hacer eso. Hagámoslo hoy: levantémonos y vayamos al Padre, y digámosle que no somos dignas de estar aquí, de ser suyas.[2]

Qué distintos somos [de Jesús]. Qué poco amor, qué poca compasión, qué poco perdón, qué poca bondad tenemos, que no somos dignos de estar tan cerca de Él para entrar a su corazón. Porque su corazón aún está abierto para abrazarnos. Su cabeza aún lleva la corona de espinas, sus manos están clavadas a la cruz hoy. Descubramos hoy: «¿Son los clavos míos? ¿Ese esputo en su rostro, es mío? ¿Qué parte de su cuerpo, de su mente, ha sufrido por causa mía?». No con ansiedad o miedo, sino con un corazón manso y humilde, descubramos qué parte de su cuerpo [ha sufrido], [cuáles son] las heridas infligidas por mi pecado. No vayamos solos sino pongamos nuestra mano en la de Él. Está ahí para perdonar setenta veces siete; en tanto sepa que mi Padre me ama, que Él me ha llamado de una manera especial, que me ha dado un nombre, que pertenezco a Él con toda mi miseria, mi pecado, mi debilidad, mi bondad... soy suyo.[3]

El sacramento de la misericordia

Cuán grande y tierno es el amor del Padre, que nos ha dado el sacramento de la misericordia al cual vamos como pecadores con pecado y del cual regresamos como pecadores sin pecado. ¡Oh, la ternura del amor de Dios! ¡Si tan solo permitiéramos que nos amara! «No temas, porque yo te he rescatado, te he llamado por tu nombre, tú eres mío... si atraviesas el río (pecado) no te arrastrará la corriente. Si pasas por medio de las llamas (pasiones), no te quemarás. Te amo y eres importante para mí. Mira cómo te tengo grabada en la palma de mis manos» (cf. Is 43:2, 49:16).[4]

El principio de la santidad es una buena confesión. Todos somos pecadores. Hay santidad sin pecado, por eso debemos convertirnos en pecadores sin pecado. La Virgen María no tuvo que decir: «Ruega por nosotros, pecadores». Yo soy una pecadora con pecado. Cuando hago una buena confesión, me convierto en pecadora sin pecado. ¿Cómo me convierto en pecadora con pecado? Cuando deliberadamente digo esa palabra que algo me está diciendo: «No lo digas». Por eso es que tenemos la confesión. Espero que hagan buen uso de la confesión cada semana.[5]

—•••—

La confesión es tan importante para Jesús como lo es para nosotros. Es una acción en conjunto: Jesús y yo. Tal como en la Sagrada Comunión: Jesús y yo. No puedo ser perdonada sin Jesús. Jesús no puede perdonar si yo no digo [mis pecados]. Más importante que las enseñanzas de la Madre o la hermana es una buena confesión. «Me levantaré e iré a mi Padre».[6]

¿Hago una buena confesión?

¿Hago una buena confesión? Examinen sus confesiones. ¿Las hacen con un verdadero deseo, con sinceridad real de decir las cosas como son, o dicen «mitad y mitad», ocultando algo o excluyendo algo? El diablo es muy astuto. Jesús dijo: «No tengan miedo». Si hay algo que esté preocupándoles, díganlo en confesión y, una vez que lo haya hecho, no se preocupen de eso nuevamente, porque algunas veces, después de muchos meses, el diablo nos persigue hasta que quebranta nuestro amor por la confesión. No debe ser una tortura.[7]

—•••—

La confesión es Jesús y yo, y nadie más. La confesión es un bello acto de gran amor... No medimos nuestro amor por el pecado mortal o venial, pero si caemos, la confesión está ahí para limpiarnos. Incluso si hay una gran brecha, no se avergüencen, aun así vayan como un niño.[8]

La confesión es justo eso, reconocer el pecado. Nunca pospongan la confesión en cualquier momento en el que hayan cometido un acto deliberado... Qué maravilloso regalo. Por eso la confesión no debe ser usada para el chisme sino para reconocer mi pecado: deliberadamente he respondido mal, deliberadamente he dado cosas sin permiso. Como un pequeño niño, como el hijo pródigo, vayan y díganlo en confesión, nunca oculten, de otra forma eso las carcomerá por el resto de sus vidas.[9]

Cada vez que caigan, vayan a confesarse y digan: «Perdón». Dios es un Padre misericordioso y Él las perdonará. El diablo no puede moverme o tocarme ni siquiera un poco, a menos que yo diga: «Sí». Así que no deben temerle.[10]

No se avergüencen ni piensen: «¿Qué pensará el Padre de esto?». El Padre está ahí para quitar los pecados de ustedes. Decimos nuestros pecados a Dios y obtenemos el perdón de Dios. Dios quita nuestros pecados. Debemos ser tan sencillos como un niño: «Me levantaré e iré a mi Padre». Y ¿qué hace Dios? «¡Rápido! Traigan el mejor vestido y pónganselo. Colóquenle un anillo en el dedo y traigan calzado para sus pies. Traigan el ternero gordo y mátenlo ...» y vean el gran gozo. ¿Por qué? Porque «Este hijo mío estaba muerto y ha vuelto a la vida, estaba perdido y lo hemos encontrado» (Lc 15:22-24). Es igual con nosotros, pero debemos tener la sencillez de un niño e ir a confesarnos.[11]

No creen escrúpulos en su mente... Si por error aceptaron ese placer, vayan a la confesión, y recuerden que la misericordia de Dios es muy, muy grande. Vean la grandeza del amor de Dios: María Magdalena, Margarita de Cortona, san Pedro, san Agustín. A san Pedro, Jesús le dijo: «¿Me amas?» (Jn 21:15ss). Esa es la condición. Nunca digan «Mañana»; no jueguen con la castidad. El diablo les dirá: «Oh, no te preocupes [por] eso. La Madre te ha dicho todo eso. Ella no sabe. Yo sé más. Tú eres un ser humano, sientes ese placer». A pesar de la tentación, intencionalmente digan: «No lo quiero». Vean a María Goretti: «Morir sí, pecar no». A santa Agnes: «Morir sí, pecar no».[12]

—◆◆◆—

Incluso si hemos caído y cometimos un pecado de impureza, tengamos el valor de ir a confesarnos. Santa Margarita de Cortona era como una prostituta, una gran pecadora, pero Dios, para demostrar que realmente la había perdonado, cada año en su fiesta su cuerpo se llena y se completa. Hagan una buena confesión y se acabó. ¡Nunca, nunca, nunca piensen en eso! Excepto para decir: «Por este y por todos los pecados de mi vida, especialmente por los pecados de impureza, pido perdón», como un acto de humildad.[13]

La Virgen María les ayudará

La Virgen María las ayudará a permanecer puras. Si leo eso, puedo caer en la trampa. Deben tener el valor de protegerse a ustedes mismas. ¿Por qué tenemos perros? Para advertirnos de que alguien viene; solo por el ladrido del perro ya sabemos que hay alguien ahí. El diablo es un perro ladrando. Sienten interés hacia esa persona, hay alguien que dividirá su amor por Cristo, o quieren dar cosas sin permiso. Ustedes no pueden ser completamente de Jesús a menos que vayan a confesarse.[14]

—◆◆◆—

La Virgen María tuvo un corazón limpio para poder ver a Dios. Tuvo un corazón humilde. Nosotras también podemos ver a Dios si somos realmente puras de corazón. Por eso es que necesitamos la confesión, no para ir y hablar, sino para ir como pecadoras con pecado y regresar como pecadoras sin pecado. Si tenemos ese amor entre nosotras, lo podemos dar. Si por dentro estamos perturbadas, no podemos entregar amor, podemos fingir, pero no habrá nada de amor.[15]

———●●●———

Tan pura como el Inmaculado Corazón, tan pura como la luz del sol, nada se interpondrá entre Jesús y yo. Aprovechen la confesión. «Sé que no debí hacer eso», cualquier cosa que voluntariamente negué. Algo me está diciendo en el corazón en mi interior: «No» y yo lo hago. Vayan a confesarse... Ustedes han sido impacientes con la gente del dispensario, enmiéndenlo.[16]

Jesús lava nuestros pecados

¿Por qué se hace una confesión general? No porque dude, sino para conectar, para darnos cuenta de cuán bueno ha sido el Señor con uno, de su bondad. Hacemos nuestra confesión sincera y humilde, no al sacerdote, sino a Jesús.[17]

———●●●———

Cuán puro debe ser el sacerdote para derramar la Preciosísima Sangre sobre mí y lavar mis pecados. Cuán grande es ese sacerdote para decir: «Este es Mi cuerpo». Nunca deben dudar de esas palabras: «Yo te absuelvo, te libero». Incluso si es un mal sacerdote, tiene el poder de perdonarlas, de liberarlas.[18]

———●●●———

En el momento en que el padre dice «te absuelvo», Jesús viene y lava nuestros pecados. La Preciosísima Sangre de Jesús se derrama en nuestras almas para limpiarlas y purificarnos.[19]

De pie ante Jesús como esa mujer pecadora
Antes de irse a la cama... ¿realmente miran la cruz? No en la imaginación. Tomen la cruz en sus manos y mediten. Vemos a nuestras propias hermanas batallando con una cubeta con agua. ¿Soy como ese pajarillo, tratando de sacar esa pequeña espina? ¿Tengo compasión? Jesús tuvo compasión de los pecadores. A esa mujer pecadora de pie ante Jesús, Él no la condenó (Jn 8:11). Eso es la confesión. Yo necesito ser perdonada también. La confesión no es sino estar de pie ante Jesús como esa mujer pecadora, porque me descubrí a mí misma en pecado.[20]

Las confesiones deben ser un verdadero gozo
San Ignacio tenía en mente, como regla, la confesión: una expresión de nuestra necesidad de perdón, no de desaliento. La confesión no fue instituida el Viernes Santo sino el Domingo de Resurrección, así que es una fuente de gozo. No fue establecida como tortura, sino como un medio de gozo.[21]

───●●●───

Un sacerdote que es autor de libros se confiesa diariamente. Le pregunté: «¿Pero qué dice?». Contestó que, después de escribir, lee todo y corrige [lo que ha escrito], pero que a veces lee por el mero placer o por orgullo. Así que va a confesarse. El cardenal Sin de Manila —un hombre muy santo— me dijo: «Yo me confieso casi a diario. En la casa del arzobispo hay muchos sacerdotes, así que le pido a cualesquiera de ellos». Miren, hermanas, la confesión debe ser un verdadero gozo. No debo descuidar la confesión. La negligencia es una cosa que debemos confesar. Debemos ir a confesarnos con amor porque tenemos una oportunidad de limpiar nuestra alma, de volvernos puras. La confesión es estar cara a cara con Dios. Cuando yo muera, estaré cara a cara con Dios, pero ahora tengo la oportunidad de ir a Él con pecado y salir sin pecado.[22]

Debemos reconocer que somos pecadores

Ese hombre, Zaqueo (Lc 19:1-10), quería ver a Jesús y lo intentó de muchas formas. No pudo verlo hasta que admitió que era pequeño, esa aceptación lo llevó al siguiente paso, aceptar la humillación de trepar un árbol y dejar que la gente supiera que era muy pequeño. La gente estaba sorprendida de que un hombre tan importante trepara un árbol para ver a Jesús. Zaqueo era pequeño en el cuerpo, pero para nosotros, nuestra condición de pecadores es nuestra pequeñez. Debemos reconocerla al ir a la confesión —como un pecador con pecado— y salir como pecador sin pecado.[23]

Cuando llega la tentación

Que su pureza sea realmente pura. No importa lo que haya sucedido, quiero que vayan a confesarse. Quiero que su pureza sea pura, que su castidad sea casta, que su virginidad sea virgen. No ocupen sus mentes consigo mismas. La tentación nos llega a todos, está destinada a ser una maravillosa forma de crecer. Llegarán las tentaciones contra nuestra vocación, pero sean como santa Teresita del Niño Jesús: «Pertenezco a Jesús y nadie ni nada nos separará». La tentación llegó a san Pablo, y debemos ser capaces de decir lo que él dijo: «Pertenezco a Cristo». Entonces la gente vendrá y verá solo a Jesús, porque verdaderamente seremos portadoras del amor de Dios.[24]

Cuando la tentación llegue, recuerden tres cosas:

1. No la quiero. Entonces el diablo no puede tocarlas. Están a salvo.
2. Manténgase ocupada. Mientras sepa y diga: «No la quiero», estará usted bien.
3. Acuda a la Virgen María. Esto es algo muy preciado que ella puede darle a Jesús.[25]

En busca de pecadores
Con su venida, Jesús muestra en su propia persona ese tierno amor, esa compasión..., excepto cuando Él vio el corazón endurecido e incrédulo de los fariseos. De otra forma Él era dulce y manso, y cualquiera que lo reconoció tuvo un lugar en el corazón de Jesús. Fue ese amor tierno y esa compasión los que lo hicieron sentir lástima por las multitudes, sanar a los enfermos y buscar a los pecadores.[26]

———◆◆◆———

Todos somos tan pequeños, pecadores, miserables, etc., pero Dios se inclina hacia cada uno de nosotros y nos pregunta: «¿Vendrás?». No nos obliga. Esa es la maravillosa y tierna libertad que Dios nos da. Usted puede crecer en el amor de sus votos tan plenamente que se convierta en santa viviente.[27]

———◆◆◆———

Pienso más en la Virgen María cuando nos enfrentamos a nosotros mismos como pecadores. Cuando decimos el Avemaría, esa parte, «ruega por nosotros, pecadores», digámosla con todo nuestro corazón y toda nuestra alma. Ella es quien obtendrá para nosotros un corazón puro. Ella es quien vio que no había vino (Jn 2:3). Pidámosle que veamos en nosotros mismos que tenemos pecado, no santidad, y que le diga a Jesús. Y ella nos dirá: «Hagan lo que Él les diga» (Jn 2:5), obedecer.[28]

No mate al niño pequeño

Es verdad, algunas de ustedes han hecho lo incorrecto cuando por medio del aborto han matado en su vientre al niño por nacer. Pero, vuélvanse a Dios y digan: «Mi Dios, siento mucho haber matado a mi hijo no nacido. Por favor, perdóname. Nunca lo volveré a hacer». Y Dios, quien es nuestro Padre amoroso, las perdonará. No lo hagan otra vez y, créanme, Dios las ha perdonado. También recuerden que su acción no lastima al niño. Su pequeño está con Dios por toda la eternidad. No existe tal cosa como que el niño la castigue a usted o a su familia. El niño está con Dios. Su hijo la ama, la ha perdonado y está rezando por usted. Está con Dios, así que no puede causar ningún daño, sino amarla.[29]

<hr />

La presencia de armas nucleares en el mundo ha creado temor y desconfianza entre las naciones, dado que hay un arma más para destruir la vida humana, la bella presencia de Dios en el mundo. Tal como se usa el aborto para matar al no nacido, esta nueva arma se convertirá en el medio para eliminar a los pobres del mundo, nuestros hermanos y hermanas a quienes Jesucristo nos ha enseñado a amar como Él nos ha amado a cada uno de nosotros.[30]

<hr />

Se cometen errores por todo el mundo. Los errores de no mantener un corazón puro, un cuerpo puro que podamos darle a Dios, que podamos darnos el uno al otro. Y no es incorrecto que una joven y un joven se amen. Pero hoy, esa parte de la hermosa pureza ha sido más o menos descuidada y se han cometido errores. Pero les ruego, ayuden a los padres, ayuden a sus hijos a aceptar a ese pequeño, no maten al pequeño niño. Aceptar. Todos cometemos errores y los errores pueden perdonarse. Pero asesinar a un niño inocente es un gran pecado.[31]

No hay tiempo para amar al niño

No teníamos estas dificultades antes porque la familia siempre estaba junta. Los hijos conocían a sus padres y los padres conocían a sus hijos. Pero ahora los padres conocen cada vez menos a sus hijos, porque no tienen tiempo. O se sientan por horas frente a la televisión y nunca intercambian palabras entre ellos y sus hijos. Y creo que la televisión es algo bueno si se usa apropiadamente. Pero también ha sido un medio de separar a los padres de sus hijos. No tienen tiempo para intercambiar amor, para besar a sus hijos, para que sean amados; ellos lo necesitan. Porque esa hambre de amor está en el corazón de cada niño, el hijo sale a buscarlo. Esto ha traído mucha soledad en la vida de los hijos. Para matar esa soledad hacen todo tipo de cosas.[32]

Corregirse a uno mismo

Una madre fue a ver a un santo hombre con su hijo, que tenía el mal hábito de comer [entre comidas], y este hombre le dijo: «Tráigalo después de una semana», porque se dio cuenta de que él también tenía el mismo mal hábito y no podía hablar al chico con un corazón sincero y limpio a menos que se corrigiera él mismo.[33]

———— ●●● ————

Debemos darnos cuenta de nuestras faltas y corregirnos a nosotros mismos. ¿Por qué me hice así? Porque soy orgullosa.[34]

———— ●●● ————

Ustedes deben conocerse a sí mismas, si no son sinceras con ustedes mismas, no corregirán los errores. Ahora es el tiempo de corregir sus errores. Si realmente aman a Jesús, se alegrarán de conocerse y de corregirse a sí mismas, de otro modo seguirán y seguirán con eso.[35]

———•••———

No tiene sentido mostrar mal genio cuando se les corrige. Entonces, no tiene sentido unirse a una congregación religiosa si no quieren ser santas. Debemos vigilar nuestros estados de ánimo muy de cerca y en cuanto inician. Cuando descubrimos que estamos inclinadas a ser malhumoradas e histéricas, vigilemos, vigilemos, vigilemos. Las mujeres son propensas a ello, vivimos de nuestros sentimientos, pero como religiosas no podemos hacer eso. Porque soy muy ferviente hoy, no crean [que lo seré mañana]; no soy lo que mis sentimientos hacen de mí, pero soy lo que soy ante Dios. Se los ruego, hermanas, vigílense a sí mismas desde el principio. Sean estrictas con ustedes mismas ahora, en vez de después, cuando sea mucho más difícil. Que tenga la inclinación a deprimirme, es una cosa, pero no debo ceder a esa inclinación.[36]

Nunca corrija en público

No usen un tono severo de voz cuando deban corregir. Nunca corrijan en público. Siempre [hablen] primero con Jesús acerca de la corrección que quieren dar a una hermana y pregúntense: «¿Cómo me corregiría la Madre si yo fuera culpable de la misma falta?».[37]

———•••———

La corrección no significa gritar y decir cualquier cosa que salga de sus labios. La corrección es una muestra de amor. Ustedes la dan porque aman a la hermana.[38]

———•••———

No permitan que ningún comentario cruel y áspero salga de sus labios cuando corrijan a sus hermanas. Hay tantas heridas en tantos corazones debido a palabras hirientes y duras... No sé por qué lo hacen, cuando yo nunca lo he hecho con ustedes. Nadie en la Congregación, desde el principio hasta hoy, puede decir que yo haya herido a alguna de ustedes con mis palabras; tal vez, en algún momento, cuando ustedes encontraron difícil obedecer, pensaron que la Madre había sido dura con ustedes. No fui yo, sino ustedes las que fueron duras con ustedes mismas por no aceptar la obediencia.[39]

El silencio no se puede corregir
Si guardamos silencio, el silencio no se puede corregir, si hablamos, si replicamos, cometemos errores.[40]

●●●

Muy a menudo tengo la respuesta y no la doy. Espero y siempre estoy agradecida a Dios por darme esta oportunidad, porque el silencio no se puede corregir. María pudo haber dicho a José que el niño que esperaba era el Hijo de Dios. Ese pequeño que aún no nacía (Juan el Bautista) sabía que Jesús había llegado. José, de pie ahí, no sabía (Lc 1:39-41). María sabía que José iba a huir. Hagamos esa maravillosa resolución. Controlemos nuestra lengua para que no se ensucie. Amaré a Jesús con amor íntegro al amar a mis hermanas y a los pobres como Él lo hizo. Mi lengua debe estar limpia, mañana Jesús viene a mi lengua.[41]

●●●

Recuerdo a mi madre. Dicen que era muy santa. Un día, tres de nosotros estábamos [diciendo] cosas no muy agradables acerca de la maestra. Era de noche. [Mi madre] se levantó y [apagó] el interruptor principal. Dijo: «Soy una viuda... no tengo dinero para gastar en electricidad para que ustedes hablen maldades». Y tuvimos que hacer todo a oscuras, subir y bajar, lavarnos, ir a la cama.

Mi hermana era modista. Teníamos un cartel en la pared: «En esta casa nadie hablará contra otro». Un día una mujer muy rica llegó a hacer unos pedidos a mi hermana. Comenzó a hablar contra alguien. Mi madre dijo a esa dama: «Vea lo que está escrito ahí». [La mujer] se levantó y se fue. Mi madre dijo: «Prefiero mendigar en la calle que soportar la falta de caridad en mi casa». ¿Tienen ustedes ese valor, hermanas?[42]

Permanezca fiel

Ha habido mucha perturbación en la vida religiosa de las hermanas, todo debido a consejos y entusiasmo equivocados. Se ha perdido algo de esa unión con Jesús y unión con su Iglesia. Hay más amor por la libertad de acción y el estilo de vida. Como en muchas mujeres laicas, así también en nuestras religiosas, la ambición por ser iguales a los hombres en todas las cosas, incluso en el sacerdocio, se ha llevado esa paz y ese gozo de ser uno con Jesús y su Iglesia. Yo estaría muy agradecida si ustedes nos ayudaran a amar, a obedecer y a permanecer fieles a la Iglesia y al vicario de Cristo, y así regresar a nuestra total consagración al vivir la verdadera vida de esposas de Jesús Crucificado.[43]

SU EJEMPLO: Los testimonios

Jesús quiere que usted sea santo

Si ella le hablaba a una persona que estuviera en profundo pecado, nunca decía «usted es un pecador». Diría: «Jesús quiere que usted sea un santo», y tal o cual cosa está mal. Ella intentaba hacer que la persona comprendiera lo que Dios estaba llamándola a ser. No juzgaba. A todos les recordaba cuán especiales eran para Dios. Y eso era lo que solía conmover a la gente... No era «cambie y así Dios lo aceptará y lo amará», sino «Dios le acepta y le ama como es incluso en sus pecados, pero Él lo ama demasiado como para dejarlo tal y como está». Ella sabía por Jesús qué hacer para que la gente se sintiese amada; los desafiaría a responder en amor.[44]

Ella nos hizo saber que estaba decepcionada
Una vez, sucedió que fallamos en mostrar respeto por la madre Cenáculo. Ella se quejó de nosotras con la Madre. La Madre nos hizo saber que estaba decepcionada y lastimada por nuestra conducta. No nos regañó, pero a la hora de la comida ella daba vueltas por el refectorio, diciendo su rosario, en vez de entrar a la habitación con nosotras. Nos sentíamos tan mal. Fuimos a pedir perdón a la madre Cenáculo. Esto nos hizo darnos cuenta del amor y respeto que la Madre tenía por la autoridad. Tenía mucha preocupación, amor compasivo, disponibilidad y accesibilidad. La palabra Madre no solo estaba en nuestros labios, sino también en nuestros corazones. Ella supo guiarnos, aunque fuéramos «rebeldes».[45]

No esperé esto de ti, hijo mío
La Madre conoció cuál era el temperamento y necesidades de cada uno, y nos trataba de acuerdo a ello. Si intentábamos decir algo que no fuera amable, ponía la mano sobre nuestra boca para evitar que habláramos. Había ocasiones en que nos comportábamos mal y le decíamos cosas que no eran amables. Ella las aceptaba diciendo: «No esperé esto de ti, hijo mío. Esto es bueno para mí. Gracias». Rezaba y esperaba a que nos calmáramos y regresáramos para decir que lo sentíamos. Si al anochecer no habíamos regresado, ella nos llamaba para que hiciéramos las paces con ella. Después de eso, nunca volvía a mencionarlo. Hubo veces en que la Madre fue muy estricta conmigo y no me consecuentó cuando

solía ser terco. Pero ella lo hacía con amor y por mi bien. Después de corregirme, se preocupaba por llamarme o darme algo para que no siguiera sintiéndome lastimado.[46]

Como Eva después de comer el fruto prohibido
Era temporada de lluvia y teníamos que llevar nuestro paraguas. Yo me sentía incómoda de llevar el paraguas grande en los tranvías atestados, porque tenía el paraguas más grande para hombres... Antes de que pudiéramos llegar a la salida, la Madre estaba parada ahí. Me preguntó por qué salía sin paraguas. Le respondí que el mío estaba roto. La Madre me dijo que fuera al piso superior y viera en su habitación si había un paraguas, que lo tomara y me fuera. Subí y vi que era uno nuevo... y del mismo tamaño que el mío. No pude rehusarme. Lo tomé para ir a la Escuela Dominical. No sé qué me hizo pensar en viajar de regreso en el autobús de dos pisos. Para mí era maravilloso viajar en él. Subí al segundo piso del autobús y me senté junto a la ventana para disfrutar el panorama.

Cuando apenas habíamos cruzado el puente Howrah, repentinamente me vino a la mente un pensamiento: si bajábamos frente a la Casa Madre, la Madre o cualquier otra de las hermanas nos verían. De inmediato me llené de temor. Así que planeamos bajarnos cerca de Sealdah. De ahí caminamos hacia la Casa Madre. Como Adán y Eva después de comer el fruto prohibido experimentaron el temor de Dios, así también nosotras. Cuando fue hora de descender, ya no llovía y olvidé tomar el paraguas del autobús. Todo mi cuerpo estaba frío. Afortunadamente, llegamos tarde al almuerzo de la comunidad. Mi conciencia me perseguía para ir a decirle a la Madre, pero no tenía el valor... la Madre me llamó. Ella sabía de mi miedo porque, en el momento en que fui a verla, el paraguas ya estaba con ella. No sé cuándo ni cómo llegó. De cualquier forma, la Madre me hizo arrodillarme y me preguntó los detalles.

Al principio le dije mentira tras mentira... Le dije que había perdido el paraguas en el tranvía. La Madre me preguntó el número del tranvía, porque ella sabía que no había viajado en él. Me hizo decir la verdad... lo hice después de mucha presión de su parte. Una vez que obtuvo toda la verdad, me hizo decir mis faltas una por una. No dijo mucho. Solo recuerdo a la Madre diciendo: «Nunca lo vuelvas a hacer». He aquí la compasión y amor de la Madre por mí. Paciente y amable.[47]

•••

La Madre no me regañaba por el mal cometido, sino que me llamaba y me decía dulcemente: «Has sido tan buena, ¿qué ha pasado contigo ahora?». Entonces me daba una bendición con ambas manos. Esa era la manera en que la Madre acostumbraba corregir en sus últimos años.[48]

Solo podemos cambiarlos con nuestro amor
Algunos de nuestros huérfanos eran traviesos y un día los castigué no sirviéndoles el almuerzo, y lo conté en la mesa. La Madre me hizo dejar mi almuerzo e ir a servirles el suyo. Dijo: «Solo podemos cambiarlos con nuestro amor, no con nuestro castigo».[49]

Con gran paciencia corregía
En Shkodra, Albania, la Madre alimentaba a los niños; como eran espásticos y estaban gravemente discapacitados, se ensuciaban la cara después de cada cucharada que les daban de comer. La Madre nunca los dejó sucios y limpiaba sus bocas después de cada cucharada. Con gran paciencia, corregía a las aspirantes y les mostraba cómo limpiar la boca de los niños. El amor con el que ella lo hacía hablaba más que sus correcciones. Recuerdo especialmente un niño que estaba muy

desfigurado. Estaba lleno de temor y gritaba mucho, y gritaba aún más cuando alguien se le acercaba. La Madre le dio especial atención, comenzó a poder tomarle la mano, etc., y, después de pocos días, él sonreía cuando la veía. Luego la Madre nos llamaba a la cama de él y nos «presentaba» con él como sus amigas, para que nos aceptara a nosotras también.[50]

Esta no es la forma en que tratamos a Cristo
Como joven religioso, fui ubicado en un hospital para leprosos. Una vez, una pareja de ancianos lisiados tuvo problemas en el hospital y llegaron a la Casa Madre. Fueron a ver a la Madre. Por alguna razón, la Madre no pudo verlos, así que cada día iban a la Casa Madre, molestando a las hermanas. Un día, las hermanas me llamaron y dijeron: «Un par de sus pacientes están aquí sentados y están perturbando toda la casa. ¿Por qué no hace algo?». Al escuchar esto, me enojé y, en mi ira, llegué corriendo. Cuando llegué frente a la Casa Madre, pude ver a esa pareja: el hombre con su pierna artificial y tan deformado, una persona muy frágil. En todo mi enojo, lo levanté y lo puse en la ambulancia. Después de un rato, pude ver que la Madre venía bajando. Dijo: «Hermano, usted tiene un cuarto voto. ¿Cuál es nuestro cuarto voto? Servicio gratuito de todo corazón para los más pobres de entre los pobres. ¿Hizo ese voto?». «Sí, Madre, lo hice».

«¿Qué acaba de hacer aquí?». Lo dijo muy amablemente y sin muchas palabras. Pude sentir la forma maternal de su corrección, y la Madre dijo: «Esta no es la forma en que tratamos a Cristo. El hombre pobre es Cristo. Es el angustioso Cristo. Todo lo que este hombre pobre nos muestra es a Cristo en la Cruz con quien nos hemos encontrado. No debemos huir». La manera en que la Madre me corrigió influenció profundamente mi vida. Hasta este día la recuerdo... y la aprecio.[51]

Terapia de choque

Cuando fui por primera vez al trabajo entre leprosos, como postulante, tenía miedo de contraer la enfermedad. Después de una semana, fui a ver a la Madre para decirle que podía ver un parche en mi antebrazo. Ella me creyó y pidió al Dr. S. que me examinara, y él dijo que no había nada, ni siquiera una mancha. La Madre me llamó y me dijo: «Voy a cambiar su lugar de trabajo. Creo que no es digna de servir a los leprosos». Fue como una terapia de choque para mí. Desde ese día, recé para superar mi miedo a la enfermedad, y, cada vez que surgía una oportunidad, iba donde ellos.[52]

La verdad con caridad

Cuando un primer ministro de la India introdujo la esterilización de los adultos para reducir los nacimientos, [la Madre] le escribió [a esa persona] y, claramente, dijo: «¿No tiene miedo de morir y tener que responder por este terrible pecado?». Ella permitió que la carta fuera entregada a la prensa y mencionada en los diarios, porque sabía que el asunto era demasiado serio. No se retractó. Hablaba la verdad con caridad.[53]

Hable la verdad

En 1979, la Madre Teresa recibió el Premio Nobel de la Paz... Al pasar por Roma en su regreso a India, llegó a nuestro seminario y nos dio una charla. Al parecer, el día después del evento del Premio de la Paz, un sacerdote vino a dar la misa al convento donde la Madre se estaba quedando, ya que las M. C. aún no tenían una sede en Noruega. Después de la misa, el sacerdote dijo a la Madre que había escuchado la transmisión de su discurso la noche antes y que se había molestado mucho. La Madre había hablado contra el aborto por primera vez y había dicho firmemente que el aborto no era más que un asesinato, y ¿cómo podía una joven cometer un asesinato así? El sacerdote dijo que ella alejaría a las jóvenes hablándoles de esa forma. La Madre nos dijo: «Solo miré al padre y le dije: "Padre, Jesús dijo: 'Yo soy la verdad' (Jn 14:6), y nos corresponde a usted y a mí decir la verdad. Queda en quien escucha aceptarla o rechazarla"». La Madre creía en el radicalismo del mensaje del Evangelio y amaba a las almas demasiado como para que la influenciara el respeto humano.[54]

Necesitan regresar a su primer amor

Un cardenal... trajo a un grupo de teólogos. Le dijo a la Madre: «Me gustaría que les dijera lo que tenga en su corazón». Ella se volvió a ellos y dijo: «Cuando leemos los Evangelios y leemos el pasaje en el que Jesús reprendió a los líderes religiosos de ese tiempo, ¿pueden ustedes decir con sinceridad que no estarían en esa posición de ser reprendidos hoy?». Y luego continuó diciendo: «Necesitan regresar a su primer amor».[55]

Prefiero ver el bien

Un día [la señorita X] comenzó a quejarse acerca de la corrupción en los servicios del gobierno. Todo requería un soborno. De hecho, quería que la Madre intercediera a favor de alguien que no podía obtener un permiso de la ciudad sin dejar una gran cantidad de dinero. [Ella] dijo: «Madre, ¿puede ayudarme? Porque esta ciudad es muy corrupta. No puede obtener uno nada a menos que compre a la gente». La Madre dijo inmediatamente: «¿Sabe? Nuestra gente es muy hermosa». Y comenzó a decirnos cuántos regalos traían en Navidad. Y la mujer dijo: «Sí, Madre, eso es muy lindo, pero enfrentémoslo. La vasta mayoría solo lo hace por dinero». La segunda vez la Madre interpuso un rayo de esperanza: «¿Sabe? Tienen una costumbre muy hermosa. Llevan un puñado de arroz y lo apartan para los pobres». Y comenzó a contar una historia acerca de la familia que comparte arroz. La mujer se frustró y gritó: «Madre, ¡despierte! ¡[Esta ciudad] es un infierno de corrupción!». Sobre nosotros se instaló un gran silencio. Era vergonzoso escuchar a la mujer hablar así. Y, nuevamente, la Madre quedó muy callada. La miró directo a los ojos y le dijo: «Sé muy bien que hay corrupción... ¡pero también sé que hay bien! Yo prefiero ver el bien».[56]

Hay tanto bien

Una vez le dije a la Madre: «Madre, hay mucha maldad en el mundo». La Madre hizo una pausa por un momento, me miró atentamente y dijo: «Hermana, hay tanto bien en el mundo».[57]

Con las manos juntas les suplicó

En 1992, cuando estallaron los disturbios entre hindúes y musulmanes en Calcuta, la Madre y algunas hermanas iban en ambulancia hacia el aeropuerto con niños que iban a ser adoptados. En el camino, encontraron fuego abierto y violencia entre musulmanes e hindúes. La Madre salió de la ambulancia y, en medio del peligro, levantó las manos para que se detuvieran. Con las manos juntas, les suplicó que pusieran fin a la lucha y les recordó que todos eran hermanos.[58]

Ella lo amonestó suavemente

Un día, cuando yo era una novicia, un niño [pobre] de casi catorce años entró a la Casa Madre trepando por la pared, rompió el candado de la bodega y tomó varias cajas de jabón, platos, etc. Sucedió por la mañana, mientras estábamos en las oraciones. Estaba esperando llevarse el botín cuando la portera abriera la puerta. La hermana [portera] gritó: «¡Ladrón, ladrón!». Todas corrimos hacia el lugar. El niño, lleno de miedo, se escondió en uno de nuestros cuartos de baño. Le contamos a la Madre y esperábamos con regocijo ver el castigo del culpable. Para nuestro mayor asombro, la Madre tomó al niño de la mano y, con gran compasión, lo llevó cerca de la puerta. Ella misma abrió la puerta, amonestándolo suavemente: «No lo vuelvas a hacer» y lo dejó ir como si nada hubiera sucedido.[59]

Podría sucedernos a usted o a mí

Dos de los hombres del refugio fueron vistos por la gente del vecindario masturbándose en la ventana. Así que esa gente estaba comprensiblemente molesta... Y he aquí que, en ese punto, la Madre llegó a la ciudad. [Un colaborador] le dice: «¿Qué debemos hacer?». Y la Madre dijo: «Usted sabe que esto es muy, muy, muy malo. Esos hombres deben ir a confesarse». Debo ser honesto, en este punto estaba esperando que dijera que los echáramos fuera, ¿correcto? Ella dijo: «Es muy, muy, muy malo, estos hombres deben ir a confesarse, pero podría sucedernos a usted o a mí mañana». Yo no sé, pero para mí esa declaración fue como si una bola de demolición me golpeara la cabeza por detrás, y es algo que nunca olvidaré hasta el día que muera. Me refiero a que esas palabras me persiguieron, y solo después de que la Madre murió no solo significó mucho en términos de su santidad, pero, la verdadera sorpresa, de la que no me di cuenta sino hasta hace poco, es que lo decía en serio.[60]

Nunca dude de la misericordia de Dios

Una vez fui a Calcuta para un retiro. Estaba muy preocupada por un pecado que había cometido. Así que fui a ver a la Madre. Escribí todas mis faltas y especialmente mi pecado, el cual me estaba perturbando, y se lo di a la Madre para que lo leyera. Ella leyó todo. Luego lo rompió en pedazos y me dijo: «Estoy dejando esto en el corazón de Jesús, y nunca, nunca dude de la misericordia de Dios. Una vez que ha confesado su pecado, recuerde que Dios la ha perdonado y que ha olvidado todo». Y la Madre me explicó acerca del gran amor, perdón y misericordia de Dios. Luego sacó una imagen del Inmaculado Corazón de María, escribió en ella: «Sé una Madre para mí» y «Dios le bendiga. La Madre», y al reverso de la pintura escribió: «Le prohíbo preocuparse del pasado, ponga su confianza en La Virgen María» y me la dio. Y ese pecado mío, en vez de alejarme de Dios, fue un instrumento para hacerme humilde, acercarme más a Él e incrementar mi devoción al corazón misericordioso de Jesús. Gracias a la Madre.[61]

REFLEXIÓN

«Que habite en ustedes la palabra de Cristo con toda su riqueza: instrúyanse y aconséjense unos a otros con toda sabiduría; canten salmos, himnos y canciones espirituales a Dios, con gratitud de corazón» (Col 3:16).

«Todos somos pobres, porque todos somos pecadores».[62]

«No estamos libres de pecado, pero debemos ser pecadores sin pecado».[63]

¿Reconozco que soy un pecador con muchos pecados? ¿Estoy dispuesto a reconocer mis propios errores y pecados y aceptar la corrección de otros? ¿Me siento agraviado si alguien me señala mis errores? ¿Cómo puedo responder más amablemente a aquellos que me señalan mis errores?

¿Me permito tomar el camino más fácil y evito tomar una postura respecto a lo que es verdadero y bueno? ¿Me falta valor para hacer o decir lo que es correcto porque tengo miedo a la opinión de los demás?

¿Hago buen uso del sacramento de la misericordia, de la reconciliación?

¿De qué maneras puedo ayudar a alguien a darse cuenta de que lo que está haciendo no está bien, o de qué manera puedo alentarlo a hacerlo mejor? ¿Hay alguna forma en que pueda mostrar con mi ejemplo el camino de la verdad y el bien?

ORACIÓN

ACTO DE CONTRICIÓN

Oh Dios mío, te amo con todo mi corazón y sobre todas las cosas.

Me arrepiento sinceramente de haberte ofendido, porque eres tan bueno. Propongo firmemente, con la ayuda de tu gracia, no ofenderte más.

Y haré cualquier cosa que me pidas.

Amén.

Soportar las injusticias con paciencia
Capítulo XI

Paciencia, serenidad y equilibrio de carácter fueron cualidades que los que rodeaban a la Madre Teresa notaron en ella. Su calma característica era señal de una persona equilibrada y mortificada, que podía colocar las cosas en la propia perspectiva y aceptar las pruebas como parte de la vida. Demostraba esa admirable ecuanimidad, especialmente cuando otros la trataban injustamente. Inclusive cuando estaba siendo agraviada, menospreciada o incomprendida, era paciente; sabía que estas acciones las realizaban seres humanos pobres, débiles y pecadores como ella y, por lo tanto, podía ser tolerante e incluso amable.

En una visión que tuvo al mismo comienzo de las Misioneras de la Caridad, la Madre Teresa había visto a Cristo crucificado soportando pacientemente todos los males posibles por amor a ella y a todos. Por eso estaba ansiosa de imitarle y de mostrarle su amor… «Si soy la esposa de Jesús Crucificado, entonces debo tener alguna semblanza con Él, debo compartir algo que me identifique con Él para mostrar que le pertenezco». Practicar la paciencia fue, entonces para ella, una oportunidad para saciar Su sed de amor. Al mismo tiempo, ella estaría unida a los más pobres de entre los pobres, quienes diariamente sufrían muchos males e injusticias. Es completamente natural que nos cueste aceptar —y soportar con perseverancia— el mal que nos han hecho. Nuestra primera reacción puede ser evitar ciertas situaciones, y eso puede ser lo correcto. No obstante, siempre habrá situaciones imposibles de evadir, así que será necesario enfrentar las injusticias cometidas contra nosotros, ya sea intencionalmente o no. La Madre Teresa nunca esperó un trato especial ni exigió privilegios especiales, pero, incluso cuando era tratada peor que otros, siempre pudo responder generosamente. A veces era cuestión de estar dispuesta a ser la víctima de las limitaciones, egoísmo o falta de consideración de otros, pero ella aceptaba el comportamiento de las personas sin dejar que los demás notaran que la habían tratado mal.

Básicamente, ella veía estas pruebas o injusticias como permitidas por Dios por razones que ella no siempre era capaz de comprender, pero sabía que Él podría sacar algo bueno de ellas, como san Pablo afirma en Romanos 8:28 («También sabemos que Dios dispone todas las cosas para bien de los que lo aman»). De este modo, la Madre Teresa aceptó de buena gana esas pruebas y sufrimientos y, uniéndolos a la Cruz de Cristo, los ofreció por su propia purificación y por la salvación y santificación de las almas.

Cuando la situación era a la inversa y ella había perjudicado a alguien, hacía lo posible por ser la primera en disculparse. Pero iba más allá, era la primera en buscar reconciliación, incluso cuando no hubiera sido ella quien había cometido el mal.

SUS PALABRAS

De regreso en casa
Recuerdo a mi madre y a mi padre; podían tener una diferencia de opinión, pero después de todo mi madre solía mirar el reloj, pues

sabía a qué hora mi padre regresaba a casa, y todos los días corría hacia el piso superior para arreglarse. Solíamos hacerle bromas. Era tan hermoso. Podían estar en desacuerdo, pero volvían a estar juntos como si nada hubiese pasado, día tras día. Como pueden ver, esto es algo que tenemos que aprender de nuestros padres, el cuidado mutuo.[1]

Compartan la pasión

Es algo muy natural, dado que somos seres humanos y Nuestro Señor debió haberse sentido así algunas veces, incluso llorado, y se sintió muy solo y..., cuando estaba muriendo, dijo: «¿Por qué me has abandonado?» (Mc 15:34). El mayor sufrimiento de Jesús fue su soledad, su rechazo en Getsemaní. Yo siento que la Pasión de Cristo en Getsemaní fue mucho, mucho, mucho más difícil de aceptar para Él que la Pasión de la crucifixión, porque su propio corazón fue crucificado al ser rechazado, abandonado, al no ser deseado ni amado; lo dejaron simplemente así de solo. Y creo que nosotros si realmente pertenecemos a Jesús, entonces debemos experimentar esa soledad, debemos tener esa experiencia, ese sentimiento de ser indeseados, incluso por Él mismo algunas veces. Debemos darle carta blanca. Si Él elige eso, bien, así que debemos decirle a Jesús: «Está bien». Si Él quiere que compartamos la Pasión de Getsemaní, simplemente se está reviviendo y, si realmente pertenecemos a Jesús, debemos experimentar la Pasión de Cristo. Tenemos que experimentarla. Y a veces [es] por un tiempo largo, a veces un tiempo corto, tal vez, depende; Él es el Maestro, Él puede elegir. Puede ser que llegue a nosotros en su Pasión, puede llegar a nosotros en su resurrección, puede llegar a nosotros como un niño, como un predicador, en cualquier forma que Él quiera llegar.[2]

Es muy difícil lidiar con la gente, pero Jesús dijo que cuando nos abofeteen por un lado, pongamos el otro lado (Mt 5:39). Algunas veces nos lastiman. Estén contentas, compartan en la Pasión de Cristo. Pongan énfasis en ese punto, levanten la vista y mírenlo a Él. Si somos humildes como la Virgen María y santas como Jesús, la gente verá a Jesús en nosotras y nosotras lo veremos a Él en ellos.[3]

¿Por qué fue Jesús humillado y crucificado? Por nuestro bien. La crucifixión fue una humillación terrible, difícil de aceptar: Él transpiró sangre. También en nuestra vida podemos enfrentar muchas situaciones, muy dolorosas. Para Jesús no hubo un «Oh, pero...», no había condiciones. Fue una terrible humillación para Jesús, y nosotras decimos ser las esposas de Jesús crucificado. Examínense a sí mismas: ¿cómo aceptan las [humillaciones]? ¿Han crecido en ese amor tierno?[4]

Entonces, lo vemos en la cruz. Él pudo haber descendido cuando le pedían que lo hiciera. Muy fácilmente pudo haberlo hecho. Todos se hubieran atemorizado y se hubieran alejado. Él podría haber hecho eso en Getsemaní, pero por amor a ustedes y a mí, permaneció en la Cruz. No intentemos escapar de la Cruz o de la humillación, sino que aprovechemos la oportunidad de ser como Él, de vivir su Pasión en nosotros. Un portador de amor significa un portador de la Cruz. Si queremos ser verdaderas M. C., debemos ser verdaderas portadoras de la Cruz. Tal vez, al cargar la Cruz, caemos en el camino. Es muy hermoso hacer las estaciones del viacrucis, ver a Nuestra Señora encontrar a Jesús en el camino o pedir a Simón que te ayude a cargar [la Cruz] cuando caes en el camino. Muchas personas estaban en el camino al Calvario: Nuestra

Señora, Simón, Verónica, las mujeres. ¿Somos Verónica para nuestras hermanas de la comunidad? ¿Somos un Simón para nuestras superioras? ¿Somos una madre para nuestros pobres, como María lo fue para Jesús en la cuarta estación [del viacrucis]? Pidan a Jesús que haga su amor más profundo.[5]

Recuerden lo que hemos hecho para lastimar a Nuestro Señor
Nos sorprende cómo la gente lastimó a Jesús: lo abofetearon, le escupieron. Lo que arrojamos al drenaje es lo que arrojamos a Jesús. Y Jesús no dijo ni una palabra. Cada vez que decimos cosas feas, palabras crueles, estamos haciendo lo mismo a Jesús: «A Mí me lo hicieron». Terrible..., le arrojaron, le escupieron: ahí es cuando Verónica llegó y limpió su rostro. Le escupieron a Nuestro Señor. «A Mí me lo hicieron». ¿Cuándo? Ahora. Pensamos que nosotras no somos responsables [de] lo que ellos hicieron; lo que hicieron ellos es exactamente lo que estamos haciendo nosotras ahora. Hoy quiero que vayan ante el Santísimo Sacramento, [recuerden y examinen], en mi propia familia, como aspirante, postulante: miren directamente a Jesús. Lo que hayan hecho a esa hermana, a esa persona pobre: «Estoy escupiéndole a Él». Hagan esto suyo y verán cómo toda su actitud cambiará. Justo esta mañana estuve con Jesús. En vez de palabras de amor, le di basura, el pecado es basura, esa maldad. Jesús nos da palabras de amor. Si quieren saber si su corazón está bien, [examinen] sus palabras; las acciones de mis manos, las acciones de mis pies, la acción de mi lengua al hablar.[6]

---•••---

Vean hoy si pueden mirar a la Cruz y decir: «Por mis pecados». «Me levantaré e iré a mi Padre». Recordemos las cosas que hemos hecho para lastimar a Nuestro Señor. ¿Por qué estamos nosotras hoy aquí, y no ellas

[las otras hermanas]? Tal vez las otras [hermanas] hicieron [algo malo] solo una vez y no están aquí. Ese es el misterio de Dios. Por eso ahora estamos rezando el rosario en reparación por los pecados cometidos por cada una de nosotras, aquí en nuestra propia Congregación. Pidamos a la Virgen María que sea la causa de nuestra alegría y nos abra los ojos para poder ver el pecado en nuestras vidas.[7]

* * *

Quizá [alguien] dijo una palabra que me lastimó antes y esa herida me impide tener un corazón limpio, me impide ver a Jesús. No seré capaz ni de rezar, porque Dios solo habla en el silencio del corazón. Si no estoy a gusto al hablar con Dios, [debo] examinar si mi corazón es puro. No me refiero a impureza, sino a algo que me impide [ver, escuchar]. Desde la plenitud de mi corazón hablo con Dios y Dios escucha. Necesitamos un corazón limpio si realmente queremos rezar, y servir a los pobres.[8]

Usted podrá enfrentar muchas injusticias
Quiero que pasen su tiempo a solas con Jesús. ¿Qué significa estar a solas con Jesús? No significa sentarse solas con sus pensamientos. No, sino que, incluso en medio del trabajo y de la gente, reconozcan su presencia. Esto significa saber que Él está cerca de usted, que la ama, que es preciosa para él, que está enamorado de usted. Él la ha llamado y usted le pertenece. Si sabe eso, estará bien en cualquier lugar, con cualquier superiora; será capaz de enfrentar cualquier fracaso, cualquier humillación, cualquier sufrimiento si se da cuenta del amor personal de Jesús por usted y del suyo por Él. ¡Nada ni nadie! (Rom 8:39). De otra forma estará tan preocupada con cosas sin importancia que lentamente se [convertirá] en una hermana quebrantada.[9]

Esté lista para pagar el precio que Él pagó por las almas

Jesús dijo: «En verdad les digo: Si el grano de trigo no cae en tierra y muere, queda solo; pero si muere, da mucho fruto» (Jn 12:24).

La misionera debe morir diariamente si desea traer almas a Dios. Debe estar lista para pagar el precio que Él pagó por las almas, para andar como Él anduvo, en busca de almas.[10]

———◆◆◆———

Cuántas veces los pequeños malentendidos —repetidos— se convierten en causa de tanto sufrimiento. En el nombre de Jesús y por amor a Jesús, acepten esos pequeños regalos de Él. Miren esa pequeña herida y vean solo el regalo de Jesús. Él... aceptó tanto sufrimiento y humillaciones porque las amó. ¿Ustedes no aceptarán la pequeña corrección o herida porque lo aman?[11]

———◆◆◆———

Usted escribe «mi vocación», sí, la suya y la de su esposo es permitir que Dios haga con ustedes lo que Él desee. Denle sus ojos, para que pueda ver, su lengua, para que pueda hablar, su corazón, para que pueda amar, todo su ser, para que la gente al verlos a ustedes, vea únicamente a Jesús. Todos ustedes, puesto que viven únicamente para Jesús, están ayudándome ahora mucho más que todas las charlas puestas juntas. Todos los sacrificios que tuvieron que ofrecer cuando el obispo dividió a sus colaboradores, y el resultado de todo esto, fue el gran regalo que la Santa Sede les ha dado a sus Misioneras de la Caridad, el «Decreto de Alabanza»,* ustedes tuvieron que pagar por eso.[12]

———◆◆◆———

* Reconocimiento pontificio por medio del cual la Congregación de las Misioneras de la Caridad fue puesta directamente bajo la autoridad del Papa, 1° de febrero de 1965.

Ustedes son las esposas de Jesús crucificado. Lleven ese gozo, esa paz a donde quiera que vayan. Cualquier trabajo que les asignen, háganlo con alegría. Que su corazón, su alma y su mente sean únicamente para Jesús. Si son completamente solo de Él, no tienen nada que temer. El mayor sufrimiento, la mayor humillación, será entonces el mayor regalo para ustedes.[13]

———•••———

Un corazón limpio puede ver a Dios. «Estuve hambriento, y me dieron de comer, estuve desnudo y me vistieron». ¿Qué significa «A Mí me lo hicieron»? ¿Son sus corazones tan puros que [pueden] ver a Jesús en sus hermanas, incluso en aquella que las lastimó? Nunca, nunca digan una palabra cruel.[14]

Aproveche la oportunidad

Cuando la superiora la corrija, cuando la culpe, cuando no sea culpable, [examine] su interior por un minuto. Si es culpable, pida perdón. Si no lo es, aproveche la oportunidad, ofrézcalo por su comunidad, por la Madre, por sus intenciones... Aproveche la oportunidad porque esta humillación la convertirá en una hermana hermosa. Puedo hablar con usted todo el día acerca de la humildad y no mejorará. Pero al aceptar las humillaciones, se volverá una hermana más humilde. Y todos las tenemos, tendremos humillaciones toda nuestra vida.[15]

———•••———

¿Cuál es su reacción cuando es reprobada o corregida? Examínela. Si su reacción es refunfuñar, entonces no están usando los ojos de la fe. Vigilen sus pensamientos, sus palabras, sus acciones cuando las corrigen.[16]

———•••———

Si soy realmente humilde, responderé: «Sí, gracias». El orgullo habla con arrogancia y en su camino destruye todo lo bello y hermoso. Esa palabra que usted dice con ira a causa de esa corrección —digamos: «Ah, ella es parcial»— da vueltas, y para cuando regrese a usted será algo diferente. Tal como el pecado de Adán y Eva. Ellos tal vez solo comieron un trozo de esa manzana y, sin embargo, ese acto ha afectado al género humano a lo largo del tiempo hasta el fin del mundo. Si realmente somos humildes, seremos verdaderamente semejantes a Cristo, haremos cosas que le agraden. Entonces estaremos en camino a la verdadera santidad. Nada nos hará santas excepto el haber comenzado ese camino. A menos que hayamos aprendido a aceptar las humillaciones, nada más, ni siquiera mucho trabajo por los pobres, valdrá algo.[17]

—•••—

¿Es mejor ser culpada por algo que haya hecho o por algo que no haya hecho? Si aprenden a hacer esto, si aprendieran a aceptar cualquier cosa que Él dé y a dar cualquier cosa que Él quite, con una gran sonrisa, habrán aprendido a ser humildes. Esa oración que les he enseñado les ayudará: «En unión con todas las Misas ofrecidas en todo el mundo, te ofrezco mi corazón. Hazlo manso y humilde como tu corazón».[18]

—•••—

Incluso si su superiora algunas veces no la comprende y dice cosas que puedan lastimarla, esa pequeña herida no debe interponerse entre usted y Jesús. Esa humillación la lleva más cerca de Jesús. Nunca conteste mal a esa humillación. El sufrimiento debe llegar, la humillación y soledad [deben llegar], porque va a ser la esposa de Jesús crucificado. No se le da una guirnalda, no se le da una corona, sino que se le da la Cruz. «Eres mi esposa, comparte conmigo».[19]

———◆◆◆———

Si está decidida a volverse santa, aproveche [cada humillación] como su oportunidad; no deje que penetre en su corazón, déjela que entre por un oído y salga directamente por el otro. Estas pequeñas humillaciones son regalos de Dios.[20]

———◆◆◆———

En la vida de todos hay, continuamente, a lo largo del día, muchos de estos bellos regalos: oportunidades de demostrar nuestro amor a Jesús en esas pequeñas cosas, esas pequeñas humillaciones. Y si somos humildes, si somos puras de corazón, entonces veremos el rostro de Dios en la oración y, por lo tanto, podremos ver a Dios en cada una de nosotras. Es un círculo completo, hermanas. Todo está conectado. El fruto de nuestras oraciones es ese amor por Jesús, que se demuestra al aceptar las pequeñas humillaciones con alegría.[21]

———◆◆◆———

Es muy fácil quejarse. Nunca lo hagan. Ustedes vinieron aquí porque aman a Jesús. Hoy tendrán que demostrar su amor a través de la aceptación. Hoy recibe una reprimenda fuerte y eso la lastima. Nunca proteste. A menos que le pregunten. Si ella [la superiora] le pregunta: «¿Has hecho esto?», puede decir sí o no; si no le pregunta, si la culpa, inclusive si le grita, pregúntese a usted misma: «¿Es verdad?». Solo hágase esa pregunta. Si su corazón está limpio, diga: «Lo siento, no lo haré nunca más»; si no, aceptando esto, le enseñará a ser una hermana humilde. Acepte. Nunca, nunca —después de una represión— nunca se vuelva malhumorada. El mal humor es el fruto del orgullo. Venganza: «Me has lastimado. No tengo forma de hacerte daño, así que me pongo de mal humor». Aprovéchalo. Esa es una humillación que te enseñará a ser una hermana humilde. [Un] corazón limpio te dará alegría.[22]

———◆●◆———

Nunca permita que la amargura entre si quiere ser feliz. Si realmente se entrega a Dios, la humillación, el fracaso, el éxito, la tristeza, el dolor están en ese «sí». Cuando olvidamos ese «sí»..., la amargura llega a nuestro corazón.[23]

———◆●◆———

No pierda el tiempo. No se preocupe por lo que ella dijo o si la lastimó, ocúpese de las almas. Piense que tiene mucho por hacer y [por] rezar.[24]

———◆●◆———

Cuando la gente la halague, que sea para la gloria de Dios. Cuando la gente [la] desprecie, no permita que esto la lastime. [Cuando la alaben], no se vuelva orgullosa. Que entre por un oído y salga por el otro. Nunca dejen que entre en sus corazones. La gente siempre dirá muchas cosas distintas.[25]

———◆●◆———

Siempre sea la primera en decir lo siento. Nunca deje salir de su boca lo que ha escuchado de otros. Nunca lo repita. Si está lastimada, no lo devuelva [no trate de vengarse]. El gozo de nuestra vida es justamente esto [perdonar]. Esa hermana que la lastimó, que no fue muy amable con usted, es la más pobre de entre los pobres. Si no se preocupa por sonreírle o perdonarla, está rechazando a Jesús.[26]

———◆●◆———

En tiempos difíciles, [estos son] los tiempos de sumisión, nunca sea hipócrita, nunca exagere o piense una cosa y escriba otra. Nunca escriba más de lo necesario; nunca escriba cuando esté lastimada o cuando una hermana la haya molestado. Cuando se sienta bien, entonces escriba. Los errores que cometa, no [los] niegue ni los oculte, sino que sea la primera en escribir al respecto, antes de que otros lo digan de usted. Está recibiendo lo que Jesús quiere que tenga. Si es sincera, santa, humilde, obtendrá exactamente lo que debe tener, nada más, nada menos.[27]

Recuerde Nazaret, su propio hogar, querían apedrearlo cuando les explicó las Escrituras (Lc 4:28-29).

Debe sufrir por la verdad. Deberá decirla, pero no lo haga sin rezar: «Que lo diga para la gloria de tu Hijo». Sea completa y exclusivamente para Jesús a través de María. Viva eso. A Él lo llamaron mentiroso, Belcebú. Él nunca respondió, únicamente cuando lo abofetearon: «¿Por qué me abofeteas?» (Jn 18:29). Es una gran humillación para [un] hombre ser abofeteado en público. Acepte las humillaciones. Sin humildad no puede ser como Jesús y María. Acéptelas.[28]

Jesús, por amor a ti

En el monasterio carmelita donde estaba Santa Teresita, había una monja anciana a quien nadie podía complacer o satisfacer. Siempre estaba refunfuñando y nadie quería cuidarla, pero Santa Teresita, porque amaba a Jesús, se ofreció para atenderla [a la monja anciana]. Así que cada día comenzaba la letanía: «Oh, usted es muy lenta o muy rápida, va a matarme» o «¿Qué está haciendo; qué, no puede caminar?», todas las formas en que uno refunfuña. Santa Teresita obedeció a esa monja cada vez e hizo lo que ella quería porque quería ser completamente de Jesús, su Esposo Crucificado. Cosas tontas tal vez, pero para Dios nada es tonto desde el momento en que decimos: «Jesús, es por amor a ti».[29]

———— ••• ————

Cómo me gustaría estar con ustedes estos días, simplemente estar ahí. Sé y me puedo imaginar la herida provocada por la acción del obispo. Pero ¿qué hay de la terrible herida al corazón de Jesús, que lo amó primero? Todos nos sentimos muy mal y son solo nuestros sentimientos, pero la herida de Nuestro Señor es profunda y dolorosa, porque fue causada por alguien a quien Él ama mucho. Debemos rezar para que él regrese a Jesús, y estoy segura de que Él no despreciará a una caña rota. No permitan que el dolor y la tristeza —por muy profundas que sean— les preocupen, porque Cristo quiere su amor ahora. Ustedes pueden amarlo por todos aquellos que no lo aman. Él debe recibir todo el amor que anhela de ambos. Jesús debe amar mucho el hogar de ustedes.[30]

———— ••• ————

Pobre Jesús, tanto sufrimiento para Él y además la Cruz, Nazaret; Belén fue su primer amor. Él siendo rico, se hizo pobre por amor a nosotros. No deje que nada le separe del amor de Cristo, ni siquiera amigos como el obispo, sino que dirija su mente a pensamientos diferentes. Aférrese a Cristo. Él es el mismo Amor que le amó primero. No juzguemos. A nadie... No permita que todo tipo de pensamientos y rumores le molesten. Fije sus ojos en Cristo. Él es el mismo ayer, hoy y mañana: un amor que siempre arde, una fuerza que nunca flaquea, una alegría que siempre llena... Manténgase cerca de Jesús con un rostro sonriente.[31]

•••

[Por] mucho tiempo no tuve noticias suyas y, entonces, las noticias tristes de la universidad. Esta es nuestra oportunidad de mostrar nuestro amor por la Iglesia. Ella nos necesita más que nunca. Seamos todos generosos y permanezcamos con Cristo en su pasión. Siento como si escuchara a Jesús decir en esta confusión: «¿También ustedes se irán?». Él es el Amor digno de amar, la Vida digna de vivir, la Luz digna de encender, el Camino digno de seguir. Recuerde a Pilatos y a Caifás, y no obstante Jesús los obedeció, porque ellos tenían «el poder de lo alto». El buen obispo tiene «poder de lo alto»; por lo tanto, todos nosotros debemos obedecer: Cristo nos hablará únicamente a través de él. Jesús no dejó de amarnos porque Caifás, el sumo sacerdote, fue muy cruel y cometió errores terribles. Estemos muy, muy cerca de nuestra Madre la Iglesia a través de nuestro obispo, en entrega total, confianza amorosa y alegría.[32]

•••

Mi hermana puede no tener gusanos [como el hombre indigente de la calle], pero vea esa rudeza. Realmente me está lastimando. Así que se lo regreso. Si esa hermana le ha dicho eso a usted, es malo, pero ¿por qué lo ha hecho? No lo sabe. No juzgue. Tendrá paz en la comunidad si no juzga.[33]

Compartiendo en los sufrimientos de nuestros pobres
Miren, nuestros pobres tienen mucho que sufrir; somos las únicas que podemos ayudarles. Ofrezcan su dolor a Jesús por ellos. Compartan su dolor, su humillación, su Pasión. Nunca nadie ha sufrido más dolor y

humillaciones que Jesús, todo por ustedes. Ahora es nuestra oportunidad de aceptar todo esto por amor a Él.[34]

•••

Solo piensen cuánto ama la Virgen María a Jesús. Siempre estuvo cerca de Él: en sus humillaciones cuando querían apedrearlo y cuando lo llamaron Belcebú, en el camino al Calvario, cuando [estaba] en la Cruz, cuando lo golpearon, lo clavaron, lo escupieron, lo hicieron morir como un criminal. Y María no se avergonzó de reconocerlo en todo momento como su único amor, como todo lo que tenía y poseía. Ella lo apoyó. ¿Estamos con nuestros pobres en sus sufrimientos y humillaciones?[35]

¿Por qué ellos y no ustedes o yo?

El Abate Pierre[36] vino una vez a Nirmal Hriday. Creo que le lastimó mucho, porque no dejaba de decir: «¿Por qué ellos y no yo?», una y otra vez. Cuando regresó a Francia, escribió un hermoso artículo titulado: «¿Por qué ellos y no usted o yo?». Cuando visito a los pobres, me duele; debe dolerles a ustedes, si realmente son las esposas de Jesús crucificado. Es Cristo crucificado, el Calvario otra vez, por eso es que [necesitamos] las penitencias, porque queremos compartir la Pasión de Jesús.[37]

SU EJEMPLO: Los testimonios

Cuando alguien era difícil o problemático para la Madre, ella hacía lo que estaba a su alcance para ser más amorosa hacia esa persona.

Todo por Jesús

En Nirmal Hriday, muchos pacientes moribundos fueron enviados en la ambulancia municipal de Calcuta, y también las hermanas M. C. los traían de las calles de Calcuta. Casi todos los días los pacientes morían. Un grupo de personas escribió en el diario que la Madre sacaba la sangre de los pacientes y que, por ello, ...muchos pacientes morían. Le pedí a la Madre que protestara por eso, pero ella se quedó callada y en calma. Me dijo: «Esto es todo lo que Dios quiere. Un día estas personas comprenderán su error y se arrepentirán». Las palabras de la Madre se hicieron realidad. Una de esas personas estaba sufriendo. En ese momento nadie quiso cuidarlo, pero la Madre universal siempre estuvo [ahí] para él. Ella le dio amor y aquellas personas comprendieron a su Madre.[38]

«Dejen que la gente nos critique diciendo que la Madre tiene mucho dinero, pero que no ha construido hospitales, casas hogares y cosas como esas». La Madre estaba por encima de todo eso. No prestaba mucha atención a esos detalles, ni nos permitía que nos entretuviéramos en tales cosas. Siempre hacía la señal de la cruz sobre su boca y decía: «Todo por Jesús». Esa era la palabra en sus labios: «Todo por Jesús».[39]

La Madre perdonó a ese paciente, lo rehabilitó y ayudó a su familia
Uno de nuestros pacientes leprosos en Calcuta fue violento con la Madre en la puerta de la Casa Madre. Uno de nuestros jóvenes vecinos vio esta escena desde su ventana. Bajó, lo agarró, lo amenazó y [el hombre] huyó corriendo al instante. La Madre perdonó a ese paciente, lo rehabilitó y ayudó a su familia.[40]

Una buena instrucción sobre cómo ser amable
Había [un niño huérfano] que, muy a menudo, también causaba interminables problemas en la Casa Madre. Además, solo quería dinero y,

cuando la Madre se negó a dárselo, bajó al salón a romper todas las sillas. La Madre bajó con él y solo lo miró. Él se detuvo y pidió perdón. Pero en otra ocasión, vino mientras toda la casa descansaba durante la tarde. Comenzó a dar problemas y corrió y se escondió en el baño, en las habitaciones del noviciado. Una hermana decidió llamar a la policía, y llegaron rápido, pero no se fueron lo suficientemente pronto. Sonó la campana para despertarnos y, como todas nosotras, la Madre iba camino a la capilla. Miró hacia abajo y vio a la policía y preguntó de qué se trataba. Cuando le dijeron que era el niño huérfano, la Madre se molestó mucho. «¿Por qué no me despertaron, en vez de llamar a la policía?». Fue hacia abajo con la policía, los llevó a un lado y habló con ellos. «Es nuestro niño, mi hijo. No lo hará otra vez, déjenlo ir». Luego, volteando hacia [él], le preguntó: «¿No es verdad?», y [él] asintió con la cabeza para decir: «Sí». La policía lo llevó hasta la puerta y lo dejó ir. Pero nosotras, las hermanas profesas, recibimos una buena instrucción después de nuestro té sobre cómo ser amables e indulgentes, incluso cuando nuestros niños y la gente son difíciles.

Una carta muy fea contra la Madre en el diario

En una ciudad de la India, cuando las hermanas abrieron el dispensario para servir las necesidades de los pobres, un cierto doctor comenzó a perder algunos de sus pacientes y se enojó mucho contra las hermanas. En su enojo, escribió una carta muy fea contra la Madre en el diario. La Madre fue a ese lugar y, al averiguar con las hermanas lo que había ocasionado el artículo, fue a la residencia del doctor y tocó a la puerta. ¡Qué impacto para el doctor encontrar a la Madre en la puerta! Dulcemente, ella dijo: «Doctor, soy la Madre Teresa. He venido para decirle muchas cosas que usted no sabe acerca de mí». Él la invitó a entrar, completamente conmocionado. Ella no nos contó qué más le dijo, pero él se convirtió en un colaborador y comenzó a ayudar a las hermanas en nuestro dispensario.[41]

No se preocupen por mí

Cuando Christopher Hitchens transmitió su horrible documental acerca de la Madre, llamándola «Ángel del infierno», yo estaba furiosa. La llamé y le dije: «Madre, sentimos mucho que algo así haya ocurrido», y yo estaba ardiendo en odio, amargura y venganza. ¿Cómo puede alguien permitir que sus propios motivos egoístas lleguen a tal punto que pueda calumniar a una persona que está haciendo tanto en el nombre del Señor? Y, sin embargo, siendo humano lo hizo, y mi preocupación por la Madre Teresa era: «¡Oh! ¡Cómo debe de sentirse!». Su preocupación era: «¿Qué le pasa a usted? Debería estar orando por él, no se preocupe por mí. Tenemos que amarlo, tenemos que orar por él». No sé, pero esto fue algo muy público, y toda su actitud fue que teníamos que amarlo, que teníamos que orar por él. De modo que su vida fue la de amar no solo a aquellos que estaban cerca de ella, sino incluso a aquellos que eran sus enemigos... [Después] cuando vi a la Madre en Calcuta, me preguntó si todavía estaban diciendo cosas malas sobre ella. Le dije: «Oh, no, Madre, todo eso ya pasó», y ella me dijo: «Si hicieron todas esas cosas a Jesús y lo llamaron Belcebú, entonces, ¿quiénes somos nosotras? Todo por Jesús a través de María», y estrechó mis manos firmemente. Nunca olvidaré eso.[42]

Cuando le decía: «Madre, están diciendo esto de usted», ella decía: «Todo está en las manos de Jesús. No hay nada de [qué] preocuparse».[43]

234

No juzguen

La madre no despreciaba a nadie, nunca acusó a nadie, y nunca culpó a nadie. Más bien, siempre los excusaba. Solía decir: «No conocemos la intención o situación que hace a la gente caer. No podemos juzgar». Escribió: «Uno de los pecados que nunca he tenido que confesar es: el dudar de las acciones de alguien, incluyéndola a usted. A menudo veo que se hacen cosas malas y no se puede decir que estén bien, pero por qué esa persona actúa o habla así, no lo sé. Esto me mantiene libre de juzgar, es lo que Jesús dijo» (Mt 7:1).

Recemos por ellos

Cuando se hablaba sin caridad era algo que ella detestaba. Si una hermana comenzaba a quejarse de alguien, la Madre, inmediatamente, le señalaba sus propios labios [con la seña de la cruz] para recordarle a la hermana que permaneciera callada. Cuando alguien le decía que estaba siendo criticada o calumniada, decía: «Recemos por ellos» y, algunas veces, incluso, lo tomaba con humilde humor, riéndose de sí misma. En ocasiones, nos decía: «Aprendamos de esto y corrijámonos a nosotras mismas en donde nos hayamos equivocado».[44]

Una vez, dos hermanas tuvieron un terrible enfrentamiento. La Madre intentó hacerlas verse una a la otra de una forma más favorable, pero la que había cometido la mayor falta, derramó su ira sobre la Madre usando palabras horribles. Se dio vuelta para salir por la puerta principal. La Madre se movió rápido y la detuvo muy amorosamente mientras trataba de hacerla entender. Estoy convencida de que esa hermana todavía está con nosotras, una buena, trabajadora y leal M. C. gracias a la Madre.[45]

Yo estaba muy molesta

Recuerdo una vez que estaba muy molesta y la Madre lo notó. Me llamó a su habitación y me preguntó: «¿Qué sucedió? ¿El sol se ocultó antes de tiempo? Apenas son las tres de la tarde». Cuando le expliqué, me dio una preciosa lección para practicar. Dijo: «Verá, Jesús está ardiendo de amor en su corazón. Usted lo ama y él la ama. Ese ardiente amor está ahí, pero aquí falta algo. Él necesita algo de incienso para completar la gloria de Dios. Esta mañana usted rezó: "Ayúdame a esparcir tu fragancia", así que Él proveyó el incienso. Depende de usted recogerlo y ofrecérselo en gratitud. Déselo con todo su amor y verá su fragancia dentro de su corazón. A Jesús le costó amarla. Usted también debe compartir pagando una parte del precio si quiere salvar almas por amor a Jesús».[46]

Madre, uno de los bebés está muriendo

Comencé a mirar mi reloj y le dije: «¿Sabe, Madre? Si quiere tomar ese avión, ya debemos irnos». Y ella dijo: «Sí, tiene razón, ya voy». Así que se puso de pie e hizo movimientos de irse, pero entonces ¡tenía que bendecir a todas las hermanas otra vez! Pude sentir mi irritación aumentar; era algo como: «Por favor, por favor, ¡ya vámonos!». Seguí tratando de mover a la Madre hacia el auto, pero, entonces, alguien más dijo algo y la distrajeron. A la larga, llegamos al auto y sostuve la puerta abierta para ella, aunque realmente tenía ganas de empujarla dentro, cuando, repentinamente, la superiora dijo: «Madre, uno de los bebés está muriendo». La Madre detuvo sus pasos y dijo: «Tráiganme al niño».

Para entonces, yo ya estaba haciendo un drama, por así decirlo, y proyectaba la actitud de «no tenemos tiempo para bebés moribundos. Tiene un avión que abordar». ¡En serio!... De cualquier modo, no dije nada, pero mi lenguaje corporal, mis chasquidos de lengua y mis suspiros lo decían todo. La Madre no me dijo: «Está siendo ruda e impaciente. Deténgase. Mire lo que está haciendo. Estoy hablando de un niño moribundo. ¿Cuál es su problema?». Tampoco me despidió diciendo: «Hágase a un lado si está tan irritada. Tomaré mi avión a mi tiempo». No me regañó para nada, ni señaló mi terrible comportamiento. Ella solo puso su mano sobre mi brazo muy amorosamente y dijo: «Ya voy, pero necesito ver a este niño». Con todas mis faltas, en ese momento también se ocupó de mí.

La Madre debió haber visto a Jesús en el angustiante disfraz del que se comporta mal, porque tener malos modales es también una forma de pobreza. Sabe, ella no señaló lo ruda que fui; me abrazó y me sostuvo en mi rudeza, y el resultado fue que me derretí, simplemente me derretí. Le trajeron al diminuto niño moribundo. La Madre ha de haber visto miles de niños en ese estado y, no obstante, se tomó su tiempo para orar y para meter una pequeña Medalla Milagrosa en la ropa del bebé antes de subir al auto. Fue un exquisito incidente que tuve el privilegio de presenciar y del cual fui parte. No fue una actuación para mi beneficio, esa era la forma en que era ella; así que ¿cuántos otros exquisitos y sencillos actos de amor habrá hecho en su vida? Es asombroso pensarlo.[47]

Una hermana difícil

Teníamos una hermana que era difícil... Un día, durante el almuerzo, esa hermana en particular dijo en la mesa que no quería comer la comida; dijo que con solo mirarla había perdido el apetito. Todas nos sentimos avergonzadas, pero no la Madre; ella actuó como una verdadera madre. Abrió mucho los ojos y dijo a una hermana que le sirviera otra cosa. Luego, la Madre retomó la conversación. Cuando la hermana llegó con la comida, la Madre sonrió y entonces permaneció en la mesa con esa hermana mientras todas nos levantábamos, pues ya era hora. La Madre no le dijo a esa hermana que hiciera [el] sacrificio de comer o de hacer lo que el resto de nosotras habíamos hecho, etc. Lo vi muchas veces, la Madre amó a las hermanas incondicionalmente... Confiaba en las hermanas y tenía gran esperanza en cada una de nosotras, incluso en «las más pobres de entre las pobres».[48]

Se ocupaba solo en ayudarle

En cierta ocasión, una hermana estaba en problemas. La Madre consiguió que viera al sacerdote. Mientras la hermana estaba con el padre, la Madre caminaba de un lado a otro del balcón, rosario en mano, obviamente rezando por la hermana, no ocupada con el mal o el sufrimiento que la hermana le había causado, sino solo para ayudarla.[49]

¿Puedes darle a Jesús su buena reputación?

Una vez en que me sentía lastimada y molesta porque una hermana estaba hablando contra mí, dije a la Madre que no podía soportarlo más. Pensé que ella [me] comprendería o preguntaría: ¿cómo?, ¿quién?, ¿qué?, etc. Su respuesta fue una sorpresa. Me miró intensamente por un momento y dijo: «¿Pero no puedes darle a Jesús su buena reputación?». Entonces comprendí, un poco, el nivel en el que funcionaba la Madre. No se enfocaba en las dificultades, incidentes y gente como tales: todo era Jesús. ¿Qué es lo que Él me está diciendo, pidiendo de mí o dándome? Es decir, la Madre buscó la verdad más profunda en la situación —la verdad del amor— y respondió a esa verdad. Por eso es que cuando alguien preguntaba a la Madre cómo ser realmente santo, la respuesta invariablemente era la misma: «Toma lo que Él te da y da lo que Él te quita, con una gran sonrisa». Así es como, al parecer, ella podía estar veinticuatro horas con Jesús —enamorada— y hacer de su vida algo hermoso para Dios. Vivir así constantemente requería una fe heroica.[50]

Solo su bondad ayudará

Un sacerdote nos estaba dando problemas en la misión. Cuando la Madre vino a visitarnos, le dijimos acerca de él. La Madre nos dijo: «Dios lo puso aquí para que puedan amarlo y ser amables con él. Tengan cuidado de no hablar cosas crueles de él, sino que ayúdenlo y sean amables con él. Él es el más pobre de entre los pobres ahora». Nunca escuché a la Madre hablar mal de alguien o contra alguien incluso cuando fuera verdad. Hablé con la Madre acerca de una persona e, inmediatamente, me detuvo. Dijo: «Sea amable con ella. Solo su bondad ayudará».[51]

El niño se las arregló para sacar dinero de mi bolso

En Navidad, cuando estaba en el mercado, encontré ahí a un niño muy pobre y malnutrido. Estaba tan contenta [de que él] fuera nuestro regalo de Navidad, y debía llevármelo a casa. Mientras caminaba, el niño me siguió. Mientras trataba de escoger el pescado, el mismo niño se las arregló para sacar el sobre con 960 rupias de mi bolso. Vi al niño correr y apenas podía creer que lo había hecho el mismo chico. Al ver mi ansiedad, la gente buscó en todo el bazar, pero no pudo rastrearlo. En mi tristeza, cancelé [la compra] y fui a casa, y pedí perdón a mi comunidad... Asumí [que como] restitución llevaría muchos cubos de agua desde el tanque principal hasta el tanque del baño. Mientras tanto, escribí a la Madre explicándole todo. En febrero hubo un retiro en la Casa Madre. Con temor y temblor, me acerqué a la Madre; una vez más narré toda la historia. Ella me escuchó tan hermosamente y dijo una frase más allá de mis expectativas: «Olvídelo, hermana, ese niño pudo haber tenido necesidad del dinero». Nunca una palabra de juicio o condenación hacia el niño, o hallar faltas [por] mi descuido.[52]

El poder del amor de la Madre

Había muchos problemas en Calcuta debido a la agitación entre los hindúes y los musulmanes. Al mediodía, la Madre y yo íbamos hacia Park Street. Antes de llegar a Park Circus, vimos a un gran grupo de gente con piedras, palos, cuchillos y espadas... Trataban de destruir muchas casas. Desde lejos, la Madre levantó ambas manos y pidió al conductor que sonara la bocina. La gente se percató de que la Madre estaba dentro del vehículo. Todos soltaron las piedras, etc., y llegaron corriendo al auto. Mientras se acercaban, la Madre juntó ambas manos. Nunca les dijo una palabra. Les hizo una seña con ambas manos para que regresaran. Todos tocaron los pies de la Madre, tomaron su bendición y regresaron como corderos. La Madre esperó hasta que toda la gente hubiera regresado. Ese día me di cuenta del poder del amor de la Madre, que lleva paz a los corazones atribulados. Estaba preguntándome por qué la Madre no dijo ni una palabra. Entonces me acordé de una frase de la Madre: «Si hablo tengo que ponerme del lado de uno, no de todos, y entonces me estanco en la política y dejo de amar». La Madre era muy sabia; ella sabía cuándo hablar y cuándo no, y su acción en ese momento fue aceptada como una señal de su amor y una causa de paz.[53]

Conozca a nuestra gente de la Casa

El gobierno de Assam estaba dando a la Madre una gran parcela de tierra para pacientes de sida. El jefe de gobierno insistió en que la Madre debía ir a aceptar la tierra. Por la tarde, cuando la Madre [llegó], una enorme multitud había ido para conocerla y llevarse su bendición, etc. Una dama muy bien vestida llegó, comenzó a decir toda clase de cosas contra la obra, contra los pobres, como si todo lo que estábamos haciendo fuera en vano. La Madre la palmeó suavemente y dijo: «No tengo nada que decirle, pero quiero que, definitivamente, vaya y conozca a nuestra gente de la Casa, y entonces me reuniré con usted». Después de algún tiempo, la dama regresó. Estaba llorando profusamente y dijo a la Madre: «Vine con el corazón vacío y regreso con el corazón lleno de satisfacción. Madre, mis manos están vacías, no tengo nada con qué contribuir a su trabajo». Entonces, rompió la gruesa cadena de oro de su cuello, quitó el medallón que era símbolo de su matrimonio, lo colocó a un lado, y puso la cadena en las manos de la Madre diciendo: «Madre, por favor, no me rechace, debe aceptar esto». La Madre la tomó cortésmente. Y la Madre la condujo hacia el salón y pasó algún tiempo con ella. Era una persona transformada por completo. Su vida cambió por la invitación de la Madre a visitar la Casa antes que dijera nada.[54]

Hijo mío

Había un paciente leproso que estaba dando muchos problemas a las hermanas. Por tres días, estuvo tirado junto a la puerta, sin permitir que nuestro vehículo o el de las hermanas saliera. Estaba arrojando piedras y había quebrado la ventana del vehículo, etc. Estaba muy insatisfecho, y no podíamos acceder a sus exigencias irrazonables. Cuando estábamos en esta situación tan desesperada, la Madre llegó, con algunas visitas, de Calcuta. Tan pronto como ella llegó, todos nuestros otros pacientes fueron y le contaron todo. Ella descendió de la ambulancia y habló [con el paciente leproso] amablemente. Dijo: «Hijo mío, voy a llevarte conmigo a Calcuta y [te acomodaré en] Titagarh con los hermanos». El hombre, inmediatamente se levantó, tocó los pies de la Madre, se llevó su bendición y se alistó para ir con la Madre sin decir una palabra. La Madre dio un recorrido con los visitantes, pasó algo de tiempo con las hermanas y regresó a Calcuta, y nuestro paciente también se fue en el auto con la Madre, y se fue con ella como un pequeño corderito. Todas estábamos asombradas por la forma en que la Madre había manejado la situación.[55]

Deje el recinto VIP

El Santo Padre vino [a India]. Para la misa del Santo Padre, la Madre estaba en el área VIP en la primera fila. Entonces, vino el secretario del obispo y le dijo que [abandonara] el recinto VIP. Todas las hermanas que estaban sentadas con ella se sintieron muy mal. Pero la Madre inmediatamente se levantó de ahí y se fue para la parte de atrás. Habían sido el pro nuncio y los cardenales quienes la habían llevado a la zona VIP, aunque el obispo no le había dado un pase VIP. En cuanto el Santo Padre llegó al escenario, notó que la Madre no estaba adelante y le pidió que fuera directo a la primera fila. Y la Madre regresó al primer lugar en donde había estado. Todas las hermanas estábamos muy enojadas con el obispo porque sentimos que quería humillar a la Madre, quien no se sintió en lo más mínimo afectada por todo esto. Cuando llegó el cumpleaños del obispo, la Madre fue con todas las hermanas a desearle un feliz cumpleaños. Nos dio a todas una oportunidad de reconciliarnos con él.[56]

La Madre se disculpó

Una vez, la hermana A. y yo fuimos a recoger a la Madre [al aeropuerto]. La hermana llevaba un libro nuevo. Yo iba leyéndolo en el auto. La Madre me dijo cortésmente: «No lea ese libro sin permiso». La hermana A. dijo: «Madre, ella pidió permiso». En la casa, yo estaba sola y la Madre aprovechó esa oportunidad para disculparse por corregirme sin preguntar primero. Yo me quedé realmente impresionada.[57]

REFLEXIÓN

«Pónganse, pues, el vestido que conviene a los elegidos de Dios, sus santos muy queridos: la compasión tierna, la bondad, la humildad, la mansedumbre, la paciencia. Sopórtense y perdónense unos a otros si uno tiene motivo de queja contra otro. Como el Señor los perdonó, a su vez hagan ustedes lo mismo» (Col 3:12-13).

«Acepten lo que Él da —den lo que Él quite— con una gran sonrisa».[58]

¿Relaciono los males que soporto con los males que Jesús soportó por mí en la Cruz?

¿Considero los males inmensos que se les hacen a los pobres, las humillaciones y las privaciones? ¿Qué son los males que me hacen en comparación con los que ellos sufren?

¿Soy consciente de que podría estar haciendo algo que puede molestar o irritar a otros? ¿Me doy cuenta de que podría ser desconsiderado con los demás, de que podría ser difícil con ellos (por ejemplo, tener una conversación ruidosa cuando alguien intenta trabajar o estudiar, hacer mucho ruido cuando alguien trata de descansar)? ¿Estoy tan ocupado conmigo mismo que no puedo pensar en las necesidades de los demás?

¿Cómo reacciono cuando otros son desconsiderados conmigo? ¿Qué males puedo soportar pacientemente, incluyendo esas pequeñas ofensas, que santa Teresita de Lisieux llamó «alfilerazos», que no hacen más que producirme incomodidad personal o inconveniencias?

¿Puedo aceptar que no me tomen en cuenta? ¿Que no me den la consideración debida?

ORACIÓN

Señor, hazme un instrumento de tu paz.

Donde haya odio, ponga yo amor;

donde haya ofensa, ponga yo perdón;

donde haya discordia, ponga yo armonía;

donde haya error, ponga yo verdad;

donde haya duda, ponga yo fe;

donde haya desesperación, ponga yo esperanza;

donde haya tinieblas, ponga yo luz;

donde haya tristeza, ponga yo la alegría.

Oh Señor, que no me empeñe tanto

en ser consolado, como en consolar;

en ser comprendido, como en comprender;

en ser amado, como en amar.

Porque dando se recibe,

olvidándose a uno mismo, se encuentra;

perdonando, se es perdonado;

muriendo, se resucita a la vida eterna.

Amén.

—Oración de san Francisco de Asís, rezada por la Madre Teresa
diariamente después de la Santa Comunión

Perdonar las ofensas con buena disposición
Capítulo XII

La capacidad de la Madre Teresa para perdonar fue una de sus cualidades que impresionaba incluso a aquellos que no compartían sus convicciones religiosas. Al venir de la cultura albanesa, en la cual las «vendettas familiares» eran tradición, ella conocía muy bien cuán terriblemente difícil puede ser perdonar y los efectos devastadores de no hacerlo. De ella se ha dicho que tuvo una «fe bíblica»; esta fe le dio la motivación y fuerza para perdonar a quienes la ofendieron de alguna forma, grande o pequeña.

Una de las principales razones para que ella fuera tan indulgente era que estaba consciente de su propia debilidad y necesidad de la misericordia y el perdón de Dios. También sabía que podía herir a otros involuntariamente, y que sería feliz al recibir perdón.

Aunque la ofensa fuera pequeña o grande, la Madre Teresa estaba dispuesta a pasarla por alto en vez de buscar venganza o distanciarse del ofensor; asimismo, rehusaba albergar resentimiento o guardar rencor. Ella iba más allá: se preocupaba por quien la había lastimado, por su bienestar emocional y espiritual, que se habían visto comprometidos por el error que había cometido.

«Sean las primeras en pedir perdón», aconsejaba a sus hermanas, siendo ella misma, por lo regular, quien daba el primer paso hacia la reconciliación, incluso cuando ella había sido la agraviada. Y si la otra parte persistía en su mala voluntad (como fue el caso, por ejemplo, de algunos de sus más tenaces e injustos críticos), perdonaba y oraba por esa persona.

«Tenga el amor para perdonar y la humildad para olvidar», era su consejo cuando alguien sufría una ofensa. Hay heridas que uno no puede ser capaz de, literalmente, olvidar, pero el querer «olvidar» era la expresión de su deseo de «borrarlo» de su mente, dejando el resto a Dios. Luego ella actuaba como si nada hubiera sucedido con esa persona y le mostraba incluso mayor bondad.

Claramente, hay ofensas que exigen justicia y reparación, pero a menudo son «alfilerazos», esas pequeñas heridas que nos infligimos unos a otros debido a nuestro orgullo, egoísmo o nuestra desconsideración. La Madre Teresa quería evitar el exagerar esas pequeñas heridas que son parte de la vida diaria, porque esos errores pueden muy fácilmente convertirse en problemas mayores, llevándonos a ser resentidos o a guardar rencor. Incluso por cosas pequeñas se pueden arruinar las relaciones.

SUS PALABRAS

La misericordia de Dios es mucho más grande
Incluso en la Cruz Él no tenía nada que decir sino palabras de perdón: «Padre, perdónalos, porque no saben lo que hacen».[1] La Pasión de Cristo es la prueba más segura de la humildad de Dios.[2]

———◆◆◆———

Si algo sucede, si caemos, recordemos que el Padre es un padre misericordioso. Siempre nos perdonará.[3]

———•••———

Debemos rezar para que no se cometa el error. Pero cuando se ha cometido, la misericordia de Dios es mucho más grande que el error. Dios perdonará.[4]

———•••———

Pienso en lo que significa que Dios no destruirá [a los pecadores] —cada pecador es una caña resquebrajada— y Dios no los destruirá (Is 42:3), porque la misericordia de Dios es mucho más grande que todo lo que la caña resquebrajada pueda ser. Y creo, y siempre pienso que somos pecadores ante Dios y, no obstante, Él nunca nos destruirá; siempre tendrá esa misericordia tremenda y tierna por cada uno de nosotros.[5]

———•••———

Debemos implorar a Dios que perdone los pecados: los nuestros y los de los demás. Podemos ofrecer todo por la conversión de los pecadores. El valor de la Preciosa Sangre es infinito. Unámonos a Él en nuestro trabajo. Cada gota de la Preciosa Sangre puede cubrir todo en nuestra vida diaria; así que ofrezcamos [todo] a Cristo, Nuestro Señor.[6]

Para poder rezar necesitamos perdonar
Para poder orar necesitamos perdonar. Entonces nuestros corazones estarán libres para rezar. Y debemos rezar sinceramente y hacer muchos sacrificios para crear paz en nuestra propia casa primero. No podemos trabajar por la paz ni dar paz si no tenemos paz en nuestro propio corazón. Por eso se hacen muchas cosas para destruir la vida, porque la paz se ha destruido en nuestro [propio] corazón. Así como tenemos el amor en acción, también tenemos la destrucción en acción.[7]

El sufrimiento hace importante, antes que nada, que recemos, porque necesitamos valor para perdonar. Y, para ser capaces de perdonar, necesitamos mucho amor en nuestro corazón. ¡Perdonen! Y también debemos saber que necesitamos ser perdonados. Y para ello necesitamos un corazón humilde. De modo que la humildad y el amor nos ayudarán a perdonarnos unos a otros y, en vez de lastimarnos mutuamente, comenzaremos a amarnos mutuamente y a ver lo que es bello en cada uno. Cada uno de nosotros tiene algo hermoso. Si tan solo nos esforzamos para verlo, seremos capaces de amar a esa persona, incluso a aquella que más nos hiere. Si tenemos un corazón libre, seremos capaces de perdonar a esa persona.[8]

Cuando alguien pelee con usted, siempre deber perdonar; y si es usted quien está peleando, hay un tiempo para pedir perdón. Y si alguien pelea con usted, debe perdonar a esa persona y no debe guardar ningún resentimiento contra ella. Eso es lo que Jesús dijo que hiciéramos, que nos amáramos los unos a los otros.[9]

Hagan de su familia algo hermoso para Dios en amor, paz, unidad y gozo. Incluso si rezan juntos diez minutos, vale la pena. Vale la pena. Reúnanse, siempre juntos, siempre juntos, incluso cuando tengan malentendidos, júntense. Perdonen y olviden y estarán verdaderamente llenos del amor de Dios, la paz de Dios residirá realmente en su corazón. Esto es muy, muy importante, especialmente hoy en día cuando hay tanta agitación en el mundo, por todo el mundo, por todo el mundo, en todos lados, tanto dolor, tanto sufrimiento.[10]

Pídanse perdón mutuamente

Antes que nada, creo que tenemos que pedirnos «perdón» los unos a los otros, perdonarnos unos a otros, pedir perdón y perdonar. A menos que seamos libres de cualquier cosa que nos ate, no seremos libres para amar. El amor es libertad, y debemos amar hasta que duela. Y podemos hacer eso solamente si rezamos, porque la oración nos da un corazón limpio, y un corazón limpio puede ver el rostro de Dios. Cuando veamos el rostro de Dios en los demás, seremos capaces de vivir en paz y felicidad, para lo que hemos sido creados, para amar y ser amados.[11]

---•••---

En el Evangelio, a menudo vemos una frase: «Vengan a Mí...» (Mt 11:28). «Todo lo que el Padre me ha dado vendrá a Mí, y yo no rechazaré al que venga a Mí» (Jn 6:37). «Dejen que los niños vengan a Mí» (Lc 18:16). Siempre listo para recibir, para perdonar, para amar. Y para asegurarse de que entendemos lo que nos quiere decir, Jesús dice: «En verdad les digo que, cuando lo hicieron con alguno de los más pequeños de estos mis hermanos, a Mí me lo hicieron». Algo que siempre nos asegurará el cielo [son las] obras de caridad y la bondad con la que hemos llenado nuestra vida. Nunca sabremos cuánto bien puede hacer una simple sonrisa. Decimos a la gente lo bondadoso, clemente y comprensivo que es Dios, ¿somos nosotras la prueba viviente? ¿Realmente pueden ver esa bondad, esa comprensión viva en nosotras? Sean bondadosas y misericordiosas. Que nadie llegue a ustedes sin que se vaya mejor, más feliz. Sean la viva expresión de la bondad de Dios. Todos deberían ver la bondad en sus rostros, en sus ojos, en su sonrisa, en su saludo cálido. En los barrios pobres, somos la luz de la bondad de Dios para [la gente].[12]

Perdonen y amen

Nuestro Santo Padre ha proclamado el año santo como Año de Reconciliación. La palabra suena larga pero, realmente, significa «perdonar y amar». La reconciliación no comienza primero con otros, sino con nosotros mismos, permitiendo a Jesús que nos limpie, que nos perdone, que nos ame. Comienza teniendo un corazón limpio dentro de nosotros. Un corazón limpio siempre perdona y puede ver a Dios en los demás y, por lo tanto, amarlos. Perdonen y pidan perdón: excusen en vez de acusar. No se vayan a dormir cuando recuerden «que su hermana tiene algo contra ustedes», como dijo Jesús. Incluso si no somos culpables, aun así demos el primer paso hacia la reconciliación.[13]

Hoy quiero hablarles acerca del perdón. Se los ruego, hermanas, perdónense unas a otras y pídanse perdón. Hay tanto sufrimiento e infelicidad debido a la falta de perdón. Recuerden, hermanas, que el Padrenuestro dice: «Perdona nuestros pecados, así como nosotros perdonamos». Si no perdonan, no serán perdonadas. Miren dentro de su corazón. ¿Hay alguna amargura contra alguien? Luego traten de encontrar a esa persona o escríbanle, tal vez es una hermana o una persona pobre o alguien en casa. Perdonen. De otra forma no son libres para amar a Jesús con un amor íntegro. No guarden ninguna amargura en su corazón. Hay muchos que no pueden perdonar. Algunos dicen: «Perdono, pero no olvido». La confesión es perdón —la clase de perdón que Dios da— y debemos aprender esa clase de perdón. Hace muchos años alguien dijo o hizo algo, y entonces digo: «Ella hizo esto y aquello, y ella esto... y ella lo otro».[14]

En cierto lugar, había un sacerdote que, por alguna razón, estaba contra el obispo y los sacerdotes. Cada vez que lo visitaba, había mucha amargura en sus palabras y me dijo: «No voy a perdonar. No lo haré». Cuando fui esta vez, le dije: «Esta es su oportunidad; pídale perdón al obispo. Esa es la única palabra que el obispo quiere de usted». Y yo estaba rezando, y todas las hermanas estaban rezando adentro. Cuando terminé la oración, dijo: «Madre Teresa, deme papel». Así que se lo di —yo estaba tan feliz—. Lo llevé con el obispo y le entregué el papel —de otro modo podría haber cambiado de idea—, y le dije: «Esto no es suficiente; diga "Lo perdono"», y lo hizo.[15]

Para perdonar necesitamos mucho amor, pero necesitamos mucha más humildad para pedir perdón. Y este perdonar y pedir perdón es lo que Jesús nos enseñó cuando nos enseñó a decir el Padrenuestro. «Perdona nuestras ofensas, así como nosotros perdonamos a quien nos ofende», y esto es vida para nosotros. Este es el gozo de amar.[16]

Cuando llegue a esa parte del Padrenuestro, deténgase y pregúntese: «¿Es verdad lo que estoy diciendo?». Creo que Jesús sufrió mucho más al colgar de esa Cruz. Él dijo: «... aprendan de Mí, que soy manso y humilde de corazón» (Mt 11:29). Usted no puede ser mansa, no puede ser humilde, si no puede perdonar. No es necesario algo muy grande para destruirnos. Examínese: si no puedo ver a Dios, ¿por qué es?[17]

No diga: «Voy a perdonar, pero no voy a olvidar». Cuando Jesús perdona en la confesión, Él olvida. No diga una mentira cuando pide perdón y usted no perdona.

La falta de perdón es el mayor pecado de orgullo. Pidan perdón y perdonen.[18]

———◆●●———

Si perdono, entonces puedo ser santa y puedo rezar... Todo esto viene de un corazón humilde, y si lo tenemos sabremos cómo amar a Dios, a nosotras mismas, y [amar a] nuestro prójimo. Como ven, esto es el amor simple por Jesús. No hay complicaciones y, sin embargo, nos complicamos mucho la vida con tantas añadiduras. Solo una cosa cuenta: ser humilde, rezar. Entre más recen, rezarán mejor. ¿Cómo rezar? Deben ir a Dios como un niño pequeño. Un niño no tiene problema para expresar sus pensamientos infantiles en palabras sencillas, pero que expresan mucho. Jesús dijo a Nicodemo: «Hazte como un niño pequeño». Si oramos el Evangelio, permitiremos que Cristo crezca en nosotros. Así que una cosa nos es necesaria: la confesión. La confesión no es nada sino humildad en acción. La llamamos penitencia, pero en realidad es un sacramento de amor, de perdón. Por eso es que no debería ser un lugar para hablar por largas horas sobre nuestros problemas. Es un lugar en el que permitimos que Jesús se lleve de nosotros todo lo que divide, lo que destruye. Cuando hay una brecha entre Cristo y yo, y mi amor está dividido, entonces cualquier cosa puede llegar a llenar la brecha. Si realmente quieren comprender el amor de Cristo por nosotros, vayan a confesarse. Tengan la sencillez de los niños en la confesión: «Aquí estoy, como niño yendo a su Padre». Si un niño no se ha corrompido aún y no ha aprendido a decir mentiras, confesará todo. A eso me refiero «como niño» y esto es lo que debemos imitar en la confesión.[19]

———◆●●———

Durante el día, compartan con mucha frecuencia la Pasión de Cristo. Estoy segura de que obtendrán todas las gracias para ser santas si son fieles a esa entrega total.

Incluso si han cometido un error y han faltado a la caridad, pidan perdón. En el momento en el que digan: lo siento, pueden ser perdonadas.[20]

●●●

Jesús la ha llamado por su nombre: «Tú eres mía», «Eres preciosa para mí», «Te amo». Si Él es así conmigo, también debe de ser así con mi hermana. Ella también ha sido llamada, y [ella también] es esposa de Jesucristo. Me lo repito una y otra vez, porque para mí, la forma en que yo entiendo esas palabras: «Pertenezco a Él», significan que, incluso si peco, Él me acepta como soy. Entonces ¿por qué guardo en mi corazón ese rencor contra mi hermana? Si no he perdonado a mi hermana, entonces no he comprendido Su amor por mí. Mire a la Cruz y vea en dónde está usted. Jesús no necesitaba morir así, no necesitaba haber nacido para atravesar esa agonía en Getsemaní.[21]

¿Hay falta de perdón en mi corazón?
¿Cómo puede cargar cosas feas contra sus hermanas cuando es a Jesús a quien debe cargar? Abra su corazón a esa hermana, pídale que la perdone. Esa es la mejor confesión que puede hacer. Solo podrá perdonar y olvidar si le ha devuelto la carga de su dolor en forma de amor. La falta de perdón le impedirá dar amor. Únicamente, si es capaz de perdonar, podrá cumplir ese Evangelio de «Ámense unos a otros como yo los he amado». Solamente entonces podrá amar a Dios con todo su corazón.[22]

●●●

Cualquier cosa que hago, la hago por Jesús. Cuando rezamos, cuando comenzamos a rezar, lo hacemos por Jesús. ¿Cuánto es su amor y su respeto por los pobres? Esa aspereza se vuelve una bofetada para Jesús. Algunas veces no podemos perdonar, ni siquiera una vez: «Ella me insultó». Jesús podía destruir todo con una palabra. Él perdonó. No perdonar puede destruirlas para toda la vida. Seguimos pensando en esa palabra que dijo la hermana, pero necesitamos reconocer nuestro pecado, ser capaces de perdonar. Debemos perdonar, no esperar. ¿Hay falta de perdón en mi corazón? Es un obstáculo para mi vida. Cuando sea demasiado tarde, ya no hay nada que hacer.[23]

Mi hermano tenía un pequeño grano aquí y, en poco tiempo, el cáncer se hizo una gran raíz, después de tan solo tres meses. Lo mismo nos pasa a nosotras con la falta de perdón. No le crea al diablo. Sáquelo. Tal vez tenga un rencor contra su superiora; tal vez, contra sus hermanas; o, quizás, contra sus padres. Como novicia, como profesa de votos temporales, el diablo vendrá a usted con ideas muy hermosas. No permita que el diablo la engañe. ¡Qué gran regalo le dará usted a Jesús en el día de su boda, un corazón puro![24]

Si todavía hay algo en su corazón [contra una hermana] y ella está lejos, vaya al tabernáculo, pídale a Jesús que toque el corazón de esa hermana. Permítale sentir que la ha perdonado. Somos enviadas para ser el amor de Dios. Él ama al mundo de hoy, somos enviadas a ser el amor de Dios.[25]

Todas ustedes tienen superioras. Algunas veces ellas les dicen cosas que no son agradables, tal vez la forma en que lo dicen no sea agradable. ¿Lo aceptan? Tal vez un cambio de lugar, un cambio de trabajo, un cambio de compañera, un cambio de comida, etc. Si tan solo pueden aceptarlo, no habrá dificultad. Pero si no lo aceptan, entonces hay muchos problemas y mucha amargura en el corazón. No hay ese perdón absoluto. Muéstrenme a una hermana amargada y les mostraré a una hermana orgullosa. Una hermana amargada siempre es también una hermana orgullosa. La amargura y el orgullo son gemelos, el mal humor también va con ellos. Una hermana humilde no estará amargada ni de mal humor.[26]

Maravillosa experiencia de perdón

A esa mujer que vino y enseñó los himnos, sus hijos grandes la enviaron a India a pasar unas vacaciones, solo para que olvidara sus problemas. ¿Qué sucedió? Después de treinta y cinco años de fidelidad con su esposo, ese amor y esa fidelidad, ¿a dónde se fueron? Ella me dijo que su esposo tenía un puesto muy alto; es el mejor cirujano... Ahora él le dijo que ya no la quiere, porque alguien, otra mujer, está detrás de él. Ella vino a buscar mi consejo y le dije: «Solo usted puede salvarlo, sus oraciones y sacrificios pueden traerlo de regreso a usted. Él aún la ama, así que perdónelo y rece por él».[27]

•••

Tuve una maravillosa experiencia y ejemplo de perdón. Una familia —marido y mujer— no habían sido felices por muchos años. Estaban hartos el uno del otro, así que planearon seguir cada uno su camino. Las hermanas los visitaron y rezaron. Y cuando fui allá, las hermanas me contaron acerca de ellos. Así que los llamé a ambos. Vinieron. La esposa lloraba y lloraba, pero su llanto no hizo la acción [de pedir perdón], únicamente cuando dijo: «Te pido perdón» y él hizo lo mismo: «Te pido perdón». Ella lo miraba sonriendo y él la miraba sonriendo. Durante los últimos años solo habían estado lastimándose uno al otro, pero ese día estaban muy felices y se fueron [a casa]. La noche siguiente vinieron a verme y me sentí muy feliz. Ambos se miraban y sonreían otra vez.[28]

———— ●●● ————

Hay otra historia de un hombre que tenía muchos pecados y no se había confesado por muchos años. Un día decidió hacer su confesión. Así que escribió cuatro páginas completas, todos los pecados de su vida pasada, y se fue a confesar. Leyó página tras página. Después de leer la cuarta página, pensó: «Tal vez me faltó algo». Así que miró de nuevo en la primera página. Encontró que estaba limpia y vacía. No había nada ahí. Luego miró todas las páginas. Algo había sucedido. Estaba muy feliz y contó esta historia de confesión a otros. Esta es la clase de perdón que recibimos de Dios, y necesitamos perdonar a otros con este tipo de perdón.[29]

Perdóname, perdóname

Hemos abierto una casa en Nueva York para el sida y para todas esas personas de hoy que son los indeseados. Pero qué cambio tan tremendo ha llegado a sus vidas solo porque unas pocas hermanas están cuidando de ellos, porque han hecho un hogar para ellos, un hogar, un regalo de amor; que son queridos, que son alguien para alguien, cambió su vida de tal forma que tuvieron la más hermosa de las muertes. Ninguno ha muerto angustiado. El otro día, la hermana me dijo que uno de los jóvenes (todos lo son) estaba agonizando, pero no podía morir, así que ella le preguntó: «¿Qué pasa? Estás luchando con la muerte, ¿qué te sucede?». Y él le dijo: «Hermana, no puedo morir hasta que pida perdón a mi padre». Y entonces, la hermana averiguó dónde estaba el padre y lo trajo. Y algo de lo más extraordinario [sucedió]: el evangelio viviente, el padre abrazando a su hijo, «Hijo mío, mi amado», el hijo rogando al padre: «Perdóname, perdóname», y los dos aferrados el uno al otro con ternura y amor.

Después de dos horas, el chico murió. Vean lo que el amor puede hacer. Amor de padre, amor de hijo. De modo que [esta] es una razón para que abramos nuestro corazón a Dios, porque todos hemos sido —cada uno de nosotros: ese hombre en la calle, esa persona ahí, este, aquel—, todos hemos sido creados para cosas más grandes, para amar y ser amados. Y si en el mundo actual [vemos] tanto sufrimiento, tanto asesinato, tanto dolor, es porque [la gente] ha perdido el gozo de amar a Dios en su corazón. Y porque eso se ha ido, no pueden compartir ese amor con otros.[30]

Mi propio hijo me hizo esto
Recuerdo una vez haber encontrado a una anciana en un contenedor de basura, ardiendo en fiebre. Era mucho más grande que yo, así que me costó trabajo sacarla del contenedor. Pero con la ayuda de Jesús, conseguí hacerlo. Mientras la llevaba a nuestro hogar, no dijo una sola palabra sobre su terrible fiebre y su gran dolor, o del hecho de que estaba agonizando. No, lo único que repetía era: «¡Mi hijo me hizo esto! ¡Fue mi propio hijo el que me hizo esto!». Estaba tan amargamente lastimada por el hecho de que su propio hijo la había echado que tuve que luchar mucho, y me llevó largo tiempo ayudarla a finalmente decir que lo perdonaba. Lo dijo justo antes de morir. Y si ustedes aman y consuelan al menos a una persona que sufre así, sería algo maravilloso, porque esa persona es, nuevamente, Jesús en su angustiante disfraz.[31]

Lo perdoné a causa del amor de Dios
Un hombre en Poona escribió en el diario muchas cosas feas. Me llamó hipócrita, una política religiosa, me acusó de convertir a otros en católicos, y sobre el Premio Nobel de la Paz y muchos otros adjetivos desagradables.

Le escribí contestándole que lo sentía por él. Y realmente lo sentía por él porque se había lastimado a sí mismo más de lo que me lastimó a mí, y creo que mucha gente le escribió cartas feas debido a lo que dijo. En los diarios se decía: «El Sr. R. llama "hipócrita" a la Madre Teresa». Yo le contesté que lo perdonaba por amor a Dios y lo invité a venir y ver Sishu Bhavan. Cuando recibió la carta, se enojó más y comenzó a escribir más cosas. Me llamó «señor», así que estaba pensando en llamarle «señorita». Nuevamente apareció en el diario: «No es que ella no sea sincera, es muy sincera, pero está llevando a la gente por el camino equivocado. Todavía es una hipócrita». Como ven, hermanas, debemos aceptarlo. Ese hombre estaba muy enojado porque dije: «Dios le bendiga, lo perdono». Así que, hermanas, cuando les reprochen, perdonen y estarán bien en cualquier lugar. Si yo hubiera usado otras palabras, hubiera perdido la oportunidad de dar el amor de Dios, el gozo de Dios... Debemos ser santas a toda costa. La Madre recibe muchas humillaciones —más que ustedes— pero creo que son hermosas oportunidades.[32]

Rogué su perdón

Hace pocos días, un hombre hindú vino a la Casa Madre. Cada mes, hace pequeños sacrificios —dos dólares, dos dólares y medio— y los trae a la Casa Madre, no mucho, porque es pobre. Su padre había muerto y él estaba muy triste. Había reunido todos los medicamentos que habían quedado y vino. Yo estaba en mi habitación porque no me sentía bien. La hermana le dijo que solo pusiera los medicamentos en el suelo y los dejara ahí. Él estaba muy conmocionado. Otra hermana vino y me rogó que fuera a verlo porque estaba muy deprimido. Cuando llegué, me dijo: «Madre, en toda mi vida nunca he recibido esta clase de rudeza; ella fue muy dura, me lastimó mucho». Uní mis manos y rogué su perdón, le dije que lamentaba que hubiera sucedido en nuestra casa, y tomé sus medicamentos en mis manos. Él mantuvo sus ojos mirando hacia donde la hermana se había ido, y repitió: «Lo siento, Madre, pero tenía que decírselo». Yo estaba avergonzada de que hubiera sucedido en nuestra casa. El hombre se fue con un rostro triste. Llamé a esa hermana y le dije: «Si usted hubiera sido más dulce y amable, no hubiera bloqueado el camino de Jesús hacia ese hombre». Ella dijo: «Madre, lo siento. No lo volveré a hacer». Pero ese hombre ya se había ido, nunca escuchó esas palabras, las palabras que ella le había dicho antes no podían retirarse. Para toda la vida esa dureza permanecería en él. Se los ruego, hermanas, si tienen un temperamento fuerte, contrólenlo.[33]

SU EJEMPLO: Los testimonios

Siempre lista para perdonar
Todos y cada uno de los individuos, sean buenos o malos, son aceptables para la Madre. Su actitud de apertura, comprensión, aceptación, perdón y de animar [a una persona] a ser mejor, siempre hay una oportunidad más de hacerlo mejor con la Madre al igual que [con] el corazón de Jesús. Siempre intentamos trazar una línea: siete veces como san Pedro, pero con la Madre siempre es setenta veces siete. La Madre ha sido muy criticada por esto.[34]

No lastime a Jesús
La Madre Teresa era muy paciente e incluso si encontraba un mal trato por parte de las hermanas, como algunas veces sucedió, siempre decía: «Yo le perdono. No lastime a Jesús». Ella no le daba mucha importancia a ser lastimada, sino a lastimar a Jesús.

Había muchas quejas de malentendido [acerca de mí], pero la Madre siempre estaba lista para perdonar, así como Jesús, siempre con una sonrisa. Ninguna vez ella me desanimó. La Madre siempre estuvo ahí, nadie me comprendía, solo ella. Cuando el corazón está lleno de tristeza, una va con la Madre, [ella] solo te mira a los ojos y automáticamente todo se desvanece. No importa el crimen que uno haya cometido. Solo ábrase a ella y estará ahí para ayudarle y solucionar el problema con su amor comprensivo y su compasión.[35]

Si hacíamos algo malo, podíamos ir con la Madre y decir que lo sentíamos. Ella perdonaba y olvidaba de inmediato, y nunca volvía a hablar de eso, incluso si cometíamos la misma falta una y otra vez. En la Madre hubo siempre el perdonar y olvidar. La Madre, al principio, nunca descuidó el corregirnos. Y algunas veces las reprimendas eran muy fuertes. Ella quería que creciéramos espiritualmente. A medida que pasaron los años, hallamos a la Madre más dulce en sus regaños y más rápida para perdonar y olvidar. La Madre siempre solía decirnos: «No lastimen a Jesús. Él las ama». Eso nos ayudó mucho. Cuando había momentos difíciles, podíamos ver a la Madre rezando aún más. Nunca se fue o huyó de las dificultades yéndose a rezar a la capilla. No, la Madre, en un segundo, se volvía tan cercana a Dios y vencía las dificultades. Sabíamos que recibía la respuesta de Dios. Podíamos sentir que la Madre estaba unida a Dios todo el tiempo, siempre en armonía con la voluntad de Dios con gozo. Nosotras, que vivíamos con la Madre, vimos cómo nunca dejó de amar a Jesús con ese profundo amor personal.[36]

Cuando cometíamos un error

La hermana X estaba muy enferma. La hermana Z y yo estábamos sentadas en una cama de madera y estábamos hablando con ella. Y una hermana más llegó y se sentó en la cama y esta se rompió. Ahora teníamos mucho miedo de decirle a la Madre que habíamos roto la cama. En aquellos días, la Madre no tenía dinero; apenas teníamos dinero para vivir. Una por una fuimos a ver a la Madre y nos disculpamos sobre nuestra falta. La Madre no nos regañó, fue muy amable. Solamente dijo: «La próxima vez no se sienten en la cama y la rompan». La Madre solía corregirnos cuando hacíamos algo equivocado. Pero cuando cometíamos un error y lo aceptábamos, ofreciendo disculpas, era muy perdonadora y comprensiva.[37]

¿Qué sucedió, hija mía?

En el noviciado tenía miedo de la Madre. Un día mi maestra me castigó. Me envió con la Madre. Cuando me acerqué a ella, me preguntó: «¿Qué sucedió, hija mía?». Entonces le dije: «Mi maestra me mandó a verla porque no hice mi tarea». Entonces, la Madre no me regañó en lo absoluto. Me dio su bendición y me dijo: «La próxima vez haga su tarea», y me envió de regreso. Desde ese día mi miedo se fue completamente. Supe que la Madre tenía un corazón verdaderamente amoroso.[38]

Podía confiar en la Madre

Me estaba costando trabajo tratar con la culpa y la vergüenza [de] un pecado que había cometido. Sabía, sin lugar a duda, que podía confiar en la Madre para mantener mi secreto y seguir amándome, aceptándome y respetándome, a pesar de que la decepcionara, pero supe que podía confiar en que ella no me condenaría, rechazaría o humillaría. Después de decirle a la Madre toda la historia, primero me preguntó si alguien sabía al respecto y le dije que solo los sacerdotes que habían escuchado mi confesión. La Madre me miró con tanto amor y ternura en sus ojos. Ella dijo: «Jesús la perdona y la Madre la perdona. Jesús la ama y la Madre la ama. Jesús solo quería mostrarle su propia pobreza. Ahora, cuando una hermana venga a usted con lo mismo, usted tendrá compasión por ella». Le pedí a la Madre que no lo dijera a nadie y prometió en una forma muy tierna que no lo haría. La madre nunca me preguntó: «¿Por qué lo hizo? ¿Cómo pudo hacerlo?». Nunca dijo: «¿No le da vergüenza? Provocó un gran escándalo». Incluso nunca dijo: «No lo vuelva a hacer». Mientras pensaba y oraba acerca de mi conversación con la Madre, lloré aún más y me llené de paz y gratitud. Regresé con la Madre al día siguiente y le agradecí por la gran lección que me dio. Le dije todas las cosas que nunca me había preguntado. La Madre resplandecía de gozo y dijo: «Vea usted, nunca pensé en eso; solo dije lo que se me ocurrió». La Madre me bendijo nuevamente con gran cariño y seguí mi camino con un corazón feliz.[39]

La Madre pródiga
Una vez, cuando un grupo de nosotras (maestras de novicias) estábamos recibiendo instrucción de la Madre, una hermana tocó a la puerta para decir que la hermana que esperaban había venido. Sabíamos que había tenido muchos problemas y yo me preguntaba cómo actuaría la Madre. Tan pronto como la hermana entró, se arrodilló llorando y la Madre la bendijo y le dio la bienvenida, con tanto amor que ella no podía decir ni una palabra, y luego, volviéndose a nosotras, nos dijo que fuéramos a traerle una taza de té: la Madre pródiga.[40]

Yo lo perdono
[En India, había un programa de televisión, debido al] primer programa de Christopher Hitchens, el cual vi. Le conté [a la Madre] al respecto.

Debo decir que su primera reacción fue de angustia. Y me dijo: «He hecho mucho trabajo en este país. ¿No hay nadie que vaya a hablar por mí?». Y ahí fue donde se sembró esa semilla en mi mente de que tenía que hacer algo. Ella, a través de su oración, superó eso. La siguiente vez que le mencioné el tema cuando la vi, ella dijo: «Lo perdono». Fue un incidente que ella ya había sacado de su mente. Lo había perdonado completamente. Era como si no supiera —cual niña— lo que él había dicho. Así que se elevó por encima de él.[41]

Cometemos errores

Cuando estábamos en Etiopía, una mujer vino y grabó en video el hogar de nuestros niños cuando no estábamos ahí. Y luego puso todo nuestro trabajo en la televisión como si fuera de ella. La gente comenzó a llamarnos y a preguntar: «¿Qué sucedió? ¿Se van a ir?». Así que dijimos: «No, no nos vamos a ir». Comprendimos que esta mujer en particular había hecho ese programa de televisión como si el trabajo fuera suyo. Tuvimos una reunión con el presidente. La Madre vino y dijo: «Hermanas, perdónenla. No sabía lo que hacía. Debemos aprender a perdonar. Cometemos errores, la gente los comete». Así que ella tenía perdón para todo.[42]

Dios me ha perdonado

Una vez, descubrimos a un hombre de los barrios pobres que estaba muriendo, pero estaba muy amargado. Era católico, pero no estaba dispuesto a ver a nadie, ni siquiera a su familia. Tratamos de hablar un poco con él; sonrió y nos preguntó quién nos había enviado a verlo. Entonces, en el curso de nuestra conversación, le dijimos que necesitaba un corazón limpio para poder ir al cielo. Para ello necesitaba perdonar a todos, incluso a su propia esposa e hijos, porque Dios también nos perdona sin guardar las cuentas de nuestros errores. Él asintió con la cabeza, aprobando lo que habíamos dicho, pero se negaba a ver a un sacerdote para que lo confesara. Nos dio mucha pena por él y rezamos nuestro rosario en el camino a la casa. Dijimos a la Madre: «Ese hombre va a morir, pero se niega a confesarse». La Madre nos preguntó: «¿Qué edad tiene?». Dijimos: «Como cuarenta y cinco». Entonces la Madre dijo: «Ofrezcamos cuarenta y cinco rosarios a Nuestra Señora... por este hombre para que pueda aceptar hacer las paces con Dios». Dividimos el número cuarenta y cinco entre nosotras tres y la Madre.

Al día siguiente, cuando ya se habían completado los rosarios que habíamos prometido a la Virgen María, la Madre nos pidió que lo visitáramos nuevamente. Él nos dijo que le gustaría hacer las paces con Dios y que no se había confesado desde hacía mucho tiempo. En nuestro camino de regreso al convento, nos detuvimos en la iglesia de Santa Teresa para dejar al padre una pequeña nota con el nombre del señor y el del hospital. A los dos días visitamos al hombre otra vez y estaba muy feliz. Nos pidió que lleváramos a su familia para visitarlo. Dijo: «Dios me ha perdonado y quiero perdonar a mi familia por completo». Llegamos a casa con mucha alegría a contarle a la Madre. Juntas agradecimos a la Virgen María por este gran regalo de paz para este hombre moribundo.[43]

Si hubiéramos estado en su lugar
Como la Madre quería ver la mayor parte de Albania para visitar las fundaciones, viajamos mucho en auto. Muchas veces, a lo largo del camino, había multitudes que habían venido a saludar a la Madre, a quien ellos consideraban «su Madre». Pueblos enteros salieron a su encuentro. La Madre se detenía y rezaba con ellos, les daba medallas. Permanecía tan pequeña, tan calmada, tan callada, mientras ellos la aclamaban: «¡Viva

nuestra Madre!», etc. Incluso cuando alguna persona la reconocía (ella estaba sentada al frente del auto) y la saludaba con la mano, ella pedía que nos detuviéramos para saludar a la persona, siempre con el mismo amor y tranquilidad. Nunca rechazó a nadie. Cuando le contamos sobre los robos y las estafas que ocurrían en Albania, ella dijo: «Si nosotros estuviéramos en su lugar, hubiéramos sido peores».[44]

REFLEXIÓN

«Por eso, si tú estás para presentar tu ofrenda en el altar, y te acuerdas de que tu hermano tiene algo contra ti, deja allí mismo tu ofrenda ante el altar, y vete antes a hacer las paces con tu hermano; después vuelve y presenta tu ofrenda» (Mt 5:23-24).

«Hermanas, reciban perdón para dar perdón».[45]

«Si alguien pelea con ustedes, deben perdonar a esa persona, y no deben guardar ningún resentimiento en su contra. Eso es lo que Jesús dijo que hiciéramos, que nos amáramos los unos a los otros».[46]

¿Soy consciente de que estoy frente a Dios como un pecador que necesita perdón y misericordia? ¿Me doy cuenta de que Dios me perdona y me llama a perdonar a los demás?

¿Hay alguna persona en mi vida a quien le tengo resentimiento y no quiero perdonar?

¿He permitido que una ofensa pequeña creciera fuera de proporción y, por un asunto trivial, me he negado a comunicarme con un familiar o amigo? A veces puedo, incluso, haber olvidado cuál fue el motivo (o tal vez ahora me doy cuenta de que no era tan serio como lo consideré entonces), pero ahora mi relación con esa persona está rota o lastimada y la brecha entre nosotros parece insuperable. ¿Habrá forma de propiciar la reconciliación? ¿Qué pasos debo dar para cerrar la brecha (ej., enviar un mensaje, hacer una invitación a una comida y hablar de lo que sucedió hace años) y restablecer la relación? ¿Podré mostrarle bondad a la persona que me ofendió?

Si alguien ha cometido una ofensa seria contra mí y todavía estoy guardando rencor y me siento incapaz de perdonar, ¿haré algo concreto para avanzar hacia la reconciliación? ¿Podré, al menos, rezar por la gracia de perdonar y pedir por la persona que me lastimó?

ORACIÓN

¡Oh Jesús!
Concédeme que seas Tú el objeto de mis pensamientos y afectos,
el tema de mis conversaciones,
el motivo de mis acciones,
el modelo de mi vida,
mi apoyo en la muerte,
y mi recompensa eterna en tu reino celestial.
Amén

—Libro de oración de las M. C., rezada
diariamente por la Madre Teresa

Consolar al afligido
Capítulo XIII

«Esperé compasión, pero fue en vano, alguien que me consolara, y no lo hallé» [Sal 69:21], esta era una referencia a la Pasión de Jesús que la Madre Teresa frecuentemente citaba. Solía exhortar a sus hermanas: «Díganle a Jesús: "Yo seré esa persona". Yo lo consolaré, lo animaré y lo amaré... Permanezca con Jesús. Él oró y oró, y cuando buscó consuelo, no había nadie. Trate de ser esa persona que comparta con Él, que lo conforte, que lo consuele». Como ella estaba ansiosa de consolar a Jesús, también estaba ansiosa de consolar a aquellos que necesitaban consuelo; en cada uno de los afligidos veía a Jesús en Su angustiante disfraz suplicando consuelo.

La Madre Teresa era una persona de carácter fuerte y gran determinación, pero al mismo tiempo, tenía un corazón tierno y se conmovía con el dolor y el sufrimiento de los demás. Frecuentemente, cuando nos enfrentamos a mucho sufrimiento, ya sea el nuestro o el de aquellos que nos rodean, tendemos a cerrar —«a endurecer»— nuestro corazón con la finalidad de «protegernos» y no involucrarnos tan personalmente. Aunque esto puede ser útil y legítimo, cuando cerramos nuestro corazón, no estamos reflejando cómo funciona el corazón de Dios, cómo va hacia quienes están en dolor. La Madre Teresa deseaba que su corazón reflejara el corazón de Dios.

Se conmovía profundamente por el sufrimiento de cada persona, y por esta razón era capaz de ofrecer consuelo a un nivel muy profundo, «llegando hasta el corazón de las personas». Cuando la gente con diversos sufrimientos acudía a verla en busca de consuelo, ella estaba lista para ofrecer una palabra de aliento, una sonrisa y, a veces, nada más que la promesa de sus oraciones. Y la gente se iba consolada y con esperanzas renovadas, y con la capacidad de ver un futuro más brillante. Esto no se debía a sus palabras, que de hecho eran muy sencillas y sin pretensiones. Más bien, fue la compasión que tenía en su corazón por los afligidos la que marcaba la diferencia, su comunicación de corazón a corazón. Al entrar en sus sufrimientos, era capaz de «amar hasta que doliera», como acostumbraba decir.

«Consoladora de los afligidos» es uno de los títulos que se le atribuyen a la Virgen María en la letanía de Loreto. La oración diaria de la Madre Teresa a María era: «Dame tu Corazón, tan hermoso, tan puro, tan inmaculado» y fue en la escuela de María que ella aprendió a tener un corazón compasivo y a acercarse con amor y consuelo a aquellos que estaban afligidos en cuerpo o espíritu.

SUS PALABRAS

Enfréntate a ti misma: ¿Realmente amas a Jesús? ¿Soy yo quien lo consuela? Todas ustedes han visto la imagen de Cristo en su Pasión donde dice: «Busqué a alguien que me consolara, pero no lo encontré», y la Madre añadiendo escribió: «Se tú esa persona». ¿De verdad eres tú esa persona? ¿Puede Él realmente acudir a ti para recibir consuelo? ¿Eres tú aquella en quien Él se puede apoyar, especialmente hoy en este torbellino de pecado? ¿Somos ese alivio, ese consuelo?[1]

Lleven a Jesús a la gente que sufre

El Jesús que se convierte en pan para satisfacer nuestra hambre, también se convierte en esa persona desnuda, esa persona solitaria, sin techo e indeseada, ese leproso o borracho o drogadicto o prostituta, para que podamos satisfacer su hambre de ser amado por nosotros a través del amor que les mostramos. Llevando la presencia de Jesús a la gente que sufre de esta forma nos hace contemplativas viviendo justo en el corazón del mundo.

La gente está pidiendo ayuda espiritual, consuelo; tienen tanto temor, están desanimados, en desesperación, muchos cometen suicidio. Por eso es que debemos concentrarnos en ser el amor de Dios, la presencia de Dios, no con palabras, sino con servicio, con amor concreto, escuchando.[2]

Primer y último contacto con el amor

Nirmal Hriday, el tabernáculo viviente del Cristo sufriente. Cuán limpias deben estar sus manos para tocar los cuerpos quebrantados, cuán limpia debe estar su lengua para decir palabras de consuelo, fe y amor, porque, para muchos de ellos, este es el primer contacto con el amor y puede ser el último. Cuán vivas deben estar en su presencia, si realmente creen lo que Jesús dijo: «A Mí me lo hicieron».[3]

Mi hermano, mi hermana

Y Cristo dijo muchas veces: «Ámense los unos a los otros como yo los he amado». Y ya sabemos cómo nos amó. Dio todo por amor a nosotros, para que podamos como Él amar a otros, especialmente a la gente que no tiene nada, que no tiene a nadie... Hay mucha gente que sufre de diferente pobreza, la pobreza espiritual. Ser abandonado, indeseado, no amado, descuidado. Y creo que usted y yo, que hemos sido creados para amar y ser amados, hemos sido creados para cosas más grandes. No somos solo un número más en el mundo. Somos hijos de Dios. Y aquella persona es mi hermano, mi hermana. Y por eso es que Jesús insistió tanto en ese amor de los unos a los otros.[4]

Sean amables

Hermanas, ustedes y yo hemos sido enviadas. Una misionera es una persona que ha sido enviada, y hemos sido enviadas ¿para hacer qué? Caridad. ¿Qué es una Misionera de la Caridad? Una portadora del amor de Dios. ¡Qué hermoso nombre les han dado los musulmanes a las hermanas! Los de la India, no las llaman «Misioneras de la Caridad», las llaman «Portadoras del amor de Dios». ¡Qué hermoso nombre![5]

———— •••• ————

Nuestros pobres se vuelven más pobres cada día. Se los ruego, mis hermanas, sean amables con ellos, sean un consuelo para los pobres y hagan todo el esfuerzo para ayudarles. Abran sus ojos a las necesidades de los pobres. Hagan una realidad viviente su voto de dar servicio gratuito y de todo corazón a los pobres, a Cristo en su angustiante disfraz.[6]

———— •••• ————

Sean unas verdaderas colaboradoras de Cristo. Irradien y vivan su vida. Sean un ángel de consuelo para los enfermos, una amiga para los pequeños, y ámense unas a otras como Dios las ama a cada una con un amor especial e intenso. Sean amables unas con otras, yo prefiero que cometan errores en bondad a que obren milagros con falta de amabilidad.[7]

Sonríanse unos a otros

Porque hoy, aparte de la pobreza material que hace que la gente muera de hambre, muera de frío, muera en las calles, está la gran pobreza de no ser deseado, no ser amado, de estar descuidado, de no tener a nadie a quien llamar suyo, nadie a quien sonreír. Y algunas veces le sucede a nuestra gente anciana, a quienes llamamos confinados... no son nadie, tan solo están ahí, son desconocidos, se les conoce por el número de su habitación, pero no son conocidos para ser amados y servidos. Porque el conocimiento siempre lleva al amor y el amor al servicio. ¿Realmente sabemos eso?[8]

Sanen al que sufre
Ustedes, los que están ejerciendo su labor médica, están tratando con el sufrimiento, están tratando con gente que llega a ustedes soportando gran dolor, gran sufrimiento, y con gran esperanza de que ustedes hagan algo, de que les den algo, el gozo de ser aliviados del dolor. Qué terrible sería si llegan a ustedes con temor, temor de que ustedes vayan a destruir algo en ellos.

Hay un grupo de doctores y enfermeras que están estudiando, se acercaron y me dijeron: «Por favor, ayúdenos a consagrar nuestra vida, nuestro trabajo que sea algo santo, algo hermoso para Dios». Así que [esos doctores] tienen en ellos la determinación de que, a través de su trabajo, al hacer ese hermoso trabajo médico, sanarán las heridas, sanarán el sufrimiento, para dar gozo.[9]

———•••———

Y el sufrimiento y el dolor son solo una señal para esa persona, para ella individualmente, de que se ha acercado a Dios, y Dios puede compartir su propia Pasión con ella. No siempre es fácil de aceptar, pero ahí es donde nosotras entramos en la vida de la gente y les ayudamos a aceptar [lo que sucede]. Y a menudo me pregunto lo que sería del mundo si no tuviera a las personas que comparten su sufrimiento y lo ofrecen.[10]

———•••———

Nunca olvidaré cuando conocí a una mujer que sufría el más terrible dolor. Nunca he visto a una persona con tanto dolor. Estaba muriendo de cáncer, con un dolor terrible, y le dije: «Mire, ese es el beso de Jesús, una señal de que usted se ha acercado tanto a Él en la Cruz que Él puede besarla». Y luego, ella juntó sus manos y dijo: «Madre, por favor diga a Jesús que deje de besarme».[11]

Los dejan hablar y hablar y hablar

En Inglaterra, la Madre ha comenzado un pequeño grupo —un grupo que escucha—, y van a las casas de esas personas ancianas, y simplemente se sientan y los escuchan. Y los dejan hablar y hablar y hablar. Aunque tengan solo una persona que escuchar, allá van. A los ancianos les encanta tener a alguien que los escuche, incluso si tienen que contar una historia de hace treinta años, pero es bueno escuchar, y creo que es algo muy hermoso... Una vez que ustedes comienzan a visitar esos lugares, a esas personas, pronto hallarán que tal vez algo pequeño complacerá a esas personas, y ese algo pequeño ustedes lo pueden hacer. Pueden ir primero y ver lo que necesitan: un libro, una tarjeta, o simplemente el contacto con ellos.[12]

Mi madre no me quiere

Nunca olvidaré a ese joven en Inglaterra; lo vi en las calles de Londres. Tenía el cabello largo y le dije: «No deberías estar aquí, deberías estar en casa con tus padres». Solo tenía veintidós o veintitrés años. Entonces dijo: «Mi madre no me quiere. Cada vez que voy a casa, no me deja entrar porque tengo el cabello largo. No me quiere y no me puedo cortar el cabello». Así que eligió la calle [porque] su madre no lo quiso. Muy posiblemente, aquella buena madre estaba preocupada por el hambre en la India y trabajaba para la gente que la rodeaba, excepto para su propio hijo. Cuando regresamos, ese joven estaba tirado en el piso. Tenía una

sobredosis de drogas. Tuvimos que llevarlo al hospital. No sé si sobrevivió, porque no sé cuántas cosas había tomado. ¿Cuál será la reacción
de esa madre al enfrentarse a ese hijo cuando vuelvan a verse? «No me
quisiste». De modo que comencemos a querernos unos a otros.[13]

No tienen a nadie en lo absoluto
Actualmente, en el área de Nueva York en donde nuestras hermanas
están trabajando hay varios lugares, pero hay uno en particular donde la
gente está, algo así como [las] personas que nosotros recogemos de las
calles de Calcuta, un poco más descuidada que nuestra propia gente...
Las hermanas van ahí una vez a la semana. Vamos y hacemos ese trabajo
humilde, tal como cortarles las uñas y lavarlos, alimentarlos y cambiar
su ropa, y hacer sus camas un poco más cómodas. Estuve ahí hace algún
tiempo y creo que era terrible, y desde [entonces] las cosas han empeo-
rado más de lo que estaban antes. Estamos tratando de averiguar quién
es la persona que nos puede dar permiso de ir a diario. Ustedes pueden
encontrar gente así, especialmente los confinados. En cada lugar tenemos gente así, en cada lugar; en los hospitales hay gente a la que nadie
visita, no tienen nada en lo absoluto. Así como un hombre en un lugar,
que esperó a que las hermanas llegaran a lavar su boca, porque por toda
una semana nadie le dio nada para lavarla. La siguiente semana, cuando
las hermanas llegaron, ya había muerto.[14]

Consuelen a los que viven en soledad
Un hombre rico me dijo: «Tengo una gran casa en Holanda. ¿Quiere
que la done?». Le dije: «No, lo que quiero es que regrese y piense:
¿deseo vivir en esa casa?». «Sí», dijo, «y también tengo un gran auto,
¿quiere que lo done, en lugar de la casa?». Le dije: «No, pero lo que
quiero que haga es que regrese y busque algunas de las muchas personas

que viven en soledad en Holanda. Y, de vez en cuando, los lleve a su casa para que se diviertan. Llévelos en ese gran auto que tiene y déjelos disfrutar unas cuantas horas su bella casa. Entonces su gran casa se convertirá en un centro de amor, lleno de luz, lleno de gozo, lleno de vida». Él sonrió y dijo que sería muy feliz de llevar a esas personas a su casa, pero que quería renunciar a algo en su vida. Así que le sugerí: «Cuando vaya a la tienda a comprar un nuevo traje o ropa, o cuando alguien vaya a comprarlos para usted, en vez de comprar el mejor, que costaría $55, compre uno de $50 y use el dinero extra para comprar algo para otra persona o, mejor aún, para los pobres». Cuando terminé de decir eso, me miró admirado. «Oh, ¿entonces esa es la forma, Madre? Nunca se me ocurrió».

Cuando finalmente se fue, se veía muy feliz y lleno de gozo al pensar en ayudar a nuestras hermanas, y ya estaba planeando enviarles cosas a las hermanas de Tanzania.

Palabras de consuelo

Tan pronto como escuché acerca del terrible terremoto en Kobe, Japón, envié un mensaje al arzobispo ofreciéndole el servicio de nuestras hermanas. Seis fueron a la ciudad a llevar el amor y la compasión de Dios a la gente, especialmente a los ancianos. Ellas caminaron por las calles de la ciudad en la que más de cinco mil personas murieron, ofreciendo palabras de consuelo, esperanza y ánimo, así como provisiones a los que estaban en necesidad. Oremos por la gente de Kobe y por todas las personas que sufren debido a desastres naturales, guerra y violencia, que al unir su pena y sufrimiento al de Jesús, puedan hallar fuerza y sanación.[15]

El gozo de compartir su sufrimiento

Usted ha hecho mucho y aún lo hace, para la gloria de Dios y por el bien de los pobres. Así que no tenga miedo —la Cruz misma es la señal de Su gran

amor— al darle el gozo de compartir su sufrimiento y humillación con Él...
Estos son únicamente medios para llevarlo a un amor más grande.[16]

Permita que Jesús sea la víctima en usted
Usted le ha dicho «sí» a Jesús y Él le ha tomado la palabra. Dios no puede
llenar lo que está lleno. Él puede llenar únicamente lo que está vacío, la
profunda pobreza. Y su «sí» es el comienzo de estar o quedar vacío. No
es realmente [importante] lo que «tenemos» para dar sino cuán vacíos
estamos, para poder recibir [a Jesús] plenamente en nuestra vida y dejar
que Él viva Su vida en nosotros.

En usted ahora, Él quiere revivir su completa sumisión a su Padre.
Permítale hacerlo. No importa lo que sienta, mientras Él se sienta bien
en usted. Aleje su vista de sí mismo y regocíjese en no tener nada, en
que no es nada, en que no puede hacer nada. Dé a Jesús una gran sonrisa
cada vez que su vacío lo atemorice.

Esta es la pobreza de Jesús. Usted y yo debemos permitirle a Él vivir
en nosotros y a través de nosotros en el mundo. Aférrese a la Virgen
María, porque ella también, antes de poder ser llena de gracia, llena de
Jesús, tuvo que atravesar las tinieblas: «¿Cómo será esto?». Pero en el
momento en que dijo «sí» sintió la necesidad de ir a toda prisa a llevar
a Jesús a Juan y a su familia.

Siga dando a Jesús a su gente, no con palabras, sino con su ejemplo,
con su amor por Jesús, al irradiar su santidad y esparcir su fragancia de
amor a donde quiera que vaya.

Solo mantenga el gozo de Jesús como su fortaleza. Sea feliz y esté
en paz. Acepte lo que Él le dé y dé lo que él le quita con una gran sonrisa. Usted le pertenece. Dígale: «Yo soy tuyo y si me cortas en pedazos,
cada pedazo será totalmente tuyo». Que Jesús sea la víctima y el sacerdote en usted.[17]

Rezo para que Nuestra Madre Santísima permanezca cerca de usted, así como estuvo cerca de Jesús al pie de la Cruz. Comparta todo con ella, y pídale que sea una Madre para usted.[18]

Si tenemos a Jesús, lo tenemos todo
Su carta de bienvenida me trajo gozo y tristeza: gozo al saber que se encuentran bien, de que hayan asumido su pérdida de una manera tan hermosa, con una fortaleza verdaderamente como la de Cristo. Realmente estoy orgullosa de ustedes. Y tristeza por las cosas que se perdieron; pero no puedo evitar pensar, tal vez Nuestro Señor ha permitido esto para liberarlos, para hacerlos compartir la décima estación de la Cruz, «y le quitaron sus ropas». Estas personas les han hecho exactamente eso. Perdonen y olviden con una sonrisa. Agradezcan a Dios que no estaban en la casa cuando ellos llegaron. Solo Dios sabe lo que les pudo haber ocurrido a cualesquiera de ustedes. Sé lo que ambos sienten, pero ambos son fuertes y jóvenes. La casa se puede amueblar, pero háganlo en el espíritu del Concilio Vaticano, hermosamente, digna del templo de Dios que mora ahí. Aquí nosotros también estamos compartiendo la Pasión de Cristo. Hambre, inundaciones, enfermedad, conflictos, tanto sufrimiento, tantos malentendidos. El dolor de ver a mi gente sufrir tanto es muy grande. La Iglesia en las naciones en guerra, más sufrimiento.

A menudo, muy a menudo solo digo: «Gracias a Dios, hay un Dios en cuyas manos estamos». Nuestros hogares están llenos, llenos de niños indeseados, de gente enferma y moribunda, de ancianos que nadie quiere y, no obstante, debemos seguir sonriendo en entrega total a Dios y en confianza amorosa en nuestro prójimo, quien quiera que sea. Él es la Luz que nunca se extinguirá. Él es el Camino que nunca se desviará. Él es la Verdad que conquistará. Él es la Vida que nunca morirá. Si tenemos a Jesús, lo tenemos todo. Así que mantengámonos cerca de Jesús con un rostro sonriente.[19]

El sufrimiento, la mayor riqueza

Estoy orando mucho por usted para que pueda sacar provecho de su discapacidad y sufrimiento que han llegado a su vida como medios de verdadera santidad. Agradezcamos a Dios por Su amor por usted, por Su presencia en usted y por la gracia con la que ha aceptado su aflicción como un don de Dios. Debe de ser difícil, pero el madero de la Cruz era duro también. No piense nunca que su vida es inútil porque no puede hacer lo que otros hacen. La Cruz de Jesús y el sufrimiento de la Virgen María y de tantos cristianos son la mayor riqueza del mundo entero.

Usted también es parte de esa riqueza. Permita a Jesús que viva más plenamente en usted, y que la Pasión que Él comparte con usted sea una señal de su amor tierno. Ofrezca todo por nuestra Congregación con una sonrisa.[20]

Condolencias

Su padre se ha ido a casa con Jesús, con Aquel que lo amó primero y lo llamó a la vida. Ahora que él está con Jesús y que Jesús está en su corazón, él también está ahí, ahora más cerca de usted que nunca antes, rezando por usted y cuidándole. Permita que este pensamiento le dé consuelo en su dolor. Rezo por su madre de forma especial durante estos días.[21]

———— ••• ————

Gracias por su carta... y por compartir la triste noticia de la muerte de su sobrino. Ofrezco mis profundas condolencias a su hermano y cuñada y asegúreles a ambos de mis oraciones para que el Señor los consuele y los fortalezca. Debió de haber sido un gran golpe para todos ustedes, ya que todos habían visto al niño tres días antes vivo y feliz. Dios, nuestro Padre amoroso, quien nos conoce, nos ama, y sabe lo que es mejor para nosotros, se ha llevado [al hijo] para Sí mismo al cielo, en donde ahora está viviendo lleno de la vida que Dios quiere darnos. Por tanto, es un pensamiento feliz y consolador para los padres que [él] no está muerto en pecado sino totalmente vivo en el cielo a través del amor y la misericordia de Dios. Y Dios, a su debido tiempo, atraerá a los padres más cerca de Él, con [su hijo] quien está intercediendo por sus queridos padres. Me da gusto que usted esté [con ellos] en este tiempo, dándoles consuelo y fortaleza de un modo cristiano. Dios, a su debido tiempo, sanará sus heridas y con delicadeza sacará el bien para ellos.[22]

•••

Lamento mucho saber de la muerte de su hermana. Recemos por ella, que Dios le conceda compartir Su gloria. Estoy rezando por usted, para que Dios le dé la gracia de aceptar su pérdida con valor, incluso con alegría, sabiendo que ella ha ido a casa con Jesús y está más cerca de usted ahora que [antes]. Agradezca a Dios por la oportunidad que le dio de cuidarla; ahora Dios quiere valerse de usted para que ayude a su familia y a otros, especialmente a los que viven en soledad, los no queridos. Dele a Dios su corazón para amar.[23]

•••

Lamento saber que su hermana... falleció repentinamente. Sin embargo, estoy segura de que su fe lo ayudará a aceptarlo con gozo, ya que ella ha ido a casa con Jesús y ahora está con Él en el cielo. Ella debe de estar rezando por todos ustedes allá. Ahora que está con Jesús y Jesús está en su corazón, ella está ahí también, más cerca de usted que nunca antes.[24]

SU EJEMPLO: Los testimonios

Ella escuchaba a todos

Yo solía estar a cargo de cuidar la puerta en la Casa Madre. Cada vez que llegaban visitantes, iba a la habitación de la Madre para darle su tarjeta, y así sucesivamente, y cada vez la Madre me daba su bendición e inmediatamente se levantaba e iba a la terraza de la capilla o al salón del piso inferior para atender a la gente. Recibía a todos los que llegaban, fueran ricos o pobres. La Madre escuchaba a todos. Algunos venían solo para tocar sus pies, para tener *darshan* [llegar a la presencia de una persona santa], para llevarse su bendición e irse. Todos se iban de su presencia con una sonrisa feliz. La Madre acostumbraba a rezar con ellos, a llevar a los que tenían problemas o aflicciones a la capilla y rezar por ellos.

———•••———

Ella siempre les daba Medallas Milagrosas y su «tarjeta de presentación». Usaba medios muy sencillos, pero la gente se conmovía. Muchos también fueron sanados, porque la Madre estaba llena de Jesús e irradiaba su paz hacia aquellos que estaban en problemas.

———•••———

La Madre se sentó junto a él, escuchando y animándolo. Para la Madre significaba «ver a Jesús veinticuatro horas al día» en el niño desaliñado y desnudo, con ojos infectados, o en la gente rica y vestida lujosamente que acudía de todas partes del mundo a verla, algunas veces desde lejos. Su sonrisa radiante iluminaba todos los corazones, y mientras algunos lloraban por un toque secreto de Jesús en lo profundo de su ser, otros experimentaban una desbordante alegría dentro de ellos.[25]

———•••———

Cuando mi hermano murió, fui a buscar la bendición de la Madre. La Madre me dio su bendición, me abrazó y me dijo: «Hija mía, Jesús te ama tanto que está compartiendo contigo». La Madre me miró con amor. Su tierna mirada me impactó mucho, sentí verdadero consuelo y ella me dio el valor y la fuerza para seguir.[26]

Encontrar nuevamente la paz
A menudo me sentaba con ella en la banca fuera de su oficina y hablaba de las dificultades que estaba enfrentando en el trabajo o mi angustia porque mis hijos no practicaran su fe o por mi esposo, que no es católico. Ella me aseguró que Jesús los amaba más que yo, y que Él cuidaría de ellos. Tomó mis manos entre las de ella y, dándome un rosario, me dijo que lo rezara cada día y pidiera a la Virgen María que intercediera por ellos y que ellos regresarían. Yo no he sido tan fiel como necesito serlo, pero un hijo ha regresado y está practicando su fe, y mi esposo ha comenzado a preguntar sobre la oración y el amor de Dios por él, un concepto nuevo para él.[27]

En una ocasión, la Madre visitaba Titagarh. Había un leproso que, aunque estaba deformado, solía ayudar a las hermanas a vender las heridas y a dar alimento y medicina a otros, solo para estar con las hermanas. Se quedó ciego y perdió por completo los dedos de las manos y de los pies. Se acercó a la Madre y gritaba: «Madre, me he quedado ciego, ya no puedo verla. Me he vuelto inútil, ya no puedo ayudar». La Madre le dijo: «Oh, hijo mío, no te preocupes. En muy poco tiempo todos iremos al otro lado a nuestro hogar. Todo será nuevo. Ojos nuevos, manos nuevas, ¡todo nuevo! ¡Veremos a Dios, que nos ama tanto!». Él dijo: «Madre, ¿cuándo sucederá eso? ¡Rece! ¡Quiero irme pronto!». Esa era la forma en que la Madre infundía en la gente el deseo de una vida nueva, sin dejarlos ahogarse en la miseria. Desde entonces ese hombre ya no estuvo triste. Estaba muy feliz, esperando ir a Casa.[28]

———•••———

Cuando le llevaban a algunos parientes de un difunto, ella los consolaba diciendo... que venimos de Dios y vamos a Dios.[29]

Me sentí totalmente amada

La Madre se negó a volver a hacer una entrevista. Dijo que si algo no había funcionado, significaba que no era la voluntad de Dios. Me sentí devastada por su negativa. En ese momento, como si sintiera ese mismo dolor, me quitó las gafas oscuras que yo estaba usando y dijo: «No está durmiendo bien». Las palabras eran sencillas, pero la energía que ella emanaba era inmensa. El tiempo pareció detenerse. Mi corazón parecía hincharse en mi pecho. Sentí un amor poderoso fluyendo de la Madre hacia mí y de regreso. Era el amor que por largo tiempo deseé de mis padres, amigos y amantes, pero que nunca, antes de ese momento, experimenté. En un estado de mayor conciencia, repentinamente, supe que Dios existía, que Dios era este amor, y que la Madre Teresa era un canal de ese amor. Me sentí totalmente conocida y amada. No dije nada, pero la Madre aprovechó la oportunidad. Como si pudiera leer mi corazón, dijo: «Agradezcamos a Dios». Desenganchó el rosario de su cinturón y comenzó a rezar. Yo, que no había rezado en catorce años, permanecí de rodillas y me uní a la Madre en el rosario, con lágrimas, nuevamente, rodando por mi cara.[30]

Véalo a él en su hijo

Un día un papá joven de un niño apareció ante la puerta de la Casa Madre y pidió un *darshan* de la Madre. Lo acompañaba su hijo de dos años. Con el paso del tiempo este caballero se convirtió en colaborador de la Madre. La siguiente conversación se llevó a cabo en la Casa Madre y me pareció muy conmovedora. Anoté sus palabras poco después. Aparecen a continuación:

JOVEN: Madre, este es mi hijo (mostrando al niño). Su madre es muy caprichosa. Algunas veces quiere al niño; y por otro lado, lo descuida la mayor parte del tiempo. Yo tengo mi propio trabajo. Pero, de igual forma, yo tengo que cuidarlo todo el día, alimentarlo, ¡a veces este niño parece insoportable! ¿Qué hago?

MADRE: Cuando lo cuide, diga orando: «Señor, Tú en el disfraz de este niño, quédate conmigo ahora y para siempre. Gracias, Señor, por ser mi hijo, como yo soy un hijo para ti. Gracias, Señor, porque puedo servirte como Tú nos serviste a todos. Gracias, Señor, porque puedo amarte como Tú nos amaste. Gracias, porque hoy Tú dependes de mí como yo siempre dependo de ti. Gracias, Señor, cuando mantienes tu cabeza somnolienta sobre mí, porque yo también descanso en ti para siempre. Gracias, Señor, cuando sostienes mi mano, porque sé que estás conmigo. Gracias, Señor, cuando me ruegas que te alimente como nosotros somos alimentados por ti. Gracias, Señor, cuando creces en un niño, porque sé que puedo depender de ti. Gracias, Señor, porque tan tiernamente has venido como mi hijo.

El padre del niño lloró en silencio cuando la Madre dijo esta oración, y se fue con paz en su rostro.[31]

Destacar a los menos amados

Lo sorprendente de su trato con los pobres era que su primera mirada y palabras de consuelo eran dirigidas a la persona más pobre y sucia de la multitud.[32]

———•••———

Estábamos en Tijuana (México), visitando a los padres en su seminario que quedaba al lado de un campo de chozas, barrios hechos de árboles y tugurios, con diez o doce miembros de una familia viviendo en un cuarto. La Madre vio al otro lado del camino, en una colina muy larga y empinada, a una anciana sentada fuera de una pequeña choza. Una tarde la Madre me miró y me dijo: «Vamos a subir la colina. Debemos ir a ver a esa mujer. Ella no tiene a nadie». Subimos. Cuando llegamos allá, esta mujer no podía quitar su vista de la Madre. Ella resplandeció, por primera vez reaccionó ante alguien. La Madre tomó sus manos y le habló con suavidad. Cuando llegó la hora de bajar, ella llamó a la Madre y dijo: «¿Pero, cuál es su nombre?». Ella no tenía idea de quién era la Madre, pero estaba completamente inundada por el espíritu de la Madre. Ella respondió: «Mi nombre es Madre Teresa». «¿Y de dónde es?», preguntó la mujer. «Oh, yo soy de Calcuta». Nos fuimos. La Madre ni pestañeó, ni dijo una sola palabra.[33]

———•••———

En una ocasión, la Madre y yo estábamos esperando en la acera un auto que nos iba a recoger. Entre la multitud que pasaba, ella notó a un hombre que tenía dificultad para subir a la acera. Ella tendió una mano para ayudarle a pesar de que a ella misma le fallaban las fuerzas. Nadie más a su alrededor, incluyéndome a mí, había notado la situación difícil del hombre.[34]

Aprenda a ver a Jesús
Recuerdo que en una de las ceremonias de votos la Madre notó, entre la multitud, a una mujer llorando. Ella la llamó, habló con ella y descubrió que en el pasado había cometido un aborto. Inmediatamente

llamó al sacerdote y los ayudó a ella y a su esposo a que se confesaran. Después ella nos contó [y dijo]: «Hermanas, ¿cómo es posible que la Madre vea y ustedes no vean? ¡Por favor aprendan a ver a Jesús en la gente!»[35]

Hola, mi nombre es Madre Teresa
[En el aeropuerto] la Madre estaba sentada en la sala de espera hablando con las hermanas y una mujer de mediana edad caminó frente a la Madre hacia la parte trasera de esa sala. Abrió una revista. Y yo, que solo estaba observando todo, hallé esto extraordinario. Fuera del aeropuerto todos estaban intentando tocar a la Madre y esta mujer, que podía tocarla, simplemente pasó frente a ella y ni siquiera se enteró. Lo que me llamó la atención fue ese vacío, esa tristeza en su cara, su rostro no tenía vida. Los asistentes de la sala llegaron luego de breves minutos y dijeron: «Madre, estamos listos» y las hermanas dijeron: «Aacha» [está bien] y se levantaron... [La Madre] fue la última y yo estaba detrás de ella, [y justo cuando estábamos saliendo de la sala] la Madre tomó mi mano y dijo: «Padre, venga conmigo», y fue hasta el final de la sala, hacia esa mujer. Ahora bien, ¿cómo notó a esa mujer entre toda la confusión de las M. C.?, no lo sé. De cualquier forma, se dirigió hacia esa mujer y la Madre tomó su propio bolso y tenía lo que llamaba sus «tarjetas de presentación», que los Caballeros de Colón habían impreso para ella.[36] Ella se inclinó hacia la mujer y dijo: «Hola, mi nombre es Madre Teresa. Solo quería darle mi tarjeta». Y la mujer levantó la mirada de su revista y escuché que balbuceaba. La Madre le dio la tarjeta, estrechó su mano, la miró a los ojos. Fueron treinta segundos, no más que eso, y nos fuimos. Pero en la puerta di vuelta y vi a esa mujer, y estaba leyendo la tarjeta con una sonrisa en su rostro. Su rostro había cambiado. La Madre tenía

esa profunda capacidad de notar incluso la pena interior, la soledad, y de extender la mano. Eso era extraordinario en ella.[37]

La Madre iba de prisa, cuando en el camino un hombre pobre la detuvo
La hermana María estaba recordando, recientemente, un incidente del tiempo de los disturbios en Bangladesh: dos de las hermanas iban de prisa con la Madre Teresa para conseguir unas provisiones que se necesitaban urgentemente en el campamento de refugiados cuando, en el camino, un hombre pobre se detuvo para hablar con la Madre. La hermana María dijo que fue muy edificante ver a la Madre, quien, aunque iba de prisa, dedicó cuatro o cinco minutos para escuchar con compasión y plena atención sus preocupaciones. La hermana María dijo que, para ella, esa era la verdadera marca de un santo.[38]

━━━●●●━━━

Cuando hubo el disturbio entre los hindúes y musulmanes en diciembre de 1991, la Madre misma fue a esos lugares, rezando el rosario y con sus manos juntas. Solía decirnos que rezáramos siempre que hubiera un problema, que confiáramos en Dios y los problemas se solucionarían.[39]

Se los suplico, sean amables
Tuve el privilegio de ir a Albania a una nueva fundación en Durrës. La Madre estaba ahí. Yo podía ver cómo sufría al ver a su gente viviendo en tal vil miseria. Había ausencia de todo, material y espiritual. La Madre venía a nuestra casa a menudo, ya que [teníamos] un almacén con gran parte de nuestros suministros que llegaban del extranjero. La Madre dijo: «Sean amables con todos, ya han sufrido mucho. Se los ruego con las manos juntas, sean amables». La Madre dijo eso una y otra vez. La Madre también dijo: «Den la bienvenida a quien llegue. Los sacerdotes que llegan no tienen a dónde ir,

cuiden de ellos, aliméntenlos hasta que encuentren un lugar». El día en que nuestro hogar se inauguró, la Madre estaba contenta y dijo: «¡Qué tremendo amor el que Jesús tiene por nosotros! Este es el único tabernáculo en toda la ciudad y Jesús nos ha elegido para darlo a conocer». La Madre nos dijo muchas palabras de amor, comprensión y compasión. La Madre seguía diciendo: «Ámense unas a otras y den [ese amor] a los demás. Ellos deben ver a Jesús en ustedes. Ya han sido muy lastimados. No los hieran».[40]

Dele mi paraguas a la policía

Era una tarde de monzón y acababa de parar un chubasco cuando la Madre regresó a su casa. Había estado terriblemente enferma apenas un mes atrás. ¡Había llovido tanto ese día que el pavimento de Sishu Bhavan quedó sumergido debajo del agua sucia de la lluvia, dando al área una [apariencia] como de Venecia! El auto de la Madre trató de hacerse camino, pero el conductor movió la cabeza para decir que había problemas con el vehículo. Las hermanas que la acompañaban pidieron a la Madre que esperara en el auto. Pero, para entonces, la Madre ya se había deslizado fuera del auto y, [recogiendo] su sari [hasta las] rodillas, comenzó a abrirse camino entre el agua de lluvia hacia la Casa Madre. Mientras les aseguraba a sus hermanas que llegaría a salvo a la casa, la Madre vio a un policía de tráfico moviendo ambas manos para dirigir a los vehículos. El hombre no tenía paraguas consigo y todavía estaba lloviznando. Cuando la Madre llegó a la entrada de Sishu Bhavan, llamó a una hermana y dijo con preocupación: «Hermana, dele al policía de tráfico mi paraguas. Él debe trabajar mañana aquí; pídale que regrese mi paraguas entonces».[41]

Bendice este matrimonio

Un anciano brahmán hindú bengalí llegó a mi oficina pidiendo caridad para el matrimonio de su hija. Le dije que lo más que podía aportar eran cincuenta rupias. Estaba impresionado por la actitud de este caballero. Le dije que esperara y llamé a la Madre por teléfono y le dije que estaba enviando a un anciano caballero que estaba en dificultades, y le pregunté a la Madre si podía ayudarle. No mencioné nada acerca del matrimonio de su hija. Después de eso, me olvidé completamente del asunto. Al cabo de dos o tres meses, este anciano brahmán me vio y estaba tan contento que apenas si podía hablar. Me dijo que la Madre le había ayudado con todo para la boda de su hija. Había pedido a la Madre que asistiera a la ceremonia de boda de su hija y nunca pensó que la Madre estaría en persona. Pero la Madre llegó a su casa el día de la boda. La Madre le preguntó al caballero hindú si ella podía bendecir a la pareja, a lo cual el caballero hindú accedió contento. La Madre se arrodilló y oró al Padre Celestial que los bendijera. Justo cuando la Madre se iba, el novio le pidió que rezara por él pues había entrado a un concurso público para un empleo. La Madre solamente dijo al joven que rezaría por él. Créame, ese joven hindú tuvo la suerte de tener éxito y obtuvo la cita para el trabajo.[42]

Un rayo de esperanza a las once de la noche
Una vez, un constructor se aproximó a la Madre y quiso saber qué podía ofrecerle a través de sus servicios. La Madre solicitó que construyera un hogar para las prostitutas de Tangra, lo cual hizo. Años después se fue a la bancarrota. A la larga, él y su hermano cometieron suicidio. Las viudas fueron condenadas por la familia, sacerdotes y amigos [porque sus] difuntos esposos [habían cometido tales pecados]. Casi eran parias. Repentinamente, recibieron una llamada de las hermanas M. C. diciéndoles que la Madre Teresa, al regresar de una visita en el extranjero, había oído las noticias de los fallecidos y quería encontrarse con las viudas en el trayecto del aeropuerto a su casa. Una vez más se sintieron

atemorizadas de escuchar algunos comentarios desdeñosos. A las once de la noche, la Madre llegó a su casa junto con otra hermana. [La Madre] les sonrió y dijo que [sus] esposos eran grandes hombres; gracias a su contribución muchas prostitutas habían encontrado refugio, y ella les aseguró que Dios definitivamente cuidaría de ellos. Por primera vez, tras la muerte [de sus esposos], estas viudas encontraron un rayo de esperanza que las ayudó a enfrentar la crueldad de la vida con renovado vigor, y hoy han sido capaces de restablecerse.[43]

La belleza de toda existencia

La Madre me enseñó la belleza de toda existencia, incluso cuando la enfermedad y la deformidad hacían que fuera difícil verla. En medio de la mayor necesidad, ella parecía ser la más serena. Aprovechaba cada oportunidad de ayudar a los voluntarios a comprender que al disfrazarse como el más pobre de entre los pobres, [Jesús] estaba dándonos una oportunidad de amarlo y servirlo directamente. Los pobres son nuestro regalo, decía.[44]

La Madre besó esas ásperas y encallecidas manos

En 1970 tuve el privilegio de acompañar a la Madre Teresa a una reunión en el Concilio Nacional de Mujeres Católicas, en el que la Madre sería reconocida por su gran trabajo entre los pobres de Dios. Uno de esos días, la Madre y yo nos sentamos juntas en una caseta en donde se llevaba a cabo la convención y, durante todo el día, hubo mujeres yendo y viniendo. Las mujeres, en su mayoría, estaban muy bien vestidas y parecían ser de familias de recursos, pero una mujer se distinguía de las otras por su vestido, que era simple y muy usado, y por su manera tímida de acercarse a nosotros. Por algún rato se detuvo a un lado mirando a la Madre con tan gran anhelo que yo me acerqué para ver si podía ayudarla. Parecía estar casi temerosa de preguntar si podía hablar con la Madre

Teresa por solo unos breves momentos. La llevé inmediatamente con la Madre, quien la invitó a sentarse en el estand con nosotras. Muy tímidamente, la mujer comenzó a contarnos sobre la seria enfermedad de su marido y de que ya no le era posible realizar el trabajo de la granja. Rogó a la Madre Teresa que rezara por él por su recuperación. Ella había asumido el trabajo de su esposo en la granja y ahora pedía nuestras oraciones para que pudiera continuar haciéndolo, así como atender su propio trabajo en la casa, cocinar y cuidar a sus pequeños hijos.

Mientras hablaba, la joven mujer apretaba sus manos con fuerza en su regazo, y pude ver lo ásperas y rojas que estaban, sus dedos se veían agrietados y lastimados. La Madre Teresa notó lo mismo, y entonces algunas lágrimas cayeron del rostro de la mujer hacia sus pobres manos desgastadas. En ese momento, la Madre tomó esas dos manos ásperas y encallecidas en las suyas, y levantándolas hasta sus labios, las besó y se aferró a ellas mientras le aseguraba a la mujer que rezaríamos por la recuperación de su esposo. La mujer permaneció con nosotras un rato más, contándonos de su familia y de cuánto significaba para todos ellos poder quedarse en la granja en la que la familia de su esposo había vivido por varias generaciones. Luego ella nos agradeció y se alejó. Mientras la Madre Teresa la miraba irse, susurró: «¡Qué amor tan grande!».[45]

Gravemente herido en una explosión

Más tarde, esa misma semana, recibí una llamada de una mujer que me dijo que su pequeño hijo había resultado gravemente herido en una explosión, y se preguntaba si ella y su esposo podían llevar al chico a conocer a la Madre Teresa. Esa noche la familia llegó a nuestra casa con su hijo de once años, quien había quedado ciego y había perdido ambas manos cuando levantó un cartucho de dinamita y lo encendió, pensando que era una bengala que podía usar como antorcha. El rostro del niño estaba muy marcado y sus brazos terminaban en muñones. Era difícil ver esos ojos ciegos sin llorar.

Conduje al jovencito y a sus padres hacia nuestra sala, en donde la Madre Teresa esperaba. Ella lo sentó a su lado y tomó sus pobres muñones en sus manos, sosteniéndolos mientras él le hablaba. Él describió cómo había conocido acerca de la Madre Teresa en su escuela católica e incluso había leído sobre ella antes del accidente. Había anhelado hablar con ella porque sabía que ella podría decirle la verdad acerca de su apariencia, y también porque quería pedirle consejo sobre alguna carrera, considerando su terrible discapacidad. La respuesta de la Madre fue tan bella que quienes estábamos en la habitación no pudimos contener las lágrimas. Primero, trazó con un dedo todas las cicatrices deformes de su rostro diciéndole que, en su opinión, lo hacían verse varonil y fuerte y le daban una apariencia valerosa. Luego, cuando él preguntó si sus muñones tenían un aspecto terrible, ella tomó cada uno en sus manos, acarició los lugares donde estaban las cicatrices más gruesas, besó cada muñón y le dijo que no se veía feo en lo absoluto, sino que simplemente eran unos brazos de apariencia fuerte que no tenían manos. Entonces los dos hablaron sobre sus planes para el futuro, de un día ser un consejero y usar sus propias experiencias para ayudar a otros a vencer sus discapacidades. Fue una escena que ninguno de nosotros los presentes olvidará, el jovencito con toda su esperanza restaurada por una persona de la que él había leído y admiraba por su propio heroísmo, ¡ambos absolutamente seguros de que, con la ayuda de Jesús, él algún día alcanzaría su meta! Espero y rezo para que lo haga.[46]

La Madre tenía tiempo para todos

En el último año de su vida, la Madre estuvo básicamente confinada a la Casa Madre y al segundo piso. En estas circunstancias, la Madre comenzó lo que yo llamé su «apostolado de balcón». Saludaba a todos los visitantes que llegaban a verla con calidez, bondad y humor. Algunas personas traían sus penas, otras sus preocupaciones o esperanzas, y la Madre tenía tiempo para todos y los conducía a Dios. Una vez estuve esperando un largo tiempo en el balcón para hablar con la Madre mientras ella estaba saludando a la gente. Finalmente, la Madre vino hacia mí y comenzamos a hablar. Me sentí aliviado al tener por fin su atención. Un pobre hombre trepó las escaleras y se quedó viéndonos desde la distancia. La Madre lo vio y se excusó diciendo: «Discúlpeme, padre, pero este hombre ha venido desde muy lejos». ¡Y me dejó por escucharlo a él! Yo estaba frustrado, porque nuevamente tuve que esperar, pero eso me hizo darme cuenta de que yo creía ser más importante que ese hombre. La Madre, obviamente, supo que él era más importante, porque su necesidad y dolor se reflejaban en su rostro, así que le dio la atención y preocupación de Dios primero a él. A quien quiera que saludara desde su silla de ruedas en ese balcón, le pedía rezar y le daba una Medalla Milagrosa, y lo invitaba a confiar en la bondad de Dios. Cuando hablaba, ese era siempre su propósito, el revelar la bondad de Dios a través de alguna pequeña anécdota de su vida, una historia de cómo Jesús estaba íntimamente presente e involucrado en nuestras vidas. Y ella nos enseñó que Jesús depende de ti y de mí para que proveamos Su cuidado a los pobres. Lo que nosotros veíamos como dificultades, la Madre lo llamaba «oportunidades», para mirarlo en el angustiante disfraz... Ella siempre tuvo esa visión positiva.[47]

Consolando desde el cielo

Se me concedió la gracia de conversión a través de la beata Teresa de Calcuta. Sentí que Dios me inspiró a tomar el libro de oraciones *Jesús es mi todo en todos* y a rezar la novena a la beata Teresa de Calcuta. Yo había rezado esta novena antes, pero me sentí especialmente atraída a uno de los pasajes de un día en especial de la novena que habla del amor de Jesús.

Sentí que el Espíritu Santo se derramaba en mi alma, con un gozo particular por amar como Cristo. La oración que leí transformó mi corazón, ya que había estado deprimida y sentía poca emoción o amor en mi corazón. Me había estado costando trabajo confiar en el amor de Jesús por mí. Sabía que era un milagro porque sucedió inmediatamente y sentí una vida nueva en el Espíritu de Dios. Me sentí, entonces, llamada a compartir el amor de Cristo y pude sentir al Señor trabajando en mí para mostrar el amor cristiano a una madre y a su hijo. El niño se veía muy triste, y sentí que el espíritu de la Madre Teresa también lo tocaría debido al amor de Cristo en ella. Entonces, sentí que Jesús realmente me llamaba a ayudar a otros y que mi vocación sería amar a Jesús. También la Madre Teresa me llevó de regreso a la Virgen María de una forma especial.

REFLEXIÓN

«Bendito *sea* Dios, Padre de Cristo Jesús, nuestro señor, Padre lleno de ternura, Dios del que viene todo consuelo, Él nos conforta en toda prueba, para que también nosotros seamos capaces de confortar a los que están en cualquier dificultad, mediante el mismo consuelo que recibimos de Dios» (2 Co 1:3-4).

«Conserve el gozo de amar a Dios en su corazón y comparta ese gozo con todos los que se encuentre, especialmente su familia. Sea santo, oremos».[48]

¿Tengo miedo de involucrarme en el sufrimiento de otras personas y por lo tanto mantengo mi distancia? ¿Uso el consejo de «no involucrarme mucho o no ser afectado en forma personal» como una excusa para no ayudar a alguien que sufre profundamente? ¿Puedo «amar hasta que duela», renunciando a algo de mi propia comodidad, conveniencia y placer, con la finalidad de ayudar a alguien en necesidad?

¿Cómo puedo cultivar mayor sensibilidad hacia el sufrimiento de otros? ¿Puedo cuidar a alguien en mi comunidad o familia, entre mis amigos, colegas y conocidos, que esté afligido de alguna forma y ofrecerle un pequeño gesto, una palabra de consuelo o una sonrisa que haga su día más brillante? ¿Puedo hacerlo de manera discreta, respetuosa y privada?

ORACIÓN

Alma de Cristo, santifícame.
Cuerpo de Cristo, sálvame.
Sangre de Cristo, embriágame.
Agua del costado de Cristo, lávame.
Pasión de Cristo, confórtame.
¡Oh, buen Jesús!, óyeme.
Dentro de tus llagas, escóndeme.
No permitas que me aparte de ti.
Del maligno enemigo, defiéndeme.
En la hora de mi muerte, llámame.
Y mándame ir a ti,
para que con tus santos te alabe
por los siglos de los siglos.
Amén.

—Rezada a diario por la Madre Teresa

Orar por los vivos y por los difuntos
Capítulo XIV

Aunque orar por los vivos y por los difuntos figura como la última obra de misericordia, eso no significa que se use como último recurso —cuando hemos intentado todo lo demás ¡sin éxito!—. Al contrario, en realidad es el primer recurso, algo que debemos hacer antes que nada. Rezar fue, probablemente, la razón esencial por la que la Madre Teresa practicaba todas las otras obras de misericordia con tan impresionante fidelidad y resultados.

La oración, esta relación con Dios como íntima unión de nuestro corazón y mente con Él, tuvo prioridad en la vida de la Madre Teresa. «Lo que la sangre es para el cuerpo, la oración lo es para el alma», acostumbraba decir, enfatizando la vital importancia de la oración en la vida personal. «Necesitamos esa conexión íntima con Dios en nuestra vida diaria. ¿Y cómo la conseguimos? Con la oración».[1] Para la Madre Teresa, la oración era comunicación con Dios: «Dios me habla y yo le hablo; tan sencillo como eso, ¡eso es la oración!».[2] «La gente se fascinaba con tan solo ver a la Madre orar. Se sentaban ahí mirándola, realmente atraídos hacia ese misterio».[3] Ella no hacía nada extraordinario. «No pasaba largas horas en la capilla, pero era fiel a los tiempos de oración» y por eso era obvio para los que la rodeaban que «la Madre vivía en continua unión con

Jesús. Una unión que no estaba llena de consolaciones ni éxtasis, sino de fe».[4]

La Iglesia propone la oración por los vivos y los difuntos como una obra de misericordia. Por lo tanto, es esencial que recemos por otros, y el ejemplo de la Madre Teresa nos recuerda que nuestra oración por los demás debe estar enraizada en la intimidad de nuestra propia relación con Dios. Percibiendo la cercanía de la Madre con Dios, mucha gente le pedía oraciones. Ella prometía rezar por ellos y cumplía ese compromiso cada día con gran fidelidad. Cuando había oraciones espontáneas de los fieles en la misa, ella oraba fuerte y claro: «Por todos aquellos que han pedido nuestras oraciones y por quienes hemos prometido rezar». De este modo, elevaba en oración a todos los que estaban en necesidad, poniéndolos bajo el cuidado de Dios y confiándolos a su amor providencial.

A veces, a pesar de nuestros mejores esfuerzos, parecemos incapaces de ayudar a alguien, y no podemos hacer nada más que rezar por ellos. Rezar puede, entonces, convertirse en la mayor expresión de amor por esa persona. Sostener a alguien, ante el Señor en oración, pidiendo su bendición y ayuda para los vivos, y la felicidad de entrar a la vida eterna para los muertos, es una obra de misericordia que la Madre Teresa practicó tan admirablemente.

SUS PALABRAS

Cada Misionera de la Caridad rezará con absoluta confianza en el cuidado amoroso de Dios por nosotras. Nuestra oración será la oración de un niño pequeño, de devoción tierna, profunda reverencia, humildad, serenidad y sencillez.[5]

Acudan a Él

Traigan otra vez, les digo, traigan de nuevo la oración a sus vidas, recen. Tal vez no pueden rezar oraciones largas, pero recen. Acudan a Él: «Mi Dios, te amo». Y Él nos ama con tanta ternura como está escrito en la Biblia, incluso como si una madre pudiera olvidarse de su hijo, lo cual ocurre hoy en día con el aborto. La madre se olvida de su niño: «... aunque alguna lo olvidase, yo nunca me olvidaré de ti. Mira cómo te tengo grabado en la palma de mis manos... Porque tú vales mucho a mis ojos [...] Porque te amo y eres importante para mí» (Is 49:15-16; 43:4). Estas son palabras de las Escrituras para ustedes y para mí. Así que pidamos, roguemos a Nuestro Señor que mantenga a nuestra familia unida, que mantenga el gozo de amarnos unos a otros, que mantenga sus corazones en un solo corazón, lleno de gozo en el corazón de Jesús a través de María, y ¿quién les ayudará para que sus familias se mantengan unidas? La Virgen María y san José. Ellos han experimentado el gozo de amarse el uno al otro y la paz y la ternura del amor de Dios.[6]

Recen y hagan sacrificios

El mensaje del Inmaculado Corazón en Fátima parece estar contenido en esta misión de la Madre («Recen, recen mucho y hagan sacrificios por los pecadores, pues muchas almas van al infierno porque no hay nadie que haga sacrificios [ni oración] por ellos», dijo la Virgen María, el 19 de agosto de 1917, en Fátima). «Fue gracias a su súplica que esta Congregación nació», son palabras de la Madre. Ella estaba decidida, resuelta a cumplir su llamado, un nuevo paso, una forma nueva de vida.[7]

¿Y cómo comenzar? Orando juntos

Para ser capaces de amar al que nadie ama, de darle [el amor] de su corazón al indeseado, al no amado, al descuidado, [necesitamos comenzar a amar] en nuestra casa. ¿Y cómo comenzar? Orando juntos. Porque el fruto de la oración es la profundización de la fe. Entonces, sé que realmente cualquier cosa que yo haga, la hago para Dios mismo, la profundización de la fe. Y el fruto de la fe es el amor, Dios me ama, amo a mi hermano, a mi hermana. No importa [de qué] religión, no importa [de qué] color, no importa [de qué] lugar, mi hermano, mi hermana, creados por Dios mismo —por la misma mano—, y entonces el fruto de ese amor debe ser acción, debe ser servicio, debo hacer algo. Por tanto, recemos para traer la oración a nuestra familia. Recen juntos, en verdad tengan el valor de hacer algo hermoso para Dios, y cualquier cosa que hagan los unos a los otros, se lo hacen a Dios.[8]

Traigan la oración a su familia

Un pensamiento maravilloso para meditar es que Dios me ama y que yo puedo amarle a usted y que usted puede amarme a mí, así como Él nos ama. ¡Qué regalo de Dios tan maravilloso! Incluso la gente pobre son regalos que Dios nos ha dado. ¡Qué privilegio para nosotros, verdaderos contemplativos en el corazón del mundo! Así que aprendamos a rezar. Enseñen a sus hijos en sus escuelas cómo rezar. Familias, enseñen a sus hijos a rezar, porque donde hay oración, hay amor; donde hay amor, hay paz. Y hoy más que nunca necesitamos rezar por la paz. Y recordemos que las obras de amor son obras de paz, de alegría, de compartir.[9]

¿Y dónde comenzamos? En casa. ¿Y cómo comenzamos a amar? Al rezar. Al traer la oración a su vida, porque la oración siempre nos da un corazón limpio, siempre. Y un corazón limpio puede ver a Dios. Y si ustedes ven a Dios en cada uno, naturalmente van a amarse unos a otros. Por eso es importante traer la oración a la familia, porque la familia que reza unida, permanece unida. Y si permanecemos unidos, naturalmente vamos a amarnos unos a otros como Dios nos ama a cada uno. Por eso es muy importante que nos ayudemos mutuamente a rezar.[10]

———••• ———

Nunca antes ha habido tanta necesidad de rezar como hoy. Creo que todos los problemas del mundo tienen su origen en la familia que no tiene tiempo para los niños, para rezar y para estar juntos.[11]

Tome tiempo para rezar

He escuchado que aquí, en las familias, hay mucho sufrimiento porque los niños golpean a sus padres y los padres golpean a los niños. Y, nuevamente, digo, recen. Traiga la oración a su vida, a su familia. Sea una madre para sus hijos. Tómese el tiempo para ellos. Cuando un hijo regresa de la escuela, ¿está usted ahí? ¿Está ahí para abrazar a su hijo? ¿Está ahí para amarlo? ¿Está ahí para ayudarlo? O está tan ocupada que no tiene tiempo ni de mirarlo, ni de sonreír a su hijo; y el hijo se siente lastimado... eso es un hecho.[12]

Querido Dios, gracias

Esta es una oración de los niños por sus padres y con sus padres:

Querido Dios:

Gracias por nuestra familia, por papá y mamá que nos aman tiernamente, por poder ir a la escuela para aprender y crecer; y así poder servir a la gente que nos necesitará. Mantén la alegría del amor en nuestro corazón. Haznos amar a papá y a mamá, a nuestros hermanos y hermanas, maestros y a todos nuestros compañeros. Porque al amarlos te amamos a Ti y si te amamos a Ti, nuestro corazón permanecerá siempre puro y Tú podrás habitar en él. Por favor, siempre consérvanos puros y santos, tal como nos creaste. Mantennos siempre hermosos, hasta el fin de nuestras vidas. Y llévanos un día a tu hogar, para vivir contigo en el cielo para siempre.

Dios les bendiga.[13]

En el día de su boda
Hagan el propósito de que en el día de su boda puedan entregar algo hermoso el uno al otro. Lo más hermoso es dar un corazón virgen, un cuerpo virgen, un alma virgen. Ese es el mayor regalo que el joven puede darle a la joven y que ella puede darle a él.

Esto es algo por lo que todos debemos orar para nuestra juventud: que el gozo de amar les dé alegría en el sacrificio. Es un sacrificio que deben aprender a compartir juntos. Si se comete un error, se cometió; tengan el valor de aceptar a ese hijo y no lo destruyan. Porque eso es un pecado: es un asesinato. Ese es un pecado grave: destruir la imagen de Dios, destruir la más hermosa creación de Dios, que es la vida. Por lo tanto, hoy que estamos reunidos, recemos. Recemos unos por otros para que podamos amar a Dios como Él nos amó. Porque Dios nos ha ofrecido y nos ofrece a cada uno su amistad fiel, personal y para toda la vida, con ternura y amor. Todos experimentamos eso en nuestras vidas, cuánto nos ama Dios. Y ahora es nuestro turno de darle esa amistad fiel, personal y para toda la vida a Él en cada uno con la oración, primero en nuestra propia familia. Recuperen al hijo, recuperen la oración en familia.[14]

Lo que Dios unió
Querida gente de Irlanda, estoy rezando con ustedes en este importante tiempo cuando su país decide sobre la cuestión del divorcio. Mi oración

es que ustedes sean fieles a las enseñanzas de Jesús: «... por eso dejará el hombre a su padre y a su madre para unirse con su esposa, y serán los dos una sola carne. Pues bien, lo que Dios ha unido, que el hombre no lo separe» (Mc 10:7-9). Nuestros corazones están hechos para amar y ser amados, un amor que no es solamente incondicional, sino también duradero.[15]

Al menos media hora diaria a solas con Dios

Y es Dios solamente quien los ha elegido a ustedes para ser los líderes y mostrar el camino. Pero ese camino debe ser mostrado con gran respeto, con gran amor. Y yo diría, que si ustedes los políticos pasaran al menos —al menos— media hora diaria en oración, a solas con Dios, creo que eso les enseñaría a ustedes el camino; les daría los medios para [tratar] con la gente.

Si pasamos tiempo a solas con Dios, eso purificará nuestros corazones, entonces, tendremos la luz y tendremos los medios para tratar con nuestro pueblo con amor y con respeto. Y estamos seguros de que el fruto de la oración es siempre un amor profundo, una profunda compasión, y siempre nos acerca unos a otros. Y sabremos exactamente cómo dirigir a nuestro pueblo.[16]

Amablemente construya una mezquita

Recuerdo hace algún tiempo, unos años atrás, cuando el presidente de Yemen pidió a nuestras hermanas ir a Yemen, y me dijeron que, por muchos, muchos años, no había habido una capilla pública, una misa pública, y por muchos, muchos años [no se había] sabido públicamente que alguien fuera un sacerdote. Así que le dije al presidente que yo estaba totalmente dispuesta a enviar a las hermanas, pero sin los sacerdotes, sin Jesús, no vamos. Entonces ellos debieron haber consultado entre sí.

Luego, decidieron que sí. Y algo me llamó mucho la atención. Cuando los sacerdotes llegaron, estaba el altar, estaba el tabernáculo, estaba Jesús. Y solamente [el sacerdote] podía llevar a Jesús ahí.

Después de eso, el gobierno construyó el convento para nosotras. Así que fuimos a cuidar a la gente de la calle, los moribundos y los desposeídos; y entonces construyeron un convento, para nosotras también. Y luego, la hermana le preguntó al gobernador que había patrocinado el edificio: «¿Puede asegurarse de que una habitación quede muy hermosa porque Jesús va a estar ahí?». Bella, nuestra capilla. Y el gobernador le preguntó: «Hermana, muéstreme cómo edificar una iglesia católica romana justo aquí». Quiso decir «pequeña capilla» y, en vez de decir capilla, dijo «iglesia católica romana» justo aquí.

Y edificaron esa capilla muy bellamente, y ahí está y las hermanas están ahí, y luego nos pidieron que la abriéramos. Nos dieron una montaña completa para rehabilitar leprosos. Hay muchos, muchos leprosos. Así que fuimos a ver el lugar y vimos una tumba abierta, con el olor de la podredumbre de los cuerpos. No puedo expresar lo que vi. Y estaba pensando: «Jesús, ¿cómo? ¿Cómo podemos dejarte así?». Y entonces acepté el lugar, y si ustedes van ahora, verán un sitio completamente diferente. Y luego pedí —al ser todos musulmanes, sin un solo católico ahí— a un hombre rico, le dije: «Esta gente es toda musulmana. Necesitan rezar. Amablemente construya una mezquita para ellos donde puedan rezar». Y el hombre se sorprendió de que yo, una hermana católica, pidiera tales cosas, pero edificó la más hermosa mezquita para la gente, y ustedes pueden ver a los leprosos arrastrándose, arrastrándose, yendo ahí para orar. Y luego, cuando la mezquita estuvo totalmente inaugurada, él se volvió hacia mí y dijo: «Le doy mi palabra, lo próximo que voy a construir aquí será una iglesia católica para las hermanas». Esos son bellos ejemplos del hambre de la gente, de los más pobres de entre los pobres, los ignorantes, los indeseados, los no amados, los rechazados, los olvidados: están hambrientos de Dios.[17]

Ore para que Dios preserve el mundo

En mi visita a Nagasaki, antes que nada rezaremos; voy allá para rezar por la gente, y también para visitarla, para verla, así como he venido aquí. Y también para ver cuánto sufrimiento hay, todavía, por el uso de esa bomba. Y puede suceder nuevamente. Así que debemos rezar para que Dios preserve el mundo, que nos preserve a cada uno, de esa terrible destrucción.[18]

Hoy Dios todavía utiliza nuestro sufrimiento

Debe haber habido alguna razón para que Dios haya escogido este lugar en especial, la Tierra de los Mártires, que ha sido un doble martirio. Y creo que hoy Dios está utilizando todavía el sufrimiento de la gente y, a través de su sufrimiento, a través de su oración, se obtendrá la paz. Y nos corresponde a todos juntos rezar para que Dios preserve no solo a Japón, sino a todo el mundo, del terrible y temible sufrimiento que la mayoría de la gente en Japón ya ha visto. Así que recemos. Solo la oración puede obtener la gracia de prevenir que esta terrible dificultad llegue al mundo.[19]

Gran necesidad de oraciones y sacrificios

Creo que hemos perdido [nuestro] sentido del sacrificio. «Hoy, aquel hombre está agonizando. No quiere pedirle perdón a Dios, rezaré y haré algún sacrificio por él», eso ya no es así.[20]

———◆◆◆———

Nuestro país y nuestro pueblo están en gran necesidad de oraciones y sacrificios. Sean generosas con ambos. Hagan sus penitencias con mayor fervor, y recen, recen mucho. Los jefes de nuestro país conocen su deber, y nosotras hemos de rezar por ellos para que puedan cumplirlo con justicia y dignidad. Recemos por todos los que están enfrentando la muerte para que puedan morir en paz. Recemos por todos los que quedan atrás para llorar a sus muertos. Recemos por todas las hermanas y sacerdotes que tienen que afrontar adversidades, por nuestras hermanas, para que todas puedan ser valientes y generosas, y enfrenten todos los sacrificios con una sonrisa. Enseñen a la gente pobre a hacer esto y ayudaremos más a nuestro país.[21]

Ore por las almas

El mes de noviembre comienza con dos hermosos días: la fiesta de Todos los Santos y la de los Fieles Difuntos. La Santa Madre Iglesia recuerda a todos sus hijos, a quienes ha dado la vida de Jesús a través del bautismo y ahora están en casa con Jesús o esperando llegar allá a través del purgatorio. Ya Sabemos que durante todo este mes les damos más amor y atención, al rezarles a ellos y por ellos.

En el Día de los Fieles Difuntos rezamos por aquellos que aún están sufriendo en el purgatorio y lejos de Dios. Yo puedo elegir. Puedo ir directo arriba o hacia abajo. Todas nosotras estamos aquí para amar a Dios, no solo por el apostolado. Cada día debe ser un acto de amor para Dios.[22]

SU EJEMPLO: Los testimonios

Oraba constantemente

Ella oraba constantemente. Uno tenía la sensación de que ella estaba orando todo el tiempo, bueno, ella estaba orando. No decía palabras, pero oraba todo el tiempo. Siempre, todo lo que hacía se medía [por] cuán bien estaba haciendo la obra de Dios y estaba dispuesta a considerar que [si] no estaba haciendo perfectamente lo que Dios quería, Él se lo mostraría al no apoyarla.[23]

La oración de un hijo, lleno de confianza

La vida de oración de la Madre era extremadamente sencilla, como la de un niño, llena de confianza. Ella no se complicaba en lo absoluto. Parecía conocer profundamente su fe y la vivía con la sencillez y fidelidad de los niños o de los pobres. Sé que este tipo de vida de oración solo se puede adquirir mediante el ascetismo, como Jesús dijo: «Niégate a ti mismo». La Madre siguió a Jesús de esta manera por muchos años.

La Madre estaba extremadamente consciente de la presencia permanente de Dios en su alma. Esto se reveló especialmente en la forma en que espontáneamente nos enseñó a orar. Su jaculatoria más reiterada, y que prefería casi a cualquier otra, era: «Jesús en mi corazón». «Jesús en mi corazón, yo creo en tu tierno amor».[24]

Nos enseñó a orar

En la escuela [en Entally], la Madre era muy estricta y, al mismo tiempo, nos daba amor maternal a todos. Nos enseñó a amar a Jesús, y cómo podíamos hacer pequeños sacrificios y ayudar a las almas a venir a la Iglesia. Nos enseñó a tener una gran devoción a la Virgen María y el rosario, a san José y a nuestro ángel de la guarda. Cuando íbamos a la cama en la noche, nos hacía arrodillarnos y rezar tres Avemarías para tener una buena muerte y rezarle a san Patricio para que nos protegiera de las serpientes, a san Miguel para que nos salvara del enemigo, y a nuestro ángel de la guarda para que nos cuidara y protegiera de cualquier peligro. Y a rezar también por los fieles difuntos.[25]

Estoy decidido; quiero, con la bendición de Dios, ser santo
De muchas maneras, la Madre compartió con otras personas su don de la fe. Cada vez que los visitantes llegaban a verla, los llevaba a la capilla. Les enseñaba muchas jaculatorias cortas. No le importaba quiénes eran, si eran obispos, sacerdotes, seminaristas, cardenales, jóvenes, niños, pobres, presidentes de países, creyentes o no. Les daba su tarjeta de presentación y les enseñaba a decir la siguiente oración: «Estoy decidido; quiero, con la bendición de Dios, ser santo», y «A Mí me lo hicieron».

Unan la oración y el trabajo
En ocasiones, la Madre solía pedir también a las hermanas que rezaran por algunas intenciones especiales. Ella acostumbraba escribir en la pizarra cercana a la capilla: «Por favor, recen por tal y tal persona», etc. Cuando alguien llegaba, dejaba lo que estaba haciendo para ir a atenderlos. Para ella, encontrarse con alguien era encontrarse con Jesús mismo.[26]

———•••———

La Madre, en su instrucción, decía: «Si únicamente reza, no es una Misionera de la Caridad; y si solo trabaja, no es una Misionera de la Caridad. Una Misionera de la Caridad es alguien que une la oración con el trabajo». Para ella, el celo misionero venía de su profunda unión con Dios. Dios era la fuente; Jesús Eucaristía era la fuente. Su amor fuerte y ardiente por Dios fue lo que la llevó a ir por todo el mundo, para amar y servir a los más pobres de los pobres, para trabajar ardua y asiduamente por su salvación y santificación, para decirles y mostrarles el cuidado y el tierno amor de Dios.[27]

Arrodillarse en adoración
Incluso con las hermanas activas, la Madre dio mucha importancia a la Hora Santa diaria. Muchos voluntarios venían a rezar con la Madre, y

muchos han compartido la fortaleza que recibían al verla arrodillada en adoración, totalmente perdida en Jesús. Llegaban para la santa misa en la mañana. Les encantaba rezar con la Madre. Incluso cuando la Madre estuvo muy enferma, continuó su apostolado con ellos. La Madre estaba en una silla de ruedas, de modo que [visitantes y voluntarios] llegaban al balcón cercano a la capilla. La Madre los escuchaba y les daba palabras de consuelo.[28]

Uno de los últimos regalos que la Madre nos dio fue la adoración Eucarística de todo un día [para las hermanas contemplativas]. La intención principal es rezar por la santidad de los sacerdotes y por la santidad de la vida familiar. También rezamos por intenciones diversas. Aún recuerdo el gozo que la Madre expresó cuando en 1995 vino a San Juan para la inauguración de la adoración Eucarística de todo un día.[29]

¡Se oró por 86,000 sacerdotes!
Otro aspecto de su celo fue rezar por los sacerdotes. Por lo tanto, en 1986 comenzó la gran obra de la adopción espiritual de sacerdotes por hermanas de diferentes congregaciones religiosas. Su solicitud a las hermanas fue tan efectiva que hasta la fecha hemos arreglado que 86,000 obispos y sacerdotes sean adoptados por hermanas religiosas, especialmente las M. C. Su respeto por los sacerdotes como representantes de Cristo era tan grande que uno a menudo la veía arrodillada incluso ante sacerdotes jóvenes para pedir su bendición.[30]

Hagamos una novena voladora
El 9 de noviembre de 1975, la Madre fue con todas las novicias a la misa al aire libre en la basílica de San Juan de Letrán, celebrada por

su santidad el papa Pablo VI. A la hora de la misa, el cielo estaba totalmente nublado y llovía continuamente. Cuando nos sentamos, la Madre dijo: «Hagamos una novena voladora a la Virgen María, agradeciéndole por el bello día». Nos reprendió amablemente porque dijo que, cuando ya estábamos cerca del final de los nueve Acordaos, toda la gente cerró sus paraguas, menos las hermanas porque nos faltaba fe.[31]

•••

La Madre había recogido a una niña de casi diez años, severamente desnutrida, y la había traído a Trivandrum. Luego regresó a Calcuta. Mientras tanto, la niña salió de la casa y no supimos a dónde se había ido. Informamos a la Madre en Calcuta. Nos dijo que continuáramos rezando y buscándola, y que ella también rezaría y que tendríamos a la niña de regreso. Y la tuvimos; regresó de Nari Niketan, la policía la había hallado y la llevó para allá. ¡Las oraciones de la Madre siempre fueron muy poderosas![32]

Haga el esfuerzo de rezar
Escribí a la Madre acerca de mi vida de oración, la Madre me dijo esto: «Hermana... a menudo usted llega tarde para orar. Pida a la Virgen María que le ayude. La oración es la vida misma de nuestra unión con Jesús. Examínese a sí misma del porqué llegó deliberadamente tarde a la oración». La Madre, en sus instrucciones, solía decir: «Recen y trabajen. No han venido únicamente para trabajar, de lo contrario, empaquen [sus cosas] y regresen a casa». Antes de mis votos perpetuos, fui a verla y le pregunté: «¿Tengo vocación?». La Madre me miró directamente a los ojos y me dijo: «Hija mía, usted tiene vocación. Ame rezar y esfuércese por rezar. Pida y busque y su

corazón se expandirá lo suficiente para recibirlo a Él y conservarlo como suyo. La oración es su fuerza y protección. Diga: "María, madre mía, ayúdame y guíame"». Yo experimenté la ayuda y protección de la Madre muchas veces.[33]

Póngase la Medalla Milagrosa

Muchos enfermos también recibieron ayuda al rezar la oración y al llevar puesta la medalla. Yo creo que fue a través de las oraciones de la Madre a la Virgen María que obtuvimos los favores cuando fuimos fieles en llevar puesta la medalla y rezar como la Madre nos enseñó. Cuando estábamos enfermas e íbamos con la Madre, ella nos daba una Medalla Milagrosa, nos bendecía con ella y rezaba. Nos pedía mantenerla en donde sentíamos dolor. Y mejorábamos.[34]

María, Madre de Jesús, sé una madre para mí ahora

Aunque la Madre tenía un amor intenso y profundo por la Virgen María, usaba un método muy sencillo para ayudarnos a nosotras y a la gente a crecer en nuestra devoción. Todos saben que la Madre solía dar las Medallas Milagrosas a la gente y les enseñaba a rezar: «¡María, Madre de Jesús, sé una madre para mí ahora!». Muchas personas que no tenían hijos los concibieron a través de esta sencilla oración de fe en la intercesión de la Virgen María. La Madre les daba Medallas Milagrosas y les pedía que se las pusieran y que rezaran: «¡María, Madre de Jesús, danos un bebé!», ¡y tenían al hijo! Me he encontrado con muchos que me lo han contado. Una pareja hindú en Londres, que no había tenido hijos en quince años de matrimonio, tuvo una bebé a quien llamaron Teresa. Mi propia sobrina tuvo un hijo llevando puesta la medalla que la Madre le dio, y rezando esa oración.[35]

En misa, justo antes de comenzar, me incliné y le dije a la Madre: «Hoy es el cumpleaños de mi hermana; ella ha estado casada por seis años y me han dicho que no quieren hijos, por favor, rece por ella». La Madre dijo: «Ambas recemos por ella en esta misa». Y once meses después mi hermana dio a luz al primero de sus dos hijos.[36]

Le pedí a la Madre que rezara por una conocida mía, María, quien cuatro días antes había sido diagnosticada con sida. La Madre respondió diciendo: «Oh, ¡qué terrible! Tanta gente con sida». Luego pareció mirar más allá de mí, en profunda reflexión. Entonces preguntó: «¿Cómo se contagió?». Conociendo la situación de esta mujer, respondí: «Creo que su novio la contagió». La Madre dijo: «Oh» y miró otra vez hacia la distancia. Luego repitió: «Tantos hombres, mujeres y niños con sida». Me preguntó qué edad tenía María y respondí: «Treinta y dos». La Madre me volvió a preguntar cómo lo había contraído. Le dije: «No ha llevado una buena vida». Luego, sostuve en la mano las Medallas Milagrosas frente a la Madre, ella las bendijo y tomó una, diciendo: «Esta es para María. Dígale que rece: "María, Madre de Jesús, sé una madre para mí ahora", pero especialmente: "María, Madre de Jesús, llévate mi sida"».[37]

Algo los estaba deteniendo
Durante la guerra civil en Jordania, cuando un grupo de hombres armados intentó entrar en nuestro pequeño apartamento, todas rezamos juntas. Repentinamente nos dejaron y fueron hacia otros apartamentos. Mucho después encontramos a algunos de esos soldados y les preguntamos: «¿Por qué nos dejaron y se fueron a otros apartamentos?». Dijeron que no pudieron entrar al nuestro porque sintieron que algo los estaba

deteniendo. Sentí que era el mensaje de la Madre para nosotras por el teléfono: «No tengan temor. Jesús siempre está con ustedes. Nuestra Madre María cuidará de ustedes».[38]

Rece para no amargarse

La Madre me dijo que rezara [cincuenta] Acordaos por [cincuenta] días (era la edad de mi ex esposo en ese tiempo), con el fin de rezar por él, para no amargarme y por humildad. Ella sintió que mis rezos serían muy importantes para él, porque yo era a quien él había herido. Ella estaba segura de que yo debía perdonarlo, que debía luchar para dejar fuera la amargura, que todos tienen problemas, y que debemos comprender las debilidades de otros. Cada vez que la veía, ella sacaba el tema de no amargarme a causa de mi ex marido y del divorcio y por lo que él me había hecho. Creo que se preocupó porque me vio muy dolida en los años posteriores al divorcio.[39]

Curada por las oraciones de la Madre

Cuando la Madre vino, yo tenía una fiebre muy alta. Vino y me bendijo. Rezó por mí. Al día siguiente se volvió a acercar a mi cama y me tocó las mejillas, diciendo: «La fiebre no se le va». Y nuevamente rezó por casi cinco minutos, e inmediatamente me sentí mejor y me repuse muy pronto.[40]

—•••—

Primero [mi esposo] tenía fiebre. Por veinte días, noche y día, duró la fiebre. Después de tomar medicinas, una noche, a las dos, repentinamente la fiebre se le quitó, pero se enfermó mentalmente. Debido a su estado mental, salió de casa en la noche, encerrándonos a todos en el interior. En esas condiciones siguió vagando por ahí hasta las nueve de la mañana. Uno de sus compañeros, que vivía frente a nuestra casa, lo trajo y abrió la puerta. Cuando [mi esposo] entró en la casa, me golpeó a mí y a los tres niños. Ahí fue donde me percaté de su condición mental. Después de este incidente, comencé a esconder a los niños en las casas de otras personas. Eran pequeños, y no había alimento suficiente para hacer comida. Yo no estaba cocinando en casa. Otras personas me ayudaron mucho. Cuando estaba en casa solía golpearnos, y luego corría afuera a golpear a los desconocidos con un palo. El personal de su oficina huía al verlo. Por la noche, cuatro personas lo sostenían y lo alimentaban, y luego lo encerraban en una habitación. Esto duró trece días. El día de la Primera Comunión de mi hijo, después de la santa misa, le dije a una hermana M. C. acerca de su condición y ella nos llevó a todos con la Madre y le explicó todo. La Madre colocó la mano sobre la cabeza [de mi esposo] y rezó, y entonces [él] se curó. Al salir de la Casa Madre, compró muchas flores para ponerlas junto a la Virgen María y Jesús y nos llevó al estudio para tomarnos fotografías. Después de eso compró cordero, y alegrándonos llegamos a casa. Allí, él mismo preparó la comida y todos comimos juntos. Inmediatamente después de la comida, fue a decir a los vecinos y al personal de la oficina que había sido curado por la Madre ese mismo día. Otros también creyeron que en verdad la Madre tenía el poder de Dios para sanar.[41]

Ella rezó por él

«Vic» fue diagnosticado con cáncer terminal de colon y le dieron un año de vida Después de su cirugía radical, conocí a la Madre Teresa en el aeropuerto de Manila. Afortunadamente, fui la primera en saludarla, tomé su pasaporte y le asigné una persona de Inmigración para que se hiciera cargo de sus documentos mientras nos daban su equipaje. La primera pregunta que me hizo fue: ¿Cómo estás, hija mía?». «Yo estoy bien, pero mi esposo no, porque ha sido diagnosticado con cáncer terminal». Mientras esperaba su equipaje, me pidió que llevara a Vic al día siguiente a las 9:30 a la casa regional en [la calle] Tayuman, para que ella pudiera rezar por él y ponerle la misma Medalla Milagrosa que había puesto sobre el Papa cuando le dispararon en el Vaticano. Yo estaba muy emocionada. Al día siguiente, llevé a mi esposo a la casa regional y, exactamente a las 9:30 de la mañana, la Madre Teresa salió de la capilla. Traía una estampa con un niño en la palma de la mano de Dios y una cita bíblica del profeta Isaías, que ella entregó a mi esposo, rezando por él por unos veinte minutos, y terminó con la Medalla Milagrosa prendida en su camisa. Las lágrimas brotaron de los ojos de mi esposo y de los míos también. Después, la Madre Teresa conversó conmigo acerca de mi familia e incluso dijo que su propio hermano había muerto de cáncer de pulmón, y que lo tuvo solo dos años antes de que el Señor lo llamara, y que mi esposo debía ofrecer su dolor y sufrimientos al Señor y rezar por la paz en nuestro país.[42] Después de tres días, llevé a mi esposo con su cirujano para un chequeo, y el doctor no podía creer la transformación física de mi esposo.

En una semana, Vic estaba saludable. La vida de mi esposo se extendió a casi cinco años. Vic tuvo todo el tiempo para prepararse para estar con Dios y ofreció todo su dolor a nuestro Señor para su gloria; se convirtió en un comulgante diario y preparó a la familia para el final, y falleció con una sonrisa en sus labios, con paz y con bendiciones apostólicas para reunirse con el Creador.[43]

Que se haga tu voluntad

La esposa de uno de mis oficiales sufría de tuberculosis pulmonar, y los médicos le dieron dos o tres semanas de vida. Ella tenía dos o tres hijos. Pedí a la Madre que rezara por ella y la Madre me dijo que solo podía rezar y rogar al Todopoderoso que le salvara la vida por unos años más. Firmemente creía que cualquier oración al Padre Misericordioso con una fe firme obtendría las bendiciones de Dios. La Madre me pidió que llamara al oficial y, juntos, nosotros tres, nos arrodillamos en mi oficina y rezamos por diez minutos. Al concluir su oración, la Madre dijo: «Que se haga tu voluntad». Después de diez o doce días, el oficial me dijo con una mirada extraña que su esposa estaba mejorando considerablemente y que el médico que la atendía se preguntaba cómo podía suceder eso. Esta mujer vivió otros veinticinco años a partir de entonces.[44]

———— ••• ————

Al escuchar esto, otro oficial se me acercó. Su esposa estaba muy enferma. Le conté todo a la Madre. La acompañé a una aldea, donde residía ese oficial. La Madre rezó por ella y terminó su oración diciendo: «Que se haga tu voluntad». Créanme, esa mujer también se recuperó totalmente.[45]

———— ••• ————

Un agente, que era mi subalterno, estaba muy enfermo, sufriendo de epilepsia, tanto que las autoridades pensaban liberarlo de su servicio policiaco. Yo estaba muy incómodo porque él tenía dos o tres hijos. Un día, cuando la Madre vino a mi oficina para algún asunto de registros, le dije acerca de este pobre hombre. La Madre me dijo que la llevara a su residencia. Al siguiente día, la acompañé en el auto de mi trabajo hacia la casa del agente. La Madre llevó consigo dos cobertores, dos saris y algunas [prendas de] ropa para sus dos niños, de acuerdo a su edad. Rezó por quince minutos, suplicando a Dios Todopoderoso que cuidara al enfermo. Nunca rezó para curar totalmente las dolencias de la persona afectada, sino que solo repetía en su oración que cuidara del enfermo y también de los miembros de su familia. Terminó su oración diciendo: «Que se haga tu voluntad». Créanme, después de dos o tres semanas, el agente vino a mi oficina y me dijo que su epilepsia no le había dado problemas desde la visita de la Santa Madre.[46]

●●●

Yo tenía diabetes y un día la Madre, mirándome, me preguntó si estaba físicamente sano o no. Le dije que tenía un nivel alto de azúcar en la sangre. Ella me dio la medalla de la Virgen María y rezó por mi recuperación. Ahora tengo niveles normales de azúcar en la sangre con solo algunas restricciones en la dieta. Mi esposa frecuentemente dice que desde que la Madre la tocó, ella ha podido controlar su temperamento y su actitud irritables. Así eran el toque y la bendición de la Madre.[47]

Ellos también necesitan rezar

La solicitud de la Madre de que a la gente se le otorgaran sus derechos espirituales se extendió a personas de todas las creencias. La Madre misma nos contó su experiencia cuando nuestras hermanas fueron por primera vez a Albania. En ese país, por muchos años no se había permitido ninguna práctica religiosa de ningún tipo. Con el cambio de régimen, nuestras hermanas entraron al país e inmediatamente comenzaron a buscar a los más pobres de entre los pobres para cuidar de ellos. Hallaron a algunas mujeres ancianas y enfermas en lo que había sido una mezquita. Cuando las hermanas las llevaron a la casa y las acomodaron, la siguiente preocupación de la Madre fue la mezquita. Ella hizo que las hermanas la limpiaran y luego llamó a los líderes musulmanes para entregárselas. Al relatar la historia, uno podía ver el gozo de la Madre mientras nos contaba que esa misma noche se pudo escuchar el llamado a la oración desde esa mezquita. «Ellos también necesitan rezar», dijo.[48]

REFLEXIÓN

«Ante todo recomiendo que se hagan peticiones, oraciones, súplicas y acciones de gracias por todos...» (1 Tim 2:1).

«Amen rezar. A menudo, durante el día, sientan la necesidad de rezar. Porque de allí es de donde vendrá la fuerza. Jesús siempre está con nosotros para amar, compartir y ser el gozo de nuestras vidas. Ustedes están en mis oraciones. Dios las bendiga».

¿Qué puedo hacer para profundizar mi relación con Jesús en la oración? ¿Dedico al menos un corto tiempo cada día para la oración personal y para leer la Biblia?

¿Uso mi ocupada agenda como excusa para evitar la oración? ¿Hay otras cosas en mi mente que son menos importantes, pero a las que les doy prioridad por sobre la oración?

¿Puedo dedicar, al menos, unos pocos minutos de mi tiempo para orar por algún ser querido que tenga una necesidad especial en este momento, tal vez un miembro de la familia en problemas, un amigo enfermo, un colega desanimado? ¿Qué oraciones concretas o pequeños sacrificios puedo ofrecer por esta persona?

¿Por cuál persona fallecida, conocida mía, nunca he pensado en rezar? ¿Qué oraciones puedo ofrecer por esas personas? ¿Rezo por mis familiares muertos y por las almas del purgatorio?

ORACIÓN

Acordaos,

oh piadosísima Virgen María, que jamás se ha oído decir

que ninguno de los que han acudido a tu protección,

implorando tu asistencia y reclamando tu socorro,

haya sido abandonado por ti.

Animado con esta confianza, a ti también acudo,

oh Madre, Virgen de las vírgenes,

y aunque gimiendo bajo el peso de mis pecados,

me atrevo a comparecer ante tu presencia soberana.

No deseches mis humildes súplicas,

oh Madre del Verbo divino,

antes bien, escúchalas y acógelas benignamente.

Amén.

Conclusión

La misericordia de Dios tiene un semblante concreto: el rostro «compasivo y misericordioso» de Jesucristo, que el Evangelio nos acerca mediante las parábolas del Buen Samaritano, el Buen Pastor y, aún más, a través de la imagen del padre del Hijo Pródigo. Es este rostro, el del Hijo de Dios, el que estamos llamados a contemplar para que, al menos, algo de su compasión y ternura brillen en nuestros rostros y en nuestras acciones.

Para que esto sea más fácil para nosotros, la Iglesia nos propone el ejemplo de los santos, porque algo del amor y la compasión de Dios también se refleja en sus rostros. Durante este Jubileo de Misericordia, la Iglesia nos presenta el modelo de la Madre Teresa.

Para ella, todo comenzó en oración, en su relación con Dios, en dejar que la mirada misericordiosa de Dios penetrara en lo más profundo de su corazón.

Y, habiendo experimentado esta mirada en la oración y contemplación, ella la canalizó a los demás.

En el Domingo de la Divina Misericordia, el papa Francisco desafió a los fieles a convertirse en «escritores vivientes del Evangelio» mediante la práctica de las obras de misericordia espirituales y corporales, que son «las características de la vida cristiana». En las palabras y obras de la Madre Teresa, en particular los ejemplos que muestran cómo ella practicó las obras de misericordia, el «Evangelio cobró vida», como dijo uno de sus seguidores. Ella estaba, por así decirlo, «escribiendo» el Evangelio por la forma en que lo vivió. Esto es lo que la Iglesia reconoce en ella y nos ofrece como modelo a través de su canonización.

Que su canonización y este libro sean un incentivo para que recordemos su amor, su compasión y su sonrisa tranquilizadora. Cuando veamos a nuestros hermanos y hermanas necesitados, seamos «apóstoles de misericordia» tocando y sanando las heridas de sus cuerpos o de sus almas, como lo hizo la Madre Teresa. Ella sigue invitándonos: «Solo piensa por un momento, tú y yo hemos sido llamados por nuestro nombre, porque Él nos amó. Porque tú y yo somos alguien especial para Él: para ser Su Corazón para amarlo a Él en los pobres, Sus manos para servirle a Él en los más pobres de los pobres... comenzando con quienes nos rodean, incluso en nuestras propias familias». Así es como podemos ser, como el papa Francisco nos llama a ser, testigos de misericordia.

Notas

Nota: Cuando la cita «Testimonio de una hermana M. C.» va seguida de «Ibíd.», indica que se está citando a la misma hermana.

INTRODUCCIÓN

1. Discurso del papa Francisco a la Confederación Nacional de las Misericordias de Italia, el 14 de junio de 2014, en el aniversario de la audiencia con el papa Juan Pablo II el 14 de junio de 1986.
2. *Misericordiae Vultus*, 11 de abril de 2015, 2; anteriormente abreviado como M.V.
3. M.V., 5.
4. *Deus Caritas Est*, 34.
5. Ibíd., 34.
6. M.V., 15.
7. A lo largo de este trabajo, el nombre de Calcuta se mantendrá, aunque la ciudad ahora se conoce como Kolkata. Este fue el nombre de la ciudad durante la vida de la Madre Teresa, y así es como se le conoce oficialmente, Santa Teresa de Calcuta.
8. Agenda de actividades de la Madre Teresa, del 21 al 23 de diciembre de 1948.
9. M.V., 15.
10. Ibíd.
11. Ibíd.
12. Ibíd.

CAPÍTULO I: ALIMENTAR AL HAMBRIENTO

1. Discurso de la Madre Teresa en Tokio, 26 de abril de 1981.
2. Carta de la Madre Teresa a las hermanas M. C., 12 de octubre de 1982.
3. Instrucciones de la Madre Teresa a las hermanas M. C., 16 de noviembre de 1977.
4. Alocución de la Madre Teresa en las Naciones Unidas, 26 de octubre de 1985.
5. Discurso de la Madre Teresa en Japón, 24 de noviembre de 1984.

6. Instrucciones de la Madre Teresa a las hermanas M. C., 10 de abril de 1984.

7. Traducción del discurso de la Madre Teresa en Zagreb, Croacia, abril de 1978.

8. Instrucciones de la Madre Teresa a las hermanas M. C., 25 de septiembre de 1984.

9. Alocución de la Madre Teresa en el Desayuno de Oración Nacional, 3 de febrero de 1994.

10. Instrucciones de la Madre Teresa a las hermanas M. C., 7 de marzo de 1979.

11. Instrucciones de la Madre Teresa a las hermanas M. C., 9 de abril de 1981.

12. Instrucciones de la Madre Teresa a las hermanas M. C., 5 de octubre de 1984.

13. Hogar de las Misioneras de la Caridad en Green Park, cerca del aeropuerto de Calcuta.

14. Instrucciones de la Madre Teresa a las hermanas M. C., 5 de octubre de 1984.

15. Ibíd.

16. Discurso de la Madre Teresa en Japón, 24 de noviembre de 1984.

17. Discurso de la Madre Teresa, s.f.

18. Instrucciones de la Madre Teresa a las hermanas M. C., 9 de octubre de 1982.

19. Discurso de la Madre Teresa en Tokio, 26 de abril de 1981.

20. Entrevista de la Madre Teresa, 23 de abril de 1981.

21. Discurso de la Madre Teresa en Roma, s.f.

22. Alocución de la Madre Teresa en la Universidad de Harvard, Ceremonia de graduación, 9 de junio de 1982.

23. Testimonio de una hermana M. C.

24. Testimonio de una hermana M. C.

25. Testimonio de un sacerdote que conoció a la Madre Teresa durante casi tres décadas hasta su muerte.

26. Testimonio de una hermana M. C.

27. Testimonio de un colaborador que conoció a la Madre Teresa durante aproximadamente quince años y ayudó con varios asuntos de negocios.

28. Testimonio de una colaboradora hindú en Calcuta.

29. Testimonio de una hermana M. C.

30. Testimonio de un sacerdote M. C., que tuvo contacto personal frecuente con la Madre Teresa.

31. Testimonio de una hermana M. C.

32. Testimonio de una hermana M. C.

33. Testimonio de un miembro de los hermanos contemplativos M. C., que tuvo contacto personal frecuente con la Madre Teresa.

34. Testimonio de una hermana M. C.

35. Ibíd.

36. Testimonio de un colaborador de las Misioneras de la Caridad que conoció a la Madre Teresa desde la década de 1960 y hasta finales de 1980.

37. Testimonio de una hermana M. C.
38. Testimonio de una hermana M. C.
39. Testimonio de una hermana M. C.
40. Testimonio de una hermana M. C.
41. Carta de la Madre Teresa a una colaboradora.
42. Carta de la Madre Teresa a los colaboradores, 4 de octubre de 1974.

CAPÍTULO II: DAR DE BEBER AL SEDIENTO

1. Instrucciones de la Madre Teresa a las hermanas M. C., 29 de septiembre de 1977.
2. Alocución de la Madre Teresa en el Desayuno de Oración Nacional, 3 de febrero de 1994.
3. Discurso de la Madre Teresa a los sacerdotes, Roma, septiembre de 1990.
4. Instrucciones de la Madre Teresa a las hermanas M. C., 20 de junio de 1981.
5. Instrucciones de la Madre Teresa a las hermanas M. C., 14 de octubre de 1977.
6. Discurso de la Madre Teresa, s.f.
7. Discurso de la Madre Teresa en la reunión con los colaboradores, Tokio, 25 de abril de 1981.
8. Discurso de la Madre Teresa a los sacerdotes, Roma, octubre de 1984.
9. Traducción del discurso de la Madre Teresa en Zagreb, Croacia, abril de 1978.
10. Testimonio de una hermana M. C.
11. Testimonio de una hermana M. C.
12. Testimonio de un sacerdote M. C., que tuvo contacto personal frecuente con la Madre Teresa.
13. Testimonio de un hermano M. C.
14. Carta de la Madre Teresa a las hermanas M. C., 25 de febrero de 1979.
15. Carta de la Madre Teresa a las hermanas M. C., 19 de febrero de 1970.

CAPÍTULO III: VESTIR AL DESNUDO

1. Instrucciones de la Madre Teresa a las hermanas M. C., 15 de septiembre de 1976.
2. Instrucciones de la Madre Teresa a las hermanas M. C., 10 de junio de 1977.
3. Discurso de aceptación del Premio Nobel de la Paz de la Madre Teresa, 11 de diciembre de 1979.
4. Discurso de la Madre Teresa, 10 de diciembre de 1981.
5. Discurso de la Madre Teresa en la reunión con los colaboradores, Minnesota, 20 al 22 de junio de 1974.
6. Instrucciones de la Madre Teresa a las hermanas M. C., marzo de 1993.
7. Instrucciones de la Madre Teresa a las hermanas M. C., 18 de septiembre de 1981.
8. Instrucciones de la Madre Teresa a las hermanas M. C., 12 de octubre de 1977.

9. Instrucciones de la Madre Teresa a las hermanas M. C., 16 de septiembre de 1981.

10. Instrucciones de la Madre Teresa a las hermanas M. C., 16 de enero de 1983.

11. Discurso de la Madre Teresa, 10 de diciembre de 1981.

12. Discurso de la Madre Teresa, s.f.

13. Madre Teresa, «La Caridad: Alma de la Misión», 23 de enero de 1991.

14. Discurso de la Madre Teresa en Japón, 24 de noviembre de 1984.

15. Alocución de la Madre Teresa en la Universidad de Harvard, Ceremonia de graduación, 9 de junio de 1982.

16. Discurso de la Madre Teresa, 25 de abril de 1982.

17. Testimonio de una hermana M. C.

18. Testimonio de un colaborador.

19. Testimonio de una hermana M. C.

20. Testimonio de una hermana M. C.

21. Testimonio de una hermana M. C.

22. Testimonio de una hermana M. C.

23. Testimonio de una hermana M. C.

24. Carta de la Madre Teresa a las hermanas M. C., 19 de febrero de 1970.

25. Carta de la Madre Teresa a los colaboradores, 4 de octubre de 1974.

CAPÍTULO IV: ALBERGAR AL INDIGENTE

26. Cf. Madre Teresa, Come be my light (ed. y com. de Brian Kolodiejchuk, M. C.), Nueva York: Doubleday, 2007, p. 232. (Trad. esp.: Ven, sé mi luz, Nueva York: Image, 2015).

27. Madre Teresa, «La Caridad: Alma de la Misión», 23 de enero de 1991.

28. Refugio para hombres en Roma, cerca de la estación de trenes de Termini.

29. Discurso de la Madre Teresa en Asís, 6 de junio de 1986.

30. Instrucciones de la Madre Teresa a las hermanas M. C., Vísperas del Miércoles de Ceniza, s.f.

31. Discurso de la Madre Teresa, 17 de septiembre de 1987.

32. Discurso de la Madre Teresa en Japón, 24 de noviembre de 1984.

33. Instrucciones de la Madre Teresa a las hermanas M. C., s.f.

34. Discurso de la Madre Teresa en St. Louis, 1988.

35. Discurso de la Madre Teresa en la reunión con los colaboradores, Minnesota, del 20 al 22 de junio de 1974.

36. Plática de la Madre Teresa con los jóvenes, del 21 al 22 de julio de 1976.

37. Alocución de la Madre Teresa en Osaka, 28 de abril de 1982.

38. Alocución de la Madre Teresa ante sacerdotes, Roma, septiembre de 1990.

39. Carta de la Madre Teresa a un colaborador, 11 de marzo de 1961.

40. Carta de la Madre Teresa a un sacerdote, 23 de julio de 1976.
41. Alocución de la Madre Teresa en el Desayuno de Oración Nacional, 3 de febrero de 1994.
42. Alocución de la Madre Teresa ante sacerdotes, Roma, octubre de 1984.
43. Carta de la Madre Teresa a un sacerdote, 4 de marzo de 1991.
44. Carta de la Madre Teresa a las hermanas M. C., Pascua de 1995.
45. Discurso de la Madre Teresa en Shillong, 18 de abril de 1975.
46. Charla de la Madre Teresa en el Congreso Eucarístico en Filadelfia, 1976.
47. Carta de la Madre Teresa a un miembro de los colaboradores, 5 de noviembre de 1972.
48. Discurso de la Madre Teresa al recibir el Père Marquette Discovery Award, 13 de junio de 1981.
49. Carta de la Madre Teresa a las hermanas M. C., 19 de febrero de 1970.
50. Carta de la Madre Teresa a un colaborador, 13 de octubre de 1969.
51. Testimonio de una hermana M. C.
52. Testimonio de una hermana M. C.
53. Testimonio de una hermana M. C.
54. Testimonio de una hermana M. C.
55. Testimonio de una hermana M. C.
56. Testimonio de una hermana M. C.
57. Testimonio de una hermana M. C.
58. Testimonio de un médico colaborador que trabajó con la Madre Teresa desde finales de los años cincuenta.
59. Testimonio de una hermana M. C.
60. Testimonio de un oficial de policía.
61. Testimonio de una niña huérfana.
62. Testimonio de un niño huérfano.
63. Testimonio de un voluntario hindú en Calcuta.
64. Testimonio de una hermana M. C.
65. Testimonio de un colaborador que tuvo una relación cercana con la Madre Teresa desde la década de 1960 en adelante.
66. Testimonio de una hermana M. C.
67. Testimonio de un médico colaborador.
68. Testimonio de una hermana M. C.
69. Testimonio de un colaborador que tuvo una relación cercana con la Madre Teresa desde la década de 1960 en adelante.
70. Testimonio de uno de los doctores de la Madre Teresa.
71. Testimonio de un colaborador que tuvo una relación cercana con la Madre Teresa desde la década de 1960 en adelante.
72. Testimonio de una hermana M. C.

73. Testimonio de un miembro de los hermanos contemplativos M. C. que tuvo contacto personal frecuente con la Madre Teresa.
74. Carta de la Madre Teresa a los colaboradores, 4 de octubre de 1974.

CAPÍTULO V: VISITAR AL ENFERMO

1. Testimonio de uno de los doctores de la Madre Teresa.
2. Mensaje Ek-Dil de la Madre Teresa, Navidad de 1987.
3. Carta de la Madre Teresa a un laico, 21 de abril de 1991.
4. Alocución de la Madre Teresa en el Congreso Eucarístico en Filadelfia, agosto de 1976.
5. Ibíd.
6. Alocución de la Madre Teresa ante sacerdotes, Roma, octubre de 1984.
7. Explicación de las Constituciones Originales de las Misioneras de la Caridad.
8. Discurso de la Madre Teresa, s.f.
9. Instrucciones de la Madre Teresa a las hermanas M. C., 7 de marzo de 1979.
10. Alocución de la Madre Teresa ante clérigos y novicios oblatos, Roma, diciembre de 1979.
11. Carta de la Madre Teresa a las hermanas M. C., 3 de julio de 1978.
12. Carta de la Madre Teresa a las hermanas M. C., Pascua de 1995.
13. Carta de la Madre Teresa a los superiores M. C., 13 de noviembre de 1969.
14. Carta de la Madre Teresa a las hermanas M. C., 11 de octubre de 1968.
15. Carta de la Madre Teresa a Jacqueline de Decker, 20 de octubre de 1952.
16. Carta de la Madre Teresa a Jacqueline de Decker, 13 de enero de 1953.
17. Ibíd.
18. Ibíd.
19. Carta de la Madre Teresa a un laico, 22 de diciembre de 1989.
20. Testimonio de una hermana M. C.
21. Testimonio de un funcionario del gobierno que conoció a la Madre Teresa a mediados de la década de 1970 y la ayudó en los asuntos relacionados con el gobierno indio.
22. Testimonio de un niño huérfano.
23. Testimonio de un sacerdote M. C. que tuvo frecuentes encuentros personales con la Madre Teresa.
24. Testimonio de un colaborador que conoció a la Madre Teresa durante aproximadamente quince años y ayudó con varios asuntos de negocios.
25. Ibíd.
26. Testimonio de una hermana M. C.
27. Testimonio de una hermana M. C.
28. Testimonio de una hermana M. C.
29. Testimonio de un sacerdote.
30. Testimonio de un sacerdote en Australia.

31. Testimonio de un sacerdote que ayudó a la Madre Teresa por décadas en Calcuta.
32. Testimonio de un sacerdote que conoció a la Madre Teresa desde la década de 1980 y permaneció en estrecho contacto con ella hasta su muerte.
33. Testimonio de una hermana M. C.
34. Testimonio de una hermana M. C.
35. Testimonio de una hermana M. C.
36. Testimonio de una mujer laica.
37. Testimonio de un médico practicante en Calcuta.
38. Testimonio de una hermana M. C.
39. Testimonio de una hermana M. C.
40. Testimonio de una hermana M. C.
41. Testimonio de una hermana M. C.
42. Testimonio de una hermana M. C.
43. Testimonio de una hermana M. C.
44. Jacqueline de Decker, "Necesito almas como tú".
45. Carta de la Madre Teresa a las hermanas M. C., 20 de septiembre de 1959.
46. Carta de la Madre Teresa a los colaboradores, 4 de octubre de 1974.

CAPÍTULO VI: VISITAR AL PRESO

1. Discurso de la Madre Teresa, s.f.
2. Instrucciones de la Madre Teresa a las hermanas M. C., 24 de mayo de 1983.
3. Maximiliano Kolbe (1894-1941), un franciscano polaco que murió en un campo de concentración en Auschwitz al ofrecer su vida por la de un padre joven.
4. Instrucciones de la Madre Teresa a las hermanas M. C., 25 de mayo de 1983.
5. Discurso de la Madre Teresa, Washington, D.C., s.f.
6. Padre José, cofundador de los padres M. C.
7. Instrucciones de la Madre Teresa a las hermanas M. C., 21 de mayo de 1986.
8. Instrucciones de la Madre Teresa a las hermanas M. C., 7 de marzo de 1979.
9. Apelación de la Madre para detener la pena de muerte de Joseph O'Dell, condenado y juzgado culpable de violación y asesinato. Fue ejecutado en Virginia por inyección letal el 23 de julio de 1997, a pesar de las numerosas apelaciones para salvarle la vida (el papa Juan Pablo II también apeló). Dictado por vía telefónica por la Madre Teresa, 5 de julio de 1997.
10. Discurso de la Madre Teresa en la reunión con los colaboradores, Minnesota, del 20 al 22 de junio de 1974.
11. Testimonio de una hermana M. C.
12. Testimonio de un sacerdote que conoció a la Madre Teresa por casi tres décadas hasta su muerte.

13. Testimonio de un voluntario de las Misioneras de la Caridad en los Estados Unidos.

14. Testimonio de una hermana M. C.

15. Testimonio de un colaborador.

16. Testimonio de un médico voluntario de las Misioneras de la Caridad en los Estados Unidos.

17. Testimonio de un voluntario de los Estados Unidos.

18. Testimonio de una hermana M. C.

19. Carta de la Madre Teresa a las hermanas M. C., 19 de febrero de 1970.

CAPÍTULO VII: SEPULTAR A LOS MUERTOS

1. Instrucciones de la Madre Teresa a las hermanas M. C., 27 de mayo de 1983.

2. Plática de la Madre Teresa con los jóvenes, del 21 al 22 de julio de 1976.

3. Ibíd.

4. Alocución de la Madre Teresa en la reunión con los colaboradores en Minnesota, del 20 al 22 de junio de 1974.

5. Discurso de la Madre Teresa en Chicago, 8 de octubre de 1981.

6. Testimonio de una hermana M. C.

7. Testimonio de una hermana M. C.

8. Testimonio de un colaborador que conoció a la Madre Teresa durante aproximadamente quince años y ayudó con varios asuntos de negocios.

9. Testimonio de un colaborador.

10. Testimonio de una hermana M. C.

11. Testimonio de un colaborador.

12. Testimonio de una hermana M. C.

13. Testimonio de una hermana M. C.

14. Testimonio de un colaborador.

15. Testimonio de un colaborador.

16. Testimonio de un sacerdote que ayudó a la Madre Teresa durante décadas.

17. Testimonio de un colaborador de las Misioneras de la Caridad que conoció a la Madre Teresa desde la década de 1960 hasta finales de la década de 1980.

18. Testimonio de un sacerdote que ayudó a la Madre Teresa durante décadas en Calcuta.

19. Testimonio de una hermana M. C.

20. Testimonio de un miembro de los hermanos contemplativos M. C. que tuvo contacto personal frecuente con la Madre Teresa.

21. Testimonio de un colaborador.

CAPÍTULO VIII: INSTRUIR AL IGNORANTE

1. Madre Teresa a *Katoličke Misije* (revista de misiones publicada por los jesuitas en la extinta Yugoslavia), 1 de febrero de 1935.

2. Diario de la Madre Teresa, 29 de diciembre de 1948.

3. Carta de la Madre Teresa a las hermanas M. C., 3 de junio de 1964.

4. Instrucciones de la Madre Teresa a las hermanas M. C., s.f.

5. Carta de la Madre Teresa a los superiores M. C., 18 de marzo de 1995.

6. Instrucciones de la Madre Teresa a las hermanas M. C., 5 de septiembre de 1992.

7. Instrucciones de la Madre Teresa a las hermanas M. C., 29 de agosto de 1987.

8. Instrucciones de la Madre Teresa a las hermanas M. C., 10 de agosto de 1988.

9. Instrucciones de la Madre Teresa a las hermanas M. C., 23 de febrero de 1989.

10. Instrucciones de la Madre Teresa a las hermanas M. C., 19 de febrero de 1992.

11. Instrucciones de la Madre Teresa a las maestras de las novicias, 7 de agosto de 1993.

12. Instrucciones de la Madre Teresa a las hermanas M. C., 10 de enero de 1984.

13. Madre Teresa a un periodista de Skopie (Macedonia). Televisión, 28 de marzo de 1978.

14. Plática de la Madre Teresa con los jóvenes, del 21 al 22 de julio de 1976.

15. Conferencia de prensa de la Madre Teresa en Tokio, 22 de abril de 1982.

16. Alocución de la Madre Teresa en Osaka, 28 de abril de 1982.

17. Alocución de la Madre Teresa ante sacerdotes, Roma, septiembre de 1990.

18. Conferencia de prensa de la Madre Teresa, en Tokio, 22 de abril de 1982.

19. Carta de la Madre Teresa a las hermanas M. C., 6 de junio de 1966.

20. Instrucciones de la Madre Teresa a las hermanas M. C., s.f.

21. Carta de la Madre Teresa a las hermanas M. C., 6 de junio de 1966.

22. Carta de la Madre Teresa a las hermanas M. C., junio de 1974.

23. Testimonio de una hermana M. C.

24. Testimonio de una hermana M. C., ex alumna de la Madre Teresa en la escuela Loreto.

25. Testimonio de una hermana M. C.

26. Testimonio de una mujer cuya familia ayudó a la Madre Teresa cuando comenzó a trabajar en los barrios marginales.

27. Testimonio de una mujer que fue alumna de la Madre Teresa en la escuela de Motijhil.

28. Testimonio de una hermana M. C.

29. Testimonio de una hermana M. C.

30. Testimonio de una hermana M. C.

31. Testimonio de una hermana M. C.

32. Testimonio de una hermana M. C.

33. Testimonio de una hermana M. C.

34. Testimonio de una hermana M. C.

35. Testimonio de una hermana M. C.

36. Testimonio de una hermana M. C.

37. Testimonio de una hermana M. C.

38. Testimonio de una hermana M. C.

39. Testimonio de una hermana M. C.
40. Testimonio de un voluntario australiano que ayudó especialmente en Sishu Bhavan, el hogar para niños en Calcuta.
41. Testimonio de una hermana M. C.
42. Testimonio de una hermana M. C.

CAPÍTULO IX: ACONSEJAR AL QUE ESTÁ EN DUDA

1. Madre Teresa, *Come be my light* (ed. y com. de Brian Kolodiejchuk, M. C.), Nueva York: Image, 2009, p. 209. (Trad. esp.: *Ven, sé mi luz*, Nueva York: Image, 2015).
2. Conferencia de prensa de la Madre Teresa, Tokio, 22 de abril de 1982.
3. Carta de la Madre Teresa a Malcolm Muggeridge, 5 de julio de 1969.
4. Ibíd., 12 de noviembre de 1970.
5. Ibíd., 24 de febrero de 1970.
6. Carta de la Madre Teresa a dos colaboradores, 20 de agosto de 1966.
7. Carta de la Madre Teresa a un colaborador, 1 de diciembre de 1967.
8. Carta de la Madre Teresa a un colaborador, febrero de 1992.
9. Carta de la Madre Teresa a un sacerdote, 22 de septiembre de 1985.
10. Testimonio de una laica.
11. Ibíd.
12. Testimonio de un hermano contemplativo M. C. que tuvo contacto personal frecuente con la Madre Teresa.
13. Testimonio de un hermano contemplativo M. C. que tuvo contacto personal frecuente con la Madre Teresa.
14. Testimonio de un sacerdote que ayudó a la Madre Teresa durante décadas en Calcuta.
15. Testimonio de una hermana M. C.
16. Ibíd.
17. Testimonio de un doctor.
18. Testimonio de una hermana M. C.
19. Testimonio de una hermana M. C.
20. Testimonio de una hermana M. C.
21. Ibíd.
22. Testimonio de una hermana M. C.
23. Testimonio de una hermana M. C.
24. Testimonio de un sacerdote.
25. Testimonio de un laico.
26. Testimonio de una hermana M. C.
27. Constituciones de 1988, nro. 45, nro. 49.

CAPÍTULO X: CORREGIR AL QUE ESTÁ EN ERROR

1. Instrucciones de la Madre Teresa a las hermanas M. C., 22 de agosto de 1980.
2. Instrucciones de la Madre Teresa a las hermanas M. C., el 14 de noviembre de 1979.
3. Ibíd.
4. Carta de la Madre Teresa a las hermanas M. C., 29 de septiembre de 1981.
5. Instrucciones de la Madre Teresa a las hermanas M. C., década de 1980.
6. Instrucciones de la Madre Teresa a las hermanas M. C., 8 de enero de 1979.
7. Instrucciones de la Madre Teresa a las hermanas M. C., s.f.
8. Instrucciones de la Madre Teresa a las hermanas M. C., 24 de agosto de 1980.
9. Instrucciones de la Madre Teresa a las hermanas M. C., 13 de febrero de 1983.
10. Instrucciones de la Madre Teresa a las hermanas M. C., 9 de noviembre de 1977.
11. Instrucciones de la Madre Teresa a las hermanas M. C., 18 de mayo de 1978.
12. Ibíd.
13. Instrucciones de la Madre Teresa a las hermanas M. C., 20 de agosto de 1982
14. Ibíd.
15. Ibíd.
16. Instrucciones de la Madre Teresa a las hermanas M. C., 4 de diciembre de 1982.
17. Instrucciones de la Madre Teresa a las hermanas M. C., 7 de mayo de 1980.
18. Ibíd.
19. Instrucciones de la Madre Teresa a las hermanas M. C., 13 de septiembre de 1988.
20. Instrucciones de la Madre Teresa a las hermanas M. C., 6 de mayo de 1980.
21. Instrucciones de la Madre Teresa a las hermanas M. C., 7 de mayo de 1980.
22. Instrucciones de la Madre Teresa a las hermanas M. C., 17 de mayo de 1980.
23. Instrucciones de la Madre Teresa a las hermanas M. C., 3 de abril de 1981.
24. Instrucciones de la Madre Teresa a las hermanas M. C., 20 de agosto de 1982.
25. Instrucciones de la Madre Teresa a las hermanas M. C., el 14 de febrero de 1983.
26. Instrucciones de la Madre Teresa a las hermanas M. C., 16 de abril de 1981.
27. Instrucciones de la Madre Teresa a las hermanas M.C., 15 de julio de 1981.
28. Instrucciones de la Madre Teresa a las hermanas M. C., noviembre 1979.
29. Carta de la Madre Teresa con oración por aquellas que han abortado, Japón, 11 de abril de 1982.
30. Conferencia de prensa de la Madre Teresa, Tokio, 22 de abril de 1982.
31. Discurso de la Madre Teresa en Tokio, 23 de abril de 1982.
32. Discurso de la Madre Teresa en Nagasaki, 26 de abril de 1982.
33. Instrucciones de la Madre Teresa a las hermanas M. C., del 4 de diciembre de 1980.
34. Instrucciones de la Madre Teresa a las hermanas M. C., 6 de marzo de 1965.
35. Instrucciones de la Madre Teresa a las hermanas M. C., 30 de agosto de 1988.
36. Instrucciones de la Madre Teresa a las hermanas M. C., s.f., pero antes de 1973.

37. Carta de la Madre Teresa a las superioras M. C., 6 de junio de 1966.

38. Carta de la Madre Teresa a las superioras M. C., junio de 1962.

39. Carta de la Madre Teresa a las superioras M. C., 8 de septiembre de 1977.

40. Instrucciones de la Madre Teresa a las hermanas M. C., 14 de julio de 1981.

41. Instrucciones de la Madre Teresa a las hermanas M. C., 14 de mayo de 1982.

42. Instrucciones de la Madre Teresa a las hermanas M. C., 25 de mayo de 1983.

43. Carta abierta de la Madre Teresa, 3 de octubre de 1983.

44. Testimonio de un sacerdote M. C. que tuvo contacto personal frecuente con la Madre Teresa.

45. Testimonio de una hermana M. C.

46. Testimonio de un sacerdote de los Estados Unidos.

47. Testimonio de una hermana M. C.

48. Testimonio de una hermana M. C.

49. Testimonio de una hermana M. C.

50. Testimonio de una hermana M. C.

51. Testimonio de un hermano M. C.

52. Testimonio de una hermana M. C.

53. Testimonio de un sacerdote M. C. que tuvo contacto personal frecuente con la Madre Teresa.

54. Ibíd.

55. Testimonio de un colaborador que conoció a la Madre Teresa durante aproximadamente quince años y la ayudó en varios asuntos de negocios.

56. Testimonio de un sacerdote M. C. que tuvo contacto personal frecuente con la Madre Teresa.

57. Testimonio de una hermana M. C.

58. Testimonio de una hermana M. C.

59. Testimonio de una hermana M. C.

60. Testimonio de un colaborador.

61. Testimonio de una hermana M. C.

62. Instrucciones de la Madre Teresa a las hermanas M. C., década de 1980.

63. Instrucciones de la Madre Teresa a las hermanas M. C., 10 de mayo de 1986.

CAPÍTULO XI: SOPORTAR LAS INJUSTICIAS CON PACIENCIA

1. Instrucciones de la Madre Teresa a las hermanas M. C., s.f.

2. Conferencia de prensa de la Madre Teresa, Chicago, 1981.

3. Instrucciones de la Madre Teresa a las hermanas M. C., 5 de octubre de 1984.

4. Instrucciones de la Madre Teresa a las hermanas M. C., 23 de marzo de 1987.

5. Instrucciones de la Madre Teresa a las hermanas M. C., 19 de noviembre de 1979.

6. Instrucciones de la Madre Teresa a las hermanas M. C., 12 de abril de 1985.

7. Instrucciones de la Madre Teresa a las hermanas M. C., 10 de enero de 1984.

8. Instrucciones de la Madre Teresa a las hermanas M. C., 10 de abril de 1984.

9. Instrucciones de la Madre Teresa a las hermanas M. C., 15 de enero de 1981.

10. Instrucciones de la Madre Teresa a las hermanas M. C., s.f.

11. Carta de la Madre Teresa a las hermanas M. C., 19 de mayo de 1968.

12. Carta de la Madre Teresa a una colaboradora, 10 de marzo de 1965.

13. Instrucciones de la Madre Teresa a las hermanas M. C., 2 de noviembre de 1982.

14. Instrucciones de la Madre Teresa a las hermanas M. C., 7 de noviembre de 1987.

15. Instrucciones de la Madre Teresa a las hermanas M. C., 22 de mayo de 1986.

16. Instrucciones de la Madre Teresa a las hermanas M. C., 16 de septiembre de 1980.

17. Instrucciones de la Madre Teresa a las hermanas M. C., 18 de abril de 1981.

18. Instrucciones de la Madre Teresa a las hermanas M. C., 15 de abril, 1981.

19. Instrucciones de la Madre Teresa a las hermanas M. C., s.f.

20. Instrucciones de la Madre Teresa a las hermanas M. C., 20 de mayo de 1987.

21. Instrucciones de la Madre Teresa a las hermanas M. C., 24 de agosto de 1980.

22. Instrucciones de la Madre Teresa a las hermanas M. C., 15 de agosto de 1983.

23. Instrucciones de la Madre Teresa a las hermanas M. C., 22 de mayo de 1978.

24. Instrucciones de la Madre Teresa a las hermanas M. C., 13 de septiembre de 1988.

25. Instrucciones de la Madre Teresa a las hermanas M. C., 5 de octubre de 1984.

26. Instrucciones de la Madre Teresa a las hermanas M. C., s.f.

27. Instrucciones de la Madre Teresa a las hermanas M. C., 23 de enero de 1983.

28. Instrucciones de la Madre Teresa a las hermanas M. C., 25 de mayo de 1983.

29. Instrucciones de la Madre Teresa a las hermanas M. C., 30 de octubre de 1981.

30. Carta de la Madre Teresa a un colaborador, 13 de octubre de 1969.

31. Carta de la Madre Teresa a un colaborador, 3 de julio de 1969.

32. Carta de la Madre Teresa a un colaborador, 11 de abril de 1964.

33. Instrucciones de la Madre Teresa a las hermanas M. C., 26 de mayo de 1983.

34. Instrucciones de la Madre Teresa a las hermanas M. C., 20 de mayo de 1987.

35. Instrucciones de la Madre Teresa a las hermanas M. C., 22 de octubre de 1977.

36. Abate Pierre (1912-2007), un sacerdote francés y fundador del movimiento Emaús dedicado a la ayuda de los pobres y de personas sin casa en todo el mundo.

37. Instrucciones de la Madre Teresa a las hermanas M. C., 11 de octubre de 1982.

38. Testimonio de un huérfano.

39. Testimonio de una hermana M. C.

40. Testimonio de una hermana M. C.

41. Testimonio de una hermana M. C.

42. Testimonio de una hermana M. C.

43. Testimonio de un sacerdote.
44. Testimonio de una hermana M. C.
45. Ibíd.
46. Testimonio de una hermana M. C.
47. Testimonio de una colaboradora.
48. Testimonio de una hermana M. C.
49. Ibíd.
50. Testimonio de una hermana M. C.
51. Testimonio de una hermana M. C.
52. Testimonio de una hermana M. C.
53. Ibíd.
54. Ibíd.
55. Testimonio de una hermana M. C.
56. Testimonio de una hermana M. C.
57. Testimonio de una hermana M. C.
58. Carta de la Madre Teresa a un sacerdote, 7 de febrero de 1976.

CAPÍTULO XII: PERDONAR LAS OFENSAS CON BUENA DISPOSICIÓN

1. Lucas 23:34.
2. Instrucciones de la Madre Teresa a las hermanas M. C., 15 de abril de 1981.
3. Instrucciones de la Madre Teresa a las hermanas M. C., 18 de septiembre de 1981.
4. Alocución de la Madre Teresa en Nagasaki, 26 de abril de 1982.
5. Conferencia de prensa de la Madre Teresa, Chicago, 1981.
6. Instrucciones de la Madre Teresa a las hermanas M. C., 30 de junio de 1965.
7. Discurso de la Madre Teresa en Nagasaki, 26 de abril de 1982.
8. Ibíd.
9. Ibíd.
10. Charla de la Madre Teresa con voluntarios en Calcuta, 21 de diciembre de 1995.
11. Conferencia de prensa de la Madre Teresa, Beirut, abril de 1982.
12. Carta de la Madre Teresa a las hermanas M. C., mayo de 1964.
13. Carta de la Madre Teresa a las hermanas M. C., 14 de diciembre de 1973.
14. Instrucciones de la Madre Teresa a las hermanas M. C., 21 de febrero de 1979.
15. Ibíd.
16. Discurso de la Madre Teresa en Kentucky, 19 de junio de 1982.
17. Instrucciones de la Madre Teresa a las hermanas M. C., 21 de febrero de 1981.
18. Ibíd.
19. Instrucciones de la Madre Teresa a las hermanas M. C., 24 de agosto de 1980.
20. Instrucciones de la Madre Teresa a las hermanas M. C., 12 de septiembre de 1980.

21. Instrucciones de la Madre Teresa a las hermanas M. C., 21 de febrero de 1981.
22. Instrucciones de la Madre Teresa a las hermanas M. C., 27 de marzo de 1981.
23. Instrucciones de la Madre Teresa a las hermanas M. C., 4 de diciembre de 1982.
24. Ibíd.
25. Instrucciones de la Madre Teresa a las hermanas M. C., 6 de diciembre de 1982.
26. Instrucciones de la Madre Teresa a las hermanas M. C., 15 de octubre de 1977.
27. Instrucciones de la Madre Teresa a las hermanas M. C., 7 de noviembre de 1977.
28. Instrucciones de la Madre Teresa a las hermanas M. C., 21 de febrero de 1979.
29. Ibíd.
30. Discurso de la Madre Teresa, 17 de septiembre de 1987.
31. Ibíd.
32. Instrucciones de la Madre Teresa a las hermanas M. C., 15 de enero de 1981.
33. Instrucciones de la Madre Teresa a las hermanas M. C., 14 de mayo de 1982.
34. Testimonio de una hermana M. C.
35. Testimonio de una hermana M. C.
36. Testimonio de una hermana M. C.
37. Testimonio de una hermana M. C.
38. Testimonio de una hermana M. C.
39. Testimonio de una hermana M. C.
40. Testimonio de una hermana M. C.
41. Testimonio de un colaborador que conoció a la Madre Teresa por más de veinte años.
42. Testimonio de una hermana M. C.
43. Testimonio de una hermana M. C.
44. Testimonio de una hermana M. C.
45. Instrucciones de la Madre Teresa a las hermanas M. C., 21 de febrero de 1979.
46. Discurso de la Madre Teresa en Nagasaki, 26 de abril de 1982.

CAPÍTULO XIII: CONSOLAR AL AFLIGIDO

1. Instrucciones de la Madre Teresa a las hermanas M. C., 23 de mayo de 1986.
2. Instrucciones de la Madre Teresa a las hermanas M. C., el 24 de diciembre de 1988.
3. Instrucciones de la Madre Teresa a las hermanas M. C., 8 de febrero de 1981.
4. Mensaje de la Madre Teresa en el aeropuerto de Narita, Tokio, 22 de abril de 1981.
5. Instrucciones de la Madre Teresa a las hermanas M. C., 15 de diciembre de 1978.
6. Carta de la Madre Teresa a las hermanas M. C., 15 de octubre de 1971.
7. Carta de la Madre Teresa a las hermanas M. C., 20 de septiembre de 1959.
8. Discurso de la Madre Teresa, s.f.
9. Discurso de la Madre Teresa al personal médico.
10. Conferencia de prensa de la Madre Teresa, s.f.

11. Alocución de la Madre Teresa en Chicago, 4 de junio de 1981.

12. Discurso de la Madre Teresa en la reunión con los colaboradores, Minnesota, del 20 al 22 de junio de 1974.

13. Ibíd.

14. Ibíd.

15. Carta de la Madre Teresa a los colaboradores, 1 de marzo de 1995.

16. Carta de la Madre Teresa a un colaborador, 12 de febrero de 1981.

17. Carta de la Madre Teresa a un sacerdote, 7 de febrero de 1974.

18. Carta de la Madre Teresa a un laico, 22 de diciembre de 1989.

19. Carta de la Madre Teresa a un colaborador, 11 de septiembre de 1967.

20. Carta de la Madre Teresa a un laico, 1992.

21. Carta de la Madre Teresa a un laico, 11 de julio de 1992.

22. Carta de la Madre Teresa a una laica, 9 de agosto de 1990.

23. Carta de la Madre Teresa a un laico, 8 de marzo de 1996.

24. Carta de la Madre Teresa a un sacerdote, 7 de septiembre de 1991.

25. Testimonio de una hermana M. C.

26. Testimonio de una hermana M. C.

27. Testimonio de una voluntaria de los Estados Unidos.

28. Testimonio de una hermana M. C.

29. Testimonio de un colaborador.

30. Testimonio de una colaboradora.

31. Testimonio de un laico.

32. Testimonio de una hermana M. C.

33. Testimonio de un voluntario que tuvo una relación cercana con la Madre Teresa.

34. Testimonio de un sacerdote que ayudó a la Madre Teresa en Calcuta.

35. Testimonio de una hermana M. C.

36. Madre Teresa, Madre Teresa, *Where there is love, there is God* (comp. y ed. de Brian Kolodiejchuk, M. C.), Nueva York: Doubleday Religion, 2010. (Trad. esp.: *Donde hay amor, está Dios*, Barcelona: Editorial Planeta, 2012): Después de que la Madre Teresa recibiera reconocimiento internacional, ella comenzó a distribuir una pequeña tarjeta. En un lado estaban las palabras «Dios te bendiga» y su firma, y en el otro lado, el siguiente dicho: «El fruto del silencio es la oración, el fruto de la oración es la fe, el fruto de la fe es el amor, el fruto del amor es el servicio, el fruto del servicio es la paz». Con un poco de humor, se refirió a esta tarjeta como su «tarjeta de presentación». A diferencia de las tarjetas de presentación normales, la suya no llevaba el nombre de su organización, ni su título, información de contacto o número de teléfono. Sin embargo, la secuencia de frases se puede tomar como la fórmula del «éxito» de su «negocio». Sin pretender

publicitar sus proyectos con esta cita conocida, la Madre Teresa indicó que sus esfuerzos eran de naturaleza espiritual, centrados en Dios y dirigidos hacia su prójimo.

37. Testimonio de un sacerdote que tuvo contacto frecuente con la Madre Teresa.
38. Testimonio de una hermana M. C.
39. Testimonio de un voluntario en Calcuta.
40. Testimonio de una hermana M. C.
41. Testimonio de un laico.
42. Testimonio de un oficial de policía que ayudó a la Madre Teresa en tratos con las autoridades públicas.
43. Testimonio de un voluntario de Calcuta que ayudó principalmente en Kalighat.
44. Testimonio de un voluntario.
45. Testimonio de una colaboradora que tuvo una relación cercana con la Madre Teresa desde la década de 1960 en adelante.
46. Testimonio de una colaboradora que tuvo una relación cercana con la Madre Teresa desde la década de 1960 en adelante.
47. Testimonio de un sacerdote M. C. que tuvo contacto con la Madre Teresa.
48. Carta de la Madre Teresa a una laica, 12 de octubre de 1988.

CAPÍTULO XIV: ORAR POR LOS VIVOS Y POR LOS DIFUNTOS

1. Carta de la Madre Teresa a los colaboradores, Cuaresma, 1996.
2. Instrucciones de la Madre Teresa a las hermanas M. C., s.f.
3. Testimonio de un sacerdote M. C. que tuvo contacto personal frecuente con la Madre Teresa.
4. Testimonio de una hermana M. C.
5. Constituciones, no. 130, 1988.
6. Discurso de la Madre Teresa en el Congreso de la Familia, 17 de septiembre de 1987.
7. Testimonio de una hermana M. C.
8. Discurso de la Madre Teresa en Japón, 24 de noviembre de 1984.
9. Discurso de la Madre Teresa en Nueva York, s.f.
10. Alocución de la Madre Teresa en la Universidad de Harvard, Ceremonia de graduación, 9 de junio de 1982.
11. Madre Teresa a un periodista, junio de 1979.
12. Alocución de la Madre Teresa en Fukuoka, Japón, el 27 de abril de 1982.
13. Ibíd.
14. Ibíd.
15. Carta abierta de la Madre Teresa, 7 de noviembre de 1995.
16. Alocución de la Madre Teresa en Tokio, 23 de abril de 1982.

17. Discurso de la Madre Teresa en el Congreso Internacional de la Mujer, Roma.

18. Conferencia de prensa de la Madre Teresa, Tokio, 22 de abril de 1982.

19. Alocución de la Madre Teresa en Nagasaki, 26 de abril de 1982.

20. Instrucciones de la Madre Teresa a las hermanas M. C., 19 de noviembre de 1979.

21. Carta de la Madre Teresa a las hermanas M. C., 9 de septiembre de 1965.

22. Instrucciones de la Madre Teresa a las hermanas M. C., 4 de noviembre de 1965.

23. Testimonio de un médico colaborador que trabajó con la Madre Teresa desde finales de 1950.

24. Testimonio de una hermana M. C.

25. Testimonio de una hermana M. C.

26. Testimonio de una hermana M. C.

27. Testimonio de una hermana M. C.

28. Testimonio de una hermana M. C.

29. Ibíd.

30. Testimonio de una hermana M. C.

31. Testimonio de una hermana M. C.

32. Testimonio de una hermana M. C.

33. Testimonio de una hermana M. C.

34. Testimonio de una hermana M. C.

35. Testimonio de una hermana M. C.

36. Testimonio de una hermana M. C.

37. Testimonio de una hermana M. C.

38. Testimonio de una hermana M. C.

39. Testimonio de una voluntaria que tuvo una relación cercana con la Madre Teresa.

40. Testimonio de una hermana M. C.

41. Testimonio de una laica.

42. Testimonio de una laica.

43. Ibíd.

44. Testimonio de un oficial de policía.

45. Ibíd.

46. Ibíd.

47. Testimonio de un médico practicante en Calcuta.

48. Testimonio de una hermana M. C.